本书得到佛山科学技术学院高水平理工科大学建设专项基金，禅城区发展规划和统计局、佛山珠江传媒集团有限公司联合资助的“佛山历史文化名城社会文化状况深度调研”项目基金，2016年教育部人文社会科学基金项目“基于社区营造的传统村落旅游文化共同体及其协同进化研究”（16YJC850006），2017年教育部人文社会科学基金项目“舞蹈地理视角下广场舞的混杂、体现与认同”（17YJZH065）和2013年广东省教育厅广东省高等学校高层次人才项目“历史街区背景下的公众参与和城市社会文化空间建构”（2013-193）项目基金资助

印象·佛山　《印象·佛山》系列丛书编委会编

品城 街巷背后

杨俭波 ⊙ 著

Pin Cheng

Jiexiang Beihou

中国社会科学出版社

图书在版编目（CIP）数据

品城：街巷背后/杨俭波著．—北京：中国社会科学出版社，2018.11

ISBN 978－7－5203－3745－8

Ⅰ.①品…　Ⅱ.①杨…　Ⅲ.①城市文化—研究—佛山
Ⅳ.①G127.653

中国版本图书馆 CIP 数据核字(2018)第 279253 号

出 版 人	赵剑英
责任编辑	卢小生
责任校对	周晓东
责任印制	王　超
出　　版	中国社会科学出版社
社　　址	北京鼓楼西大街甲 158 号
邮　　编	100720
网　　址	http：//www.csspw.cn
发 行 部	010－84083685
门 市 部	010－84029450
经　　销	新华书店及其他书店
印　　刷	北京明恒达印务有限公司
装　　订	廊坊市广阳区广增装订厂
版　　次	2018 年 11 月第 1 版
印　　次	2018 年 11 月第 1 次印刷
开　　本	710×1000　1/16
印　　张	19
插　　页	2
字　　数	283 千字
定　　价	80.00 元

凡购买中国社会科学出版社图书，如有质量问题请与本社营销中心联系调换
电话：010－84083683

《印象·佛山》系列丛书编委会

前　言

作为中国第三批公布的国家历史文化名城之一的佛山市，其“得名于晋，肇迹于唐”，明代中后期以来，随着海禁开放以及澳门租借开埠，佛山因其便捷的内河交通网络，在珠江流域乃至两广、福建、江西、两湖及云贵地区逐渐构筑了庞大的内河交通运输网络，佛山由此开始繁盛，至清初康、雍、乾三朝发展鼎盛。佛山城市在清初成长为“全国四大聚”并称“四大名镇之首”，其城镇人口规模一度超越广州，成为珠江流域首屈一指的区域性、国际化工商贸都市。自中华民国起至中华人民共和国成立，佛山城镇规模相对较为稳定，自改革开放起至2000年，随着国家政策的调整，佛山借改革开放以及珠江三角洲先行先试的倾斜发展政策东风，在经济发展、产业培育等方面取得日新月异的成就。2017年，佛山地区国内生产总值近万亿元(9549.60亿元)，居全国城市第16位，已然成长为中国城市发展序列中的前列城市。然而，与GDP发展水平相异的是，佛山的城市规模、知名度及其在国内城市系统中的存在感却依然极低，这种产城“两张皮”尴尬局面的出现，一方面说明佛山城市发展依然存在极大的提升和改进空间，另一方面也体现了佛山城市的整体营销和对外推广宣传，做得有限，远远不够。与国内营销相对先进的地区和城市相比较，佛山需要加强和努力的地方太多太多，相对落后的城市知名度和影响力，使佛山城市产生了比较严重的“地方虚无主义”，突出表现在城市建设和规划设计中，对本地元素的忽视和短见以及对外来因素的盲目崇拜，致使近年来在城市发展和建设中，存在严重的“去地方化”倾向，进一步弱化了佛山城镇的地方了解度和认知水平。重产轻城的发展倾向，在改革开放之初那种迫切改善人民群众生活条件的

“急务”之下，似可接受，但随着城市社会经济水平的快速提升，佛山乃至珠三角地区城市人均国内生产总值整体进入中等发达国家水平，城市建设的滞后，城市文化历史及城市地方性挖掘的欠缺，使珠三角城市尤其是佛山及其周边地区，在与国内其他区域主要城市的综合竞争中，愈益处于不利地位，这显然不利于佛山城市的持续发展。

分析探究佛山城市认知的“地方虚无主义”，我们发现，对佛山历史城市的过往无从了解，欠缺认知，是产生这种倾向的主要原因之一。对当下佛山城市来说，在产业发展相对成熟的基础上，如何弥补城市发展“短板”，解决外界对佛山认知不足问题，其一是要组建一支对佛山地方发展有相对深刻认识，具有较强学术能力的“佛山研究地方队”，持续、长期地扎根和坚持佛山城市的本底问题研究，基于跨学科视角，从不同层面深入开展，长期耕耘。其二是要加强对佛山城市的普及化宣传，包括加强对佛山城市的民众普及化宣传，首先要通过不同渠道、出版物，使民众了解佛山的过去，向他们展示一个底蕴深厚的传统佛山；其次是要突出官方宣传的力度、密度和高度，加强基于国家平台层面的综合和整体宣传推广；最后要结合“一带一路”，外向推广和全球普及佛山城市、产业发展的优势和特色。

围绕上述宣传推广，首先要解决内容问题，即搞清楚作为历史文化名城的佛山，历史上发生过什么，有什么特色之处、经验之谈。进而提炼整理，做实内容。其次才是宣传推广中说什么、怎么说、向谁说的问题。本书的写作目的，主要在做实内容，即通过系统的问题研究，搞清楚佛山这个珠江流域中的重要城市，在发展起源、传承演替、城市地方上的根本问题，从“我城来处”“初地芳华”和“街巷背后”三个角度，进行深入解析研究。讲清楚佛山的起源、来处和发展动力，解析支撑佛山城市不断前行的“初地”体系，以及存在于佛山老城区街巷阡陌之中的平凡故事、点滴风情。

为实现研究目的，在研究方法上，主要采用文献研究、实地考察深度调研与城市演化分析相结合的方法；研究的理论支撑主要有地方性理论、开放城市发展与演化经济学理论、全球视野与地方关照统筹分析相结合理论等。在工作方法上，本书采取持续、动态、深入的工作思路，本书团队立足佛山历史城市问题，长期贴近观察，并对历史文献和过往研究资料进行综合系统整理以期获得更加可信、相对科学的研究结论。

本书主要关注和讨论佛山历史文化名城的来处，地标及这座城市在平凡之处的点滴芳华。本书的写作重心有三：其一，讨论城之何来，即从历史、文化、区域互动的综合视角，系统地分析佛山城镇之所以曾经辉煌，以及至今仍能保持高效增长动力的根源。其二，分析佛山之所以能保持数百年来的生生不息，其决定性的根源——“城市初地”的指引和规范，在于我城的那些“城市初地”很好地支撑着这个城市前行。因此，通过对城镇“发展初地”“政教初地”“商贸初地”和“粤剧（艺文）初地”的系统梳理和分析，解析佛山之所以能成为佛山的本源要义。其三，着重从读者可以感知、可以发现的视角，基于街巷空间的角度，对佛山城镇现存和曾经的街巷风情、风土、风物进行重点梳理和介绍，以期让更多的人了解佛山。

本书是作者研究团队主持和承担的“佛山历史文化名城社会文化状况深度调研”项目的主要研究成果（2017 年佛山市禅城区发展规划和统计局、佛山珠江传媒集团股份有限公司委托项目）。并得到佛山科学技术学院高水平理工科大学建设专项基金的特别资助，同时也获得作者及其研究团队同期开展的 2016 年教育部人文社会科学基金项目“基于社区营造的传统村落旅游文化共同体及其协同进化研究”（16YJC850006）、2017 年教育部人文社会科学项目“舞蹈地理视角下广场舞的混杂、体现和认同”（17YJZH065）和 2013 年广东省教育厅广东省高等学校高层次人才项目“历史街区更新背景下的公众参与和城市社会文化空间建构”（2013—193）的支持。

目　录

上篇　我城来处

第一章　我城来处 …………………………………………………… 3

第一节　自然的馈赠 ……………………………………………… 3

第二节　西（北）江的哺育 ……………………………………… 10

第三节　广州的牵引与支撑 ……………………………………… 16

第四节　移民促进发展 …………………………………………… 22

第五节　重商引致繁荣 …………………………………………… 31

中篇　初地芳华

第二章　佛山初地 …………………………………………………… 39

第一节　初地概述 ………………………………………………… 39

第二节　理论基础 ………………………………………………… 41

第三节　研究意义 ………………………………………………… 44

第三章　塔坡："佛山初地" ………………………………………… 47

第一节　塔坡作为"佛山初地"的缘起 ………………………… 47

第二节　塔坡作为“佛山初地”的发展与流变 …………… 51
第三节　塔坡“佛山初地”的想象与建构 ……………… 60

第四章　祖庙：佛山“政教初地” ……………… 69

第一节　佛山地方研究概述 ……………… 69
第二节　祖庙作为佛山“政教初地”的缘起与流变 ……… 72
第三节　祖庙作为佛山“政教初地”的想象与建构 ……… 93

第五章　普君墟：佛山“商贸初地” ……………… 109

第一节　佛山墟市概述 ……………… 109
第二节　佛山墟市的发展 ……………… 110
第三节　普君墟作为佛山“商贸初地”的缘起与流变 ……… 118
第四节　普君墟作为佛山“商贸初地”的想象与建构 ……… 127

第六章　琼花会馆：佛山“粤剧（艺文）初地” ……… 130

第一节　会馆及琼花会馆 ……………… 130
第二节　琼花会馆作为佛山“粤剧初地”的缘起与流变 …… 133
第三节　琼花会馆作为佛山“粤剧初地”的想象与建构 …… 142

下篇　街巷背后

第七章　二十八铺：回头顾影背斜阳 ……………… 159

第一节　铺及二十八铺概述 ……………… 159
第二节　佛山镇二十八铺的前世今生 ……………… 161
第三节　百业二十八铺 ……………… 165

第八章　街巷：一城繁华半城烟 ……………… 186

第一节　从佛山堡到佛山镇 ……………… 186

第二节　佛山镇街巷变迁 …………………………………… 188
第三节　作为地方记忆的佛山传统街巷 ……………………… 194

第九章　民居建筑：却凝春色在人家 ……………………………… 211

第一节　概述 …………………………………………………… 211
第二节　佛山镇民居建筑的历史与发展 ……………………… 212
第三节　作为地方记忆的佛山传统建筑 ……………………… 215

第十章　寺院道观：鸣钟香鼎绕红尘 ……………………………… 224

第一节　概述 …………………………………………………… 224
第二节　佛山镇寺院道观的发展 ……………………………… 226
第三节　作为信仰符号和地方记忆的寺院道观 ……………… 231

第十一章　教（学）堂：布衣侧耳听智慧 ………………………… 251

第一节　佛山地区教会发展概述 ……………………………… 251
第二节　佛山老城区的主要教（学）堂 ……………………… 255

第十二章　老字号：也近斯文一脉传 ……………………………… 267

第一节　概述 …………………………………………………… 267
第二节　佛山镇主要老字号 …………………………………… 268

参考文献 ……………………………………………………………… 283

后　记 ………………………………………………………………… 293

上　篇

我城来处

第一章　我城来处

第一节　自然的馈赠

一　区位优越

佛山地处广东中部，属中国南部。“岭南道者，《禹贡》扬州之南境，其地皆粤之分。自岭而南至海，尽其地。”[①] 佛山毗邻的广州，历来为南方都会：“番禺自古一都会也，五岭峙其北，大海环其东，众水汇于前，群峰拥于后，气象雄伟，非它州比。”[②] 就广东而言，“广东东连七闽，南滨大海，西距安南，北据五岭……介于岭海间”。[③] 广东拥有广阔的海域，其海岸线长达4314千米，是中国大陆岸线最长的省份，广东这种地处华南沿海和绵长的大陆岸线是其在区位条件方面的最大优势之一。G. T. 库里安曾经指出：“海岸线是一种最重要的战略优势和国家的自然资源。它保证了在世界贸易中的自由和独立性，提供了进入沿海渔场和领土延伸到近海矿床的可能。它能促进强大海军的发展，产生新的城市住宅区以及港口和海湾周围的自由贸易区。迷人的海滩还经常吸引来大量的游客。”另外，广东的沿海优势，还具有与世界其他沿海地区不同的特征：广东以高温多雨、四季常青的亚热带季风气候为主，既无高纬度沿海地区冬季封冻对航运的限

---

① （唐）徐坚：《初学记》卷八《州郡部》，中华书局1980年重印本，第347页。

② （元）陈大志、吕桂孙：《南海志・广州学记》，上海师范大学出版社1986年版，第285页。

③ （清）顾祖禹：《读史方舆纪要・叙》，中华书局2005年版，第642页。

制，又无同纬度、受副热带高压带影响的中东、北非沿海那种沙漠直迫海岸的荒凉景象，是世界上海陆因素组合最为优越的地区之一。佛山地处珠江三角洲平原中部，属广东中部核心区，故此，佛山城市的形成，深深地烙印着广东在地理位置和地域条件方面的特征。

地处沿海和绵长的海岸线，构成了广东优越区位条件的基础和支撑，使广东自古以来就成为中国沟通海外交流和贸易的前哨和重地。早在2000多年前的西汉时期，广东就与海外有通商贸易，唐宋以降，广州更成为中国海上对外通商和贸易的重要窗口和节点，成为中国“海上丝绸之路”的核心城市之一（见图1-1）。其贸易覆盖最初到东南亚各国，后来发展到南亚、西亚、东非和西欧及南北美洲地区。“广州船舶往诸番，出虎头门，始入大洋，分东西二路，东洋差近，西洋差远。”① 优越的区位使广州自古至今一直是中国对外通商的重要口岸，也惠及与其毗邻的佛山等地。唐宋时期，借由北江水道及其勾连河涌系统（官窑涌、西南涌等）广州—官窑—西南构成了岭南地区对外通商和贸易的主要市场轴线，促进了官窑、西南等镇的快速发展。进入明朝以后，随着西南涌、官窑涌的逐渐淤塞，广州与西北江的内河沟通网络体系转变成为广州—佛山商贸轴线，使佛山快速发展成为岭南一大都会，其鼎盛时期，风头一度盖过广州：“佛山镇离广州四十里，天下商贾皆聚焉。烟火万家，百货骈集，会城（广州）百不及一也。”②

佛山地近广州，外接大海，内通江西、福建、湖南、广西而达内陆各省份。历史上，广州和佛山历来都是国家对外商贸和通商的重要港口城市及贸易连接关键节点。唐宋时期，广州的对外贸易高度发达；明代以后，随着广州多次独占国家对外通商的“唯一性口岸”，广州—佛山对外贸易轴线始终存在，并在中国国家外贸体系中起着独占性的作用。在明代嘉靖时期的广州“一口通商”、隆庆时期的国家“开海”政策——允许民间参与对外通商和贸易、清代的“四口通商”

① （清）杨守敬：《历代舆地考·历代沿海舆地考·广东》，浙江古籍出版社2013年版，第421页。

② （清）吴震方：《岭南杂记》，商务印书馆1937年版，第106页。

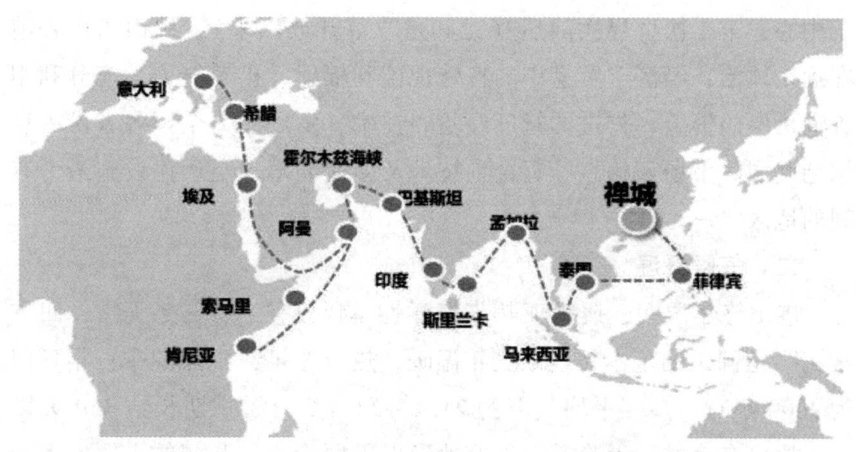

图 1－1　佛山与“海上丝绸之路”的联系

到“一口通商”政策的执行中，广州是当时对外通商和贸易往来中的绝对支配主体，佛山也通过地利之便，与广州同气连声，分工合作，通过佛山—广州—澳门的主要通商路线，实现了中国内地商品与外部世界之间的沟通和联系。在对外交通和贸易往来方面，佛山通过西江、北江航道的便利条件，自秦汉开始，即为岭南地区沟通中原的主要通道，在“一口通商”等岭南独占商贸网络节点时期（明代的嘉靖、隆庆时期，清代的康、雍、乾、道时期），通过西北江航运的勾连作用，佛山成为国内贸易通联海外的核心节点，很快就实现了市镇商贸和手工业的积累及繁荣，并快速完成了其城镇发展，走向巅峰。故此，区位便利加上相对开放的交通和航运条件、独占性的国家通商政策优势，使佛山能够迅速实现和完成从市镇、城镇到城市的形成、发展和繁荣。

优越的区位条件还表现在佛山毗邻港澳，其始终是澳门、香港对外通商和贸易“窗口”体系中的重要一员。作为位于广东沿海珠江口两侧的小海岛或半岛的香港和澳门，它们都是自然资源贫乏、通过发展国际经济贸易而繁荣起来。无论是明中期到清初的澳门—广州—佛山通商轴线体系，还是清中期以后的香港—广州—佛山通商轴线体系，佛山都成为岭南乃至中国国家层面上的内贸物资集散、包装、加工中心，第二次世界大战后（尤其是改革开放以来），佛山借由香港在远东政治、经济、贸易中的特殊地位和辐射、扩散能力，充分利用香港雄厚的资金、先进的管理经验和技术，发展成为全国各省份中利用港澳国际市场和信息、资金、技术及便捷的海、空运输设施最为有利的地区之一。

二　气候暖湿

佛山终年湿润，属南亚热带海洋性季风气候，“三冬无雪，四季常花”是佛山的基本特点。全年温暖，热量充足，雨热同季，年日照为2000小时，多年平均气温为21.4—22.4℃，无霜期长达350天以上，故只有凉季而无冷季。加上地形以平原为主，开阔的平原、密布的水网与较强的海风调节气温能力，使佛山7—8月气温相对平稳，较少有极端酷暑天气。同时，本地区太阳直接辐射年总量达59千卡/平方厘米，且多集中在秋季天晴时间，故以酷暑天气为特征的“秋老虎”持续时间较长。降水方面，佛山年平均降水1500毫米以上，雨季长达5—9个月；夏季风受周围山地影响抬升致雨，其南部地区降雨量少于西北边缘山地，全区多年平均降雨量达1800毫米。降水有明显的季节变化，以春夏为多，主要集中在4—9月，尤其集中于夏季（降雨量达全年的50%左右）。冬春多低温阴雨，夏秋多台风暴雨。降水大于蒸发，形式以雨为主，少有冰雹，终年无雪。因而，洪、涝、旱是影响本市部分地区的自然灾害。此外，对本地区影响较大的还有台风，本地区平均每年受2—3次台风侵袭，多集中于7—9月。

气候总体上表现为“夏长冬暖，夏无盛暑，冬无霜雪，四季不明，树木常青，年中只有冷热之变，灾多因旱涝失时”的特点，以热湿为典型特征。夏多伏暑且多骤雨，三冬久晴，秋冬早晨多雾，春夏淫雨，三伏不热，连阴转凉，故有“四时皆是夏，一雨便成秋”之称。适宜的温度、降水和日照条件，相对宜人的气候及环境，为佛山地区的人口生存提供了良好的生产、生活空间，使佛山及其周边的珠江三角洲地区成为人类居住的理想家园。

三　资源组合好

（一）土地富饶

佛山地处珠江三角洲平原中部，其发育形成的基础条件，得益于西江、北江流经本地区形成的冲缺三角洲，河道冲积平原提供了大量的肥沃土地，为佛山地区的社会经济发展提供了良好的物质条件。

1. 土地类型以低丘、台地、平原、滩涂为主。佛山土地类型主要有热带季雨林赤红壤低丘，热带季雨林赤红壤台地、水田或沼泽平原、潮汐水道和沙洲，以平原为主，台地和高丘次之，山地最少。高丘主要分布在高明和三水的西北边缘地区，而台地则分布在平原上，分片分布，如三水台地等。山地多和低山、高丘一起分布，成为佛山市西北市域的主要边界。低丘多为残留的剥蚀面形成，面积较大。西江、北江河岸平原，以多汊道及积水洼地为特色。水道和沙洲面积比山地、低山多。主要原因在于佛山地处三角洲下游，位居三角洲放射状水网区域核心区，河网众多，河流多受潮汐影响，使河水和潮汐呈现双向流动特征，这种河水流动随潮汐双向流动的结果，使佛山地区的河网密集区逐渐形成众多面积广大的沙洲。平原和潮汐水道相互作用与影响，同时又与台地混合分布，形成佛山地区地形从西北面的极少山地地形到西部区域的台地和高丘混合区，再到东南部的平原和沙洲分布区。从整体上形成佛山从低山丘陵到三角洲冲积平原的地形特点。平原、台地和河谷地带是佛山地区土地类型的主要形式，村落、市镇、交通主要集中在平原、台地和河谷地带。

2. 泥层深厚，土壤肥沃。佛山所在的珠江三角洲平原，主要以围田和沙田为主。这些围田和沙田都是由西江、北江、东江的泥沙冲积而成，是几经海侵海退形成的海陆交互沉积，厚度达 20—40 米。由于径流量大，沉积物成土年限短，泥土含盐分低，故围垦后便成为含盐量低的泥油田。同时，上游来的泥沙中混杂有丰富的动植物遗体，不断地被水流带至河口湾内，大量沉积，在水下还原环境中，形成有机质淤泥，每年约有 60 万吨生物有机质进入珠江三角洲，一般厚度可达 15—20 米，最厚达 35 米，成为有价值的“储肥层”，使佛山一带的土地肥力深厚，土地产出高，足以养育更多的城市和乡村人口。

3. 滩涂连绵，潮间带宽广。珠江是我国南亚热带最大的河流，流域面积 453000 平方千米，年径流量为 3412 亿立方米，平均流量为 1100 立方米/秒，多年平均含沙量为 0.126—0.344 千克/立方米，多年平均输沙量为 8544 万吨（其中，西江为 7535 万吨，占全部总输沙量的 90%），使珠江三角洲形成大面积的淤泥质浅海滩，并不断地向外延伸，平均每年向外伸展 100 米，每年增长可垦滩涂为 1.3 万—1.7 万亩。本区的滩涂含有丰富的有机质和各种主要的大量元素和微量元素，且含盐量较低，故可逐步围垦。海岸潮间带的坡度较小，有径流、潮流和波浪的共同作用，为生物提供了丰富的养分，且多红树林和草类，适宜浮游生物生长和鱼类、贝类栖息繁殖，因此，潮间带内平均生物量达 1204.04 克/平方米，平均栖息密度为 881.4 个/平方米，尤其是软体动物，平均生物量为 878.98 克/平方米，占总生物量的 72.98%，是发展养殖业的好地方。佛山及其周边的珠江三角洲地区的广泛滩涂和潮间带地区，为佛山地区的农业生产提供了良好的场所和空间，使该地区成为人烟繁华之地。

（二）物产充足

佛山光、热、水资源丰富，四季常青，动植物种类繁多。广东省有野生植物 6135 种，栽培植物 1582 种，其中佛山占比较大。植物种类中，属于国家一级保护野生植物的有仙湖苏铁、南方红豆杉等 7 种，属于二级的有桫椤、广东松、白豆杉、樟、凹叶厚朴、土沉香、丹霞梧桐等的相当部分，佛山多有生长。在植被类型中，有属于地带性植被的北热带季雨林、南亚热带季风常绿阔叶林、中亚热带典型常绿阔叶林和沿海的热带红树林，还有非纬度地带性的常绿落叶阔叶混交林、常绿针—阔叶混交林、常绿针叶林、竹林、灌丛和草坡，以及水稻、甘蔗和茶园等栽培植被。香蕉、荔枝、龙眼和菠萝既是岭南四大名果，也是佛山地区常见的水果名品。佛山动物种类多样。其中，广东省常见的兽类 110 种、鸟类 507 种、爬行类 112 种、两栖类 45 种中，佛山也多有分布。此外，还有淡水水生动物的鱼类 281 种、底栖动物 181 种和浮游动物 256 种，以及种类更多的昆虫类动物。这些都常见于佛山的平原水乡地带，可见，就自然物产而言，佛山地区是极为丰富的。

物产方面，“广东，在南服最为完固。地皆沃衍，耕耨以时，鱼盐之饶，市舶之利，资用易足也”。[①] 广东资源丰饶，以珠江三角洲平原最为典型，荔枝、柑橙、香大蕉和菠萝四大名果以及龙眼、桃、李、梅、梨、柿、栗、杨梅、洋桃、柚子、金橘、香檬、橄榄、西瓜、黄皮、枇杷、番石榴、枸橼、海枣、木瓜等五六十种水果已大面积种植。诚如屈大均指出的：“广州诸大县村落中，往往弃肥田以为基，以树果木，荔枝最多，茶、桑次之，柑橙次之，龙眼则树于宅，亦有树于基者。”[②] 由此可见，佛山所在的珠江三角洲水、温、热、光条件都很好，适宜一年多造种植，有利于水稻、甘蔗、香蕉、荔枝、木瓜、杧果等喜温作物生长。佛山地处珠江三角洲平原地区中部地区，其物产和资源自然丰富而多样，《汉书》有载：“处近海，多犀、象、毒冒（玳瑁）、珠玑、银、铜、果、布之凑。中国往商贾者，多取富焉。”[③]《隋书》载：“南海、交趾，各一都会也，并所处近海，多犀象、玳瑁珠玑，奇异珍玮，故商贾至者，多取富焉。”[④] 这种丰富而充裕的资源条件，为佛山的人口增长、地方发展和聚落扩张，提供了天然的物质、资源和物产条件。

（三）农业基础好

佛山自然条件优越，农业生产发展快，商品生产出现早、发展快。佛山是珠江三角洲最早开发的地区之一。汉代岭南其他地区还是“地广人稀，饭稻羹鱼，或火耕而水耨”[⑤]，其时佛山一带已采用牛拉犁耕田，种两季水稻，农业耕作制度已比较先进。[⑥] 东晋隆安二年（398），罽宾国（今克什米尔）僧人到佛山传教，在塔坡冈搭寮讲经，说明此时佛山交通方便，生活富庶，已有海外商船过往交流和进

① （清）杨守敬：《历代舆地考·历代沿海舆地考·广东》，浙江古籍出版社2013年版，第422页。

② （清）屈大均：《广东新语》（下）卷二十《禽语》，中华书局1997年版，第362页。

③ （西汉）班固：《汉书·地理志》，商务印书馆1984年版，第105页。

④ （唐）魏征：《隋书·志第十九·食货》，中华书局1997年版，第571页。

⑤ （西汉）班固：《汉书·地理志》，商务印书馆1984年版，第103页。

⑥ 佛山市博物馆：《佛山市文物志》，广东科技出版社1991年版，第33页。

行贸易互通。唐宋时期，佛山农业已有长足发展，农副产品交易活跃；到了明代，蚕桑、塘鱼、花果等商品性农业更是兴旺。明朝中叶，九江、龙江一带已有大片鱼塘，养鱼供应广州、佛山等城镇消费。陈村一带，“荔枝、龙眼诸奇卉果，流俎天下”。[①] 这些史实都说明，佛山农业生产发展快，不仅有大量农产品变为商品，而且有的生产项目就是商品生产。

第二节　西（北）江的哺育

一　两江形塑基础地貌

“西江，即黔、郁、桂三江之水。自梧州府东流入肇庆府界，历德庆州封开县西而贺江流入焉。经县南，又东至州城南，亦曰南江，亦名晋康水。又东绕府城而东南流出羚羊峡，入广州府顺德县界，亦谓之龙江。又东流至府城西北，会北江之水，又流至府城南而会东江之水，并流而入于海。”[②] 西江是珠江水系的主流，其主源是南盘江和北盘江，均发源于云南省东部，自云贵高原而下，贯穿两广，西江干流各河段有不同名称：南、北盘江合流后为红水河，红水河汇流柳江后称为黔江，黔江会郁江后为浔江，浔江在梧州会桂江后，始称西江。西江在三水以上，流域面积 35.2 万平方千米，干流长度 1992 千米；三水以下，进入珠江三角洲河网区，直至磨刀门出海，河道还有 113 千米。西江在思贤滘以下，经过南海九江、新会外海等地，从中山磨刀门出海，这是主流。另外，还有经东、西马宁水道从中山横门出海；经江门河从新会崖门出海，以及从斗门虎跳门、泥湾门出海等支流。

“北江，即湟水浈水合流之水也。”[③] 北江干流发源于江西省信丰

① （明）王世贞：《弇州山人稿》。

② （清）顾祖禹：《读史方舆纪要》《广东方舆纪要叙》。

③ 同上。

县大面山的南岭山地，位于广东省北部，由浈水、武水汇合而成，始称北江，流域面积46048平方千米。在三水以上，北江干流共长445千米，由三水到洪奇沥主流出海口长110千米，该主流是经顺德水道从洪奇沥出海。此外，北江也经许多支流分流到珠江，如经九曲水、白泥水、芦苞涌、西南涌、佛山涌、潭州水道等，流至沙湾水道，一部分由蕉门出海，另一部分流入珠江下游狮子洋，然后由虎门出海。

西江、北江是珠江三角洲中部地区佛山五区的主要营造者，西江和北江在三水思贤滘汇流后，对下游地区形成特殊的冲缺效果，形塑出西、北江冲缺三角洲，构成佛山五区及周边广州、番禺等地的基础地貌类型。珠江水系无论来水或来沙，都以西江为主，其次是北江。西江径流占珠江总径流量的73.5%，北江占13.5%。输沙量方面，西江输沙量将近占86%，北江占6.2%。可见，在珠江三角洲的营造过程中，西江起了最主要的作用。佛山一带的西江、北江河岸平原，以多汊道及积水洼地为特色，西江出三榕峡后分出四条汊道，北江出飞来峡后分出10条汊道，汊道沿途有众多的积水洼地，这种汊道的发育，是洪泛的产物，干流与汊道的区分很明显，它们直接形塑了现代佛山地形的基本面貌。同时，西北江三角洲的基底地貌是北西向平行的五岭五谷，其在构造格局的控制下，形成东西向、北西向两组断裂与交截，使平行岭谷进一步发展成为棋盘状的地形格局，断裂带和基底地形形塑着主要河道的流向，构造成西北江三角洲地区河道发育的基本特征。这种棋盘状的基底地形，深刻地影响到主要河道的分布及海侵、海退的范围。在海侵、海退的过程中，主要河道及口门位置变迁，其总体特征为：①受地形的影响和控制，珠江三角洲地区的河道发育具有较强的继承性，河道网络格局总体表现为古老而稳定；②海退阶段的河道呈自东向西调整的趋势；③河道的发育过程和历史存在客观的区域差异，其中，西北江三角洲的广州—佛山—龙江—九江一线西北地区河道，是在三次海侵的溺谷湾的基础上发育起来的；棋盘状基底地形也产生了冲缺三角洲的发育模式。冲缺三角洲的分布，为珠江三角洲的地貌分区和沉积分区提供了良好的标志。西北江三角洲西北部地区，属于四会冲缺三角洲范围，之前受过一次海侵，成陆年代早于4000年，地下水为淡水型，多塱田。中北部区以南海冲缺三角洲为主体，三次海侵以溺谷湾为主要形式，成陆年代为2000—4000年，地貌类型主要是围田。中部区由中山冲缺三角洲和番禺冲缺三角洲组成，受过三次全面的海侵，成陆年代主要是宋代以后，地下水为咸水型，是地下肥水的主要远景区，地貌类型为沙田。经过西、北江河流的冲积和形塑作用，型构了佛山地区基础地貌类型和地形格局，为佛山地区的土地开发和人口聚居提供了基础资源条件。

二 沉积物型构洲陆地形

屈大均在《广东新语》中说："古时五岭以南皆大海，故地曰南海。其后渐为洲岛，民亦蕃焉。东莞、顺德、香山又为南海之南，洲岛日凝，与气俱积，流块所淤，往往沙潬渐高，植芦积土，数千百晦膏腴，可趼而待。"① 在历史环境演变下，佛山地区历经两度沧海桑田，现今，我们所在的佛山及珠江三角洲由新、古两期三角洲叠置嵌合而成。古三角洲埋在现代三角洲之下约10米，形成于距今3.7万—2.4万年时。距今8000年时，气候转暖海，平面上升，古三角洲变成深入内陆150多千米的河口海湾。现代珠江三角洲则是在各个河口三角洲逐渐向湾内伸展并逐渐合龙的同时，湾内的岛屿对波浪、潮流的顶冲作用而在周围形成多个沙洲浅滩连接起来的。珠江三角洲的形成，受东北西南走向山地控制较大，故三角洲平原上有不少丘陵作断续分布。它事实上把西北江三角洲分成围田区和沙田区，即新、老三角洲的大部分。山列西北部，为西北江三角洲的古老部分。放射状汊道即以三水为顶，放射分流，利用西北向断裂切开的口门，横穿山地，并在口门外再形成放射状河系的冲缺三角洲。对应于今天的行政辖区，则大致包括三水自思贤滘以下的部分，花都的炭步、乐平、赤坭等镇，禅城（包括历史上的佛山镇、石湾镇和南庄）、南海、番禺沙湾水道以北各镇（不包括小谷围），顺德的龙江、容桂、大良、乐从、陈村以及北滘、伦教的西部，新会的潮连、荷塘等地；而沙田区则包括今番禺沙湾水道以南的大片地区（东涌、榄核、大岗、潭州）

① （清）屈大均：《广东新语》卷二《地语·沙田》，中华书局1997年版，第212页。

和小谷围岛、南沙、顺德东部、珠海、中山除五桂山以外的各街镇。

沉积物对佛山地区洲陆成形的影响，主要表现在珠江三角洲的全部沉积物是晚第四纪海侵以来逐渐堆积而发展的，有一两万年的历史。大规模海侵结束后，珠江河口逐渐向海方外移，河流下切作用加强，但各江携带的泥沙主要在古海岸线以上的回水区（今三角洲围田地区）堆积，以致河流泛滥带来的泥沙，又把当时生产的植物、蚝壳和新石器时代文物覆盖。距今千年前后，西北江带来的泥沙大量地被带至顺德区以南的河口附近的海滨沉积，致使新的三角洲平原开始在海里孕育，此后，河流泥沙日益淤浅海盆，浅滩渐渐浮露而向海逐渐推移和发展，加上人工围垦，使在海侵过程中堆积起来的老沉积层（也有称为古三角洲平原）之上，也就是在今珠江三角洲整个松散成基层的上部，堆积形成现代三角洲平原。先秦时期，珠江三角洲水域宽广，湖沼密布，森林繁茂，瘴痢猖獗，一片洪荒景象。珠江口除地势较高的岛屿、山丘、台地之外，冲积平原面积很小。秦汉以后，逐渐淤积成陆，开始有一定数量的土地可以耕作——佛山澜石东汉墓出土的水田模型表明冲积平原开始被开垦。隋唐南汉时期，珠江口海湾仍很深入，平原扩展范围不大，许多地区水域被称为“海”，如广州城下有珠海；佛山有“海”洲；顺德有洪蒙海、三槽海等。直到宋代，珠江三角洲仍旧是“海浩无际，岛屿洲潭，不可胜计”。[①] 唐代珠江三角洲分布着大片沼泽，并有犀、虎、象等野兽和鳄鱼出没，唐代新会圭峰山上还有翡翠、孔雀、元猿。这些野兽及鸟类在唐代以后才渐渐绝迹。宋代以后，尤其是入明以来，新沙田区开始进入快速成陆和开发期，带动佛山镇快速成为地区商贸、手工业和物流中心。

三　珠江一衣带水连广佛

珠江水系，由西江、北江及珠江三角洲河网组成，交汇于广州附近，形成扇形聚水格局。据戴璟《广东通志初稿》载：“粤江，又名

---

① （明）邓迁修、黄佐：（嘉靖）《香山县志》卷七《艺文志》，书目文献出版社 1987 年版，第 140 页。

珠江……源于三江，合湞湟，出石门，东过沥窖，又东十八里会于黄木湾，即波罗庙江，为岭南诸水之会。支流分于西朗，即白蚬壳江；又分于沙湾，又分于韦涌，以注于海。”[①]《羊城古钞》则称：“珠江，在城南五羊驿前，石排涌出海中，仿佛海上浮珠，即海珠石也。受灵州之水，合郁水之流，自石门东南汇于白鹅谭，过会城下，东趋虎头门，达于海。”[②] 作为两广地区最重要的河流，珠江有极其重要的交通和航运意义，通过西江、北江和东江三大支流及其沿岸的中心城镇，珠江建构了岭南地区河流水运网络系统。在此体系中，作为水运节点城镇的佛山和广州，自宋代佛山开市以后，尤其是明代海禁国策之后，广州作为当时唯一的对外通商口岸，与澳门、佛山形成了“澳门—广州—佛山”中国对外通商唯一交流体系，澳门是当时中国与外部世界的勾连者，广州发挥着对外商贸的外引内联核心功能，而佛山则主要承接国内其他地区货物、资源进入广州前的集散、加工、分装功能。它控扼西江、北江的航运通道。并通过西、北、东三江，以广东为出发点，以广西、贵州、四川、云南、湖南、江西、福建省区为腹地，是其工商业持续一千多年兴旺发达的一个重要条件。同时，在微观内河网络上，佛山周围环绕着大小河流 12 条，使佛山城镇因“佛山涌”而生，并伴随着与下游广州在功能协作和分工上的日益细分化而不断成长。

西江、北江流域之间的物资、商品和贸易流动，促进了佛山市场繁荣和聚居地的繁兴，尤其是明代中期以后，借由市场、手工业和广州外贸的带动，佛山进入城镇高速发展时期，至清初，很快发展成为岭南一大都会。“四方商贾之至粤者，率以佛山为归，河面广逾十寻，而舸舶之停泊者，鳞砌而蚁附，中流行舟之道，至不盈数武，桡楫交击，争腾沸喧之声，越四五里，有为省会所不及，沿岸而上，屋宇森复，弥望莫及，其中若纵若横，为衢为街，几以千数，阛阓骈列，百

① （明）戴璟：《广东通志初稿》卷一《山川》，商务印书馆 1983 年版，第 56 页。

② （清）仇巨川纂，陈宪猷校注：《羊城古钞》卷二，广东人民出版社 1993 年版，第 138 页。

货山积，凡希觀之物，会城所未备者，无不取给于佛山，往来驿路，骈踵肩摩，廛肆居民，盈逾千万，虽曲隧之状，无以过此。”① 到乾隆时期，“佛山全镇，有烟火十余万家，当时四方商贾萃于斯，挟资而贾者什一，徒手而求食者，则什九也”。② 道光年间，“川广云贵，各省货物，皆先到佛山，然后转输西北各省，故南北互输，以佛山为枢纽”。③ 又有“商贾辐辏，于今为盛，四方之迁者、侨者、从学而来者、宦成而归者、权缗筭以起家者、执艺事以自食其力者，皆来卜居”④，“镇内灰炉、砖炉、土工、木工、石工、金工，业作滋繁”。⑤佛山由此形成其城市的第一个快速发展时期。佛山城镇也快速发展成为明清时期的“全国四大聚”“四大名镇”和“岭南一大都会”城市。

近代以来，随着交通方式从以水运为主转为以铁路（广三铁路、粤汉铁路等）、公路为主，珠江（西北江流域）水运对佛山城镇发展、市场拓展的垄断性支配地位有所下降。1903 年，广三铁路建成通车；1911 年，广九铁路通车运营；1906 年粤汉铁路动工，1936 年粤汉铁路首次通车；1937—1941 年，湘桂铁路修筑通车。铁路网络的发展将珠江三角洲平原和西部云贵地区纳入其吸引范围，佛山依赖水运联系的腹地大大缩小，改变了珠江三角洲地区原有交通线路货物的流量和流向。此前，西江、北江、东江等地区的货物必经佛山输往广州，而广东的货物也必经佛山输往外省，铁路的开通，使佛山作为广州内港的枢纽地位丧失，广东的物流、人流也不再向佛山聚集，同时，随着广州集聚效应的增强，佛山的工商业和人口则大量向广州转移，由此进一步加剧了佛山的衰败。1911 年，石湾人林拱寰在广州长寿街开设“游艺织造公司”；1915 年，黄露堂在广州十二甫顾家社办

① （清）康熙二十三年《修灵应祠记》，载《明清佛山碑刻文献经济资料》，广东人民出版社 1987 年版。

② （清）吴荣光：（道光）《佛山忠义乡志》卷五《乡俗志》，岳麓书社 2017 年版。

③ （清）陈炎宗：（乾隆）《佛山忠义乡志》卷十《艺文志》，广东人民出版社 2005 年版。

④ （民国）冼宝干：《佛山忠义乡志》卷六《乡俗志》，广东人民出版社 2005 年版。

⑤ （清）陈炎宗：（乾隆）《佛山忠义乡志》卷十《艺文志》，广东人民出版社 2005 年版。

了“裕华陶瓷公司”；同年，简照南、简玉阶兄弟在广州建“南洋兄弟烟草公司”；1919 年，黄裕甫将在佛山经营的市坊“泰盛”号迁至广州，该厂生产的阴丹士林布享誉省、港；中成药业的“陈李济”“马百良”“李众胜”“刘治斋”“黄祥华”“迁善堂”等，都先后从佛山迁去广州发展，佛山逐渐由盛而衰。这种局面一直维持到改革开放初期，随着广东国家改革开放示范窗口地位的确立，佛山才再次获得发展良机，城市发展再次进入高速增长阶段，并快速发展成为广东第三大城市，中国改革开放和产业发展重要节点城市。

第三节　广州的牵引与支撑

一　空间毗邻

广州地处珠江三角洲北缘，远古时期，就是珠江出海口的古海港。其后，由于西江、北江挟带泥沙不断流入，大量泥沙淤积，心滩、边滩不断产生，逐渐把漏斗湾顶填窄，使出海口南移至黄埔以东，海港也渐渐地转为河港。广州港始终保持着河海联通的特点，这样，既有河港之利，又兼海港之便，使其成为岭南最大的商品集散流通中心和我国古代“海上丝绸之路”的发源地（见图 1－2）。广州是中国历史最悠久的通商口岸之一，清代前期开海之后（乾隆至道光时期），广州是当时全国唯一的对外通商口岸城市，广州商业的繁盛可见一斑。以至于当时（甚至是此后很长的时期内）如果某地商业相对繁华，人们就会命名其为“小广州”，日久累积后，很多地方都被冠以“小广州”之称。清代以后，随着珠江三角洲一带人口的买卖和海外务工、迁居，以至于海外很多地方也都被称为“小广州”，如墨西哥的莫西卡尼，加拿大的维多利亚、温哥华，越南的乂安（其曾经一度通行广州话）。佛山毗邻广州，交通便捷，商路通达，更有多地被称为“小广州”，如顺德区的乐从、逢简；禅城区的紫洞、三水区的河口镇等。佛山五区中，南海与广州地缘接近，空间接壤，也是“小广州”最集中的地方，如九江镇、九江镇沙井村、桂城街道的平洲、西樵镇的官山墟、佛山镇的岗头村、丹灶镇的苏村和西村墟大街。佛山这种“小广州”遍布的基本特征，正是广佛同声、一体发展的佐证。

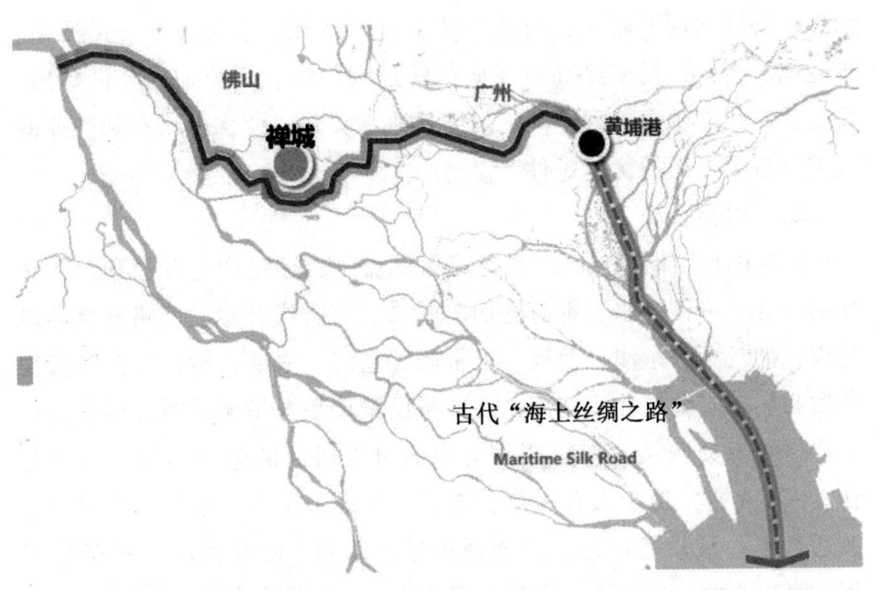

图 1－2 “海上丝绸之路”示意

佛山地近广州。“南海县佛山堡，东距广城（广州）仅六十里，民庐栉比，屋瓦鳞次，几三千余家。习俗淳厚，士修学业，农勤耕稼，工擅炉冶之巧。四远商贩恒辐辏焉。”① 吴震方在《岭南杂记》也说：“佛山镇，离广州四十里，天下商贾皆聚焉。烟火万家，百货骈集，会城百不及一也。”在地理位置上，佛山镇“控羊城之上游，当西北两江之冲要，天下巨镇，岿然居首”，素有“三江贯通，八省腹地”② 之称，又“地据省会上游，扼西北两江之冲，川、广、云、贵各省货物皆先到佛山，然后转输西北各省，故商务为天下最，秦汉

① （清）《佛山真武祖庙灵应记》，载《明清佛山碑刻文献经济资料》，广东人民出版社 1987 年版。

② （清）吴震方：《岭南杂记》，商务印书馆 1937 年版，第 66 页。

时西洋大贾，间至广州，明永乐间，遣三保太监下西洋，岛夷多受封爵，番舶始集，诸货宝南北互输，以佛山为枢纽，商务益盛”。[①] 佛山正是凭借着地邻广州，河网密布，内河航运发达的便利，佛山、石湾一带的手工业产品通过佛山这个商品集散地和贡船贸易港口，经东平水道、汾江河栅下码头，直达广州，再出珠江，经香港，绕道海南，抵越南、泰国、马来半岛以及向西转运到印度、阿拉伯和非洲等地。可见，广州与佛山这种空间上的天然毗邻关系，使佛山城市和产业的发展具备了先天的优越条件。

二 贸易联动

广佛两地，同根同源，无论是资源流动，还是产业互通和经济文化的融合，古往今来，都有密切的联系。自唐代开始，广州就有港口建设，如兰湖、东澳、西澳、玉带壕等港湾、内港建设，以保障货物集散和船舶安全。北宋初期，在广州设置市舶提举司，明代尽管实行了严格的海禁政策，但广州作为中国对外通商的港口地位，一直存在。“洪武初，设于太仓黄渡，寻罢。复设于宁波、泉州、广州。宁波通日本，泉州通琉球，广州通占城、暹罗、西洋诸国。”[②] 隆庆元年，海禁开放，“广州几垄断西南海之航线，西洋海舶常舶广州”。[③] 同时，广州市民也有良好的经商传统：“广城人家大小具有生意，人柔和，物价平。不但土产如铜、锡具去自外江，制为器。若吴中非倍利不鬻者，广城人得一二分息成市矣。以故商贾骤集。兼有夷市，货物堆积，行人肩相击，虽小巷亦喧嗔，固不减吴阊门、杭清河坊一带也。”[④] 广州在中国与世界的交流发展方面，一直发挥着重要的基础支撑和牵引作用。

非机器动力时代，河运是大宗运输的主要通道，佛山由于占据“三江要冲”的优越地理位置，其在非机器动力时代一直是岭南地区商贸流通的中心节点。宋代时期，广州设置市舶提举司，主管国家对

---

① （民国）冼宝干：《佛山忠义乡志》卷十四《人物志》，广东人民出版社2005年版。

② 《明史·食货志》，商务印书馆1986年版，第453页。

③ 谢清高撰，冯承钧校释：《海录》卷上，中华书局1997年版，第219页。

④ （明）叶权：《贤博编·游岭南记》，中华书局1987年版，第124页。

外贸易情况，佛山也因为其重要的货运流通中心地位和商贸繁荣，而设置市舶场，广州（外贸港）—佛山（内贸流通中心）的国家对外贸易协作机制开始出现。至明代，随着佛山涌在贸易交通地位的提升，三江（西江、北江、东江）出洋货物，都经由佛山（处理、分装、打包）再转运广州出海。广州、佛山和澳门在此一时期形成了中国与外部世界的经贸交流通道，佛山也凭借此一时期高速发展的经贸，步入了城镇和手工产业发展的“快车道”，至清初，已然发展成为“四大聚”“四大名镇”之一。也正是借由广州的外贸港，佛山才能逐渐成为基于西江航运之上的地区性重要产业和商贸城市。清代以后，尤其是1840年后，随着内外部环境条件的变化，特别是澳门外贸港地位的下降，香港取代其成为远东地区货运流通的关键节点，此时，广州的对外贸易港功能有所弱化，逐步取代佛山在此前的交通枢纽中心、手工业产业中心地位，使此前一直维系的佛山（内贸港、区域手工产业中心和区域货品集散中心）—广州（外贸港和中国外贸分装起运中心）—澳门（全球贸易节点城市）体系被打破，转变成为广州（中国内外贸港口分装中心和区域产业中心城市）—香港（东亚全球贸易起运和重要节点城市）国际经贸体系，佛山在国家和全球贸易体系中的地位逐渐边缘化和弱化，佛山的城镇和经贸中心地位逐步下降。这种局面一直到改革开放启动，才得以改变，此时，香港作为当时封闭的中国的重要对外贸易窗口，广州承接了国家内外贸中心城市的职能，而佛山则主要作为服务于广州贸易和关联产业而重点发展加工和制造产业。佛山—广州（深圳）—香港新的国家经贸交流体系得以确认，佛山由此又逐步迈入新的发展阶段。可见，无论是基于历史、现状还是未来而言，广州的内外贸发展状况和中心节点港口地位的强化和优化，对佛山城市和产业的发展作用巨大。

三　产业互补

广佛之间的产业联动，古已有之，最早可追溯到唐宋时代，至明代海禁开放，广佛之间的产业联系逐渐发挥出来。明永乐年间，官府允许“官设牙行”，广州牙行取得合法地位，并逐渐成为明王朝指定包揽和管理外贸的“钦定商人”。据梁嘉彬《广东十三行考》记载，在明代，实力最雄厚的是“十三家商号”，通称“十三行”。清康熙年间，“十三行”发展成为广州公行制度。行商将广州几乎所有的、数千上万的涉猎进出口的大小“敞商”“铺户”“行栈”，以及广州所有的收购行店、批发销售行店都连接起来，整合成为一个特大的进出口行业系统。在业态上，乾嘉时期，广州对外贸易行业中，“其行店为当商、放账铺、换银铺、洋货铺、珠宝铺、参茸行、布行、生铁行、铁器行、绸缎棉布行、青麻行、铜行、锡行、西货行、海味行、京果行、油行、衣行、谷埠、米行、槟榔行、烟叶行、金丝行、十果行、药材行、柴行、炭行、糖行、土丝行、颜料行、米埠行、瓷器行、牛皮行、金行等”。广州纷繁复杂的各种贸易商行所售卖的对应物品、商品，部分从内地各省运来，然其主要的手工业产品，如铁器、陶瓷、建材、药品、衣物织物、帽子鞋袜等，则主要来源于其上游佛山镇的生产、加工、组装。朴基水对清代佛山镇手工业行会、商会的研究揭示，明清以来，佛山手工业发展包括28个行当，其产品覆盖几乎包含清代广州牙行行商外贸的产品门类；如铁器制造业就包含炒铁、熟铁、铁镬、土针、铁砖、铁钉等31个亚类；金属铸造业则细分有金箔、银器、打铜、铜线、铜器等9个行业；组织衣物业则涵盖了绢织物、棉织物、成衣、丽兖金银纽扣、凿花纽扣、花纽扣、秋帽、冬帽、棉行业等近19个行业；染料和染色也包括有9个行业；其他如包装材料、日常生活用品、信仰用品、扇面、建材、制纸、制药、酿造、鞋袜帽绫行业，一应俱全，佛山作为广州对外贸易的产品生产中心，很好地承接了其附加的生产制造功能。

广州佛山的产业联动互促发展，从铁器的生产销售链情况可见一斑：明清时期，广州“生铁行、铁器行”的主要职能就是销售佛山的冶铁手工业产品。当时无论是普通人家生活需要的锅碗瓢盆等，还是海外贸易大船的制作和维修需要的巨量铁钉、铁锚等，抑或是人们的宗教和卜巫活动所需要的香炉、器物，日常劳作需要的铁制工具，都需要佛山冶铁业供应。19世纪30年代，游历广州的外国人记述：“许多需要供应广州各商号的制造业，都在广州城西数里外名叫佛山的一个大镇进行。”[①] 这说明广州的商贸需求对佛山发展的刺激和带动不限于冶铁手工业，而且包括其他主要手工业。如驰名海内外的佛山制陶手工行业，也首先是在广州对外贸易市场需求拉动下发展起来的。《粤中见闻》卷一七记载：“南海之石湾善陶，由来已久，供给通省瓦器之用。”[②] 屈大均称：“凡广州陶器皆出石湾。”[③] 不仅如此，广州商贸海运需求也是佛山各种手工业蓬勃发展的重要动力，佛山有许多手工业产品就是直接供应广州用以出口的；雍正十年（1732），广东巡抚杨永斌给雍正皇帝奏疏言：“广东省城洋商贾舶云集，而一应货物俱在南海县属之佛山镇贸易，该镇绵延数十里，烟户十余万。”[④] 广州洋商许多货物也在佛山置办。另外，广州进口的洋货也需要通过佛山推销到省内外各地。乾隆年间，佛山已是“商车洋客，百货交驰”。这充分说明广州—佛山有良好的商贸和产业协作联动机制，佛山也正是借由这种联动机制，才能自明中叶后，快速发展成为岭南地区一大“都会”和重要的手工业生产基地。

广州、佛山之间的良好产业协作特性，即使到了全球化、区域一体化深度发展的今天，也依然极为明显。陈宏宇、郭超的研究显示，进入21世纪以来，广州、佛山城市之间的产业互补性依然较强，第一产业方面，尽管两地的第一产业占比较低，但佛山仍然是广州重要的农产品供应基地。第二产业方面，广州以重型制造业为主的产业结构，在钢铁、石化等基础产业方面，为佛山家电、塑料制品等轻型工业提供原材料；佛山又以广州作为其庞大的轻工业制品的巨大消费市场。广州、佛山之间的产业联动和互补，历来都是佛山城市、产业绵延发展的重要支撑和持续发展基础。

---

① 罗一星：《明清佛山经济发展与社会变迁（崇祯八年）·广州府南海县饬禁横敛以便公务事碑：佛山碑刻》，广东人民出版社1994年版。

② 广东社会科学院历史研究所等：《佛山碑刻·明清佛山经济碑刻文献资料·藩宪严禁挖沙印砖碑示》，广东人民出版社1987年版。

③ （清）屈大均：《广东新语》卷十六《器语》，广陵书社2003年版。

④ （清）永瑢、纪昀等编纂：《四库全书·朱批谕旨》第52册，（台北）商务印书馆1986年版。

第四节　移民促进发展

一　人口增长

从时间上看，秦汉朝廷岭南征讨过程中，就伴随着大规模的移民活动，这些外来移民事实上增加了岭南地区开发的劳动力，并带来了先进的生产技术。此后，东晋初、唐代末、宋末元初及清初，岭南及珠江三角洲地区先后迎来了多次大移民。据王存《元丰九域志》统计，北宋后期，在今广东省境内户口数中，主户占61%，客户占31%；北宋初期，广东客户仅占13%。这些客民以珠江三角洲、东江、韩江谷地、雷州半岛为最集中。现今广佛一带各区县、城乡居民的族谱、家谱中，多流传自己的初祖来自南雄珠玑巷，即是其先祖自中原移民岭南，途经岭北珠玑巷要道穿行而来的证据。宋末、元初两次大迁徙中，从中原及江南度岭侨居的士大夫阶层陆续流寓于珠江三角洲一带。

这一时期，移民人数多、规模大、时间长、分布广，特别是经由珠玑巷，自岭北而迁移至珠江三角洲地区的移民，前后多达130多次，有据可查的有60多个姓氏。中原和江南移民的迁入，直接带动了广东（珠三角地区）人口的增长：北宋太平兴国五年（980），广东的人口密度为1.82人；元丰三年（1080），每平方千米为10.84人；南宋嘉定三年（1210），每平方千米为9.69人。这说明宋代广东地区的人口几乎增长了6倍。元代统治秩序建立之后，随着社会的稳定和生产的发展，广东地区的人口数量逐渐回升。元至元二十七年（1290），广东的户口数为548000户，人口数量达2513000人；至正十一年（1351），广东人口达到3935000人，平均每平方千米15.31人。按《元丰九域志》和《南海志》移民人口和户口数字来计算，可以了解，北宋时期，广州主户和客户比例为45∶55，即客户占大半，超过了主户。南宋时期，也是客户多于主户，比例为44∶56。宋元时期，佛山一带珠玑巷迁民分布大致如下：三水区的驿冈、白坭镇、西南镇、芦苞镇等地有 11 个族群迁来；高明区的程村、云水、明城镇、西安镇、富湾镇、黄泥塘、孔堂等地有 13 个族群迁来；禅城区的鹤园、石湾、澜石、张槎、丛桂里、弼塘等地有 21 个族群迁来；南海区的田心、海口、大镇、平地、小塘、叠滘、罗村、丹灶、白沙、大桐、西樵、盐步、金紫、绿潭、沙村、桂城、大沥、大范、里水、和顺、南庄、紫洞、九江镇等地有 88 个族群迁来；顺德区的乐从、登州、陈村、西滘、龙江、龙山、均安、北滘、碧江、勒流、勒楼、石涌、杏坛、锦湖、甘竹、大良等地有 53 个族群迁来。从族谱或墓志铭之类的记载还可查到，珠玑巷迁户 34 姓中朱、关、陈氏所迁的九江，程、冼氏所迁的大同，梁、区、冼氏所迁的西樵，孔、冼氏所迁的罗格，梁、姚、庞、陈氏所迁的桂华，都是筑成堤围不久的低洼地，尚有不少荒地。新移民的到来，促成佛山低地平原地区的围垦造田和堤围建设开发。

随着移民大量修建堤田，居住点也从台地、山冈迁往低地平原。这为明清时期佛山地区人口增加和围垦范围的进一步扩大创造了条件。嘉庆《龙山乡志》卷首《龙山图说》记载："龙山……以冈名者数十，中分图四，坊二十一。考宋元以前山外皆海，汾水岁为患，民依高阜而居。未盛也。越明代修筑诸堤，于是海变桑田，烟户始众。"① 农业开发从丘陵高冈转向地势平坦的平原，因此，南海、顺德是明清佛山地区人口增长最快的地区。（嘉庆）《龙山乡志》卷四《户口》记载，明初顺德县龙山乡，"户口不过七百余家，男妇共计不过一千八百余口。嘉靖年间编户则已三千余家，阅明季则又七千八百余家"。② 如果只是按照五口之家计算，明初龙山乡人口为 3500 人，嘉靖年间为 15000 人，明末为 39000 人。同时，移民在迁移至珠江三角洲的过程中，农业生产的发展是与村落聚居空间的拓展和扩张同步进行的，这种堤围建设和农业发展同步促进的特征，使人口繁衍得到

① （清）温汝能：（嘉庆）《龙山乡志》卷首《龙山图说》，载《中国地方志集成·乡镇志专辑》第 31 册，江苏古籍出版社 1992 年版，第 28 页。

② （清）温汝能：（嘉庆）《龙山乡志》卷四《户口》，载《中国地方志集成·乡镇志专辑》第 31 册，江苏古籍出版社 1992 年版，第 63 页。

保障，促使佛山得到快速增长发展。大规模的人口涌入，不但使广东尤其是珠江三角洲地区的人口、民族成分发生根本性变化，汉人成为当地居民的主体，也使岭南地区的社会文化结构发生巨变，并在明清之交，形成了以中原文化为骨架、岭南地方特色为表征的广东地域文化系统。

二　土地开发

秦汉以来，随着外来移民的大规模移入，对岭南（珠江三角洲）地区的土地垦殖持续进行，在土地开发的空间发展上，粤东潮汕平原、粤西琼雷地区和粤北西北江流域河谷地区是移民首先进行的地区，至宋元以后，随着珠江三角洲河口成陆的变化，以佛山、广州为典型的珠江三角洲中南部靠海口地区的土地开发才进入快速发展期，明清以后，地区土地发展更是进入全面、深入阶段。从时间发展的角度来看，佛山地区土地拓垦的历史可以分为四个明显的阶段。

（一）唐代及其以前佛山地区的土地开发

现有的考古资料显示，在距今6000年前后，南海海岸滨线大致可确定在九江—灶岗—西樵山东—大岸—罗村镇务岗—寨边村—河宕—深村—梁边—奇槎—雅瑶—坦边—颍水一线。此海岸滨线以北的禅城、南海、三水等地，有较多新石器中晚期贝丘遗址的存在，充分说明当时这里为海滨环境，先民在此定居并从事渔猎活动。由于受当时生产力水平的限制，先秦时期，佛山的人类还不具备能力去主动进行土地垦殖和开发，而只能依托当时既存的土地，从事一些生存满足型的采集、渔猎生产活动。就土地利用形式而言，先秦时期，佛山地区的先民对遗址点的土地利用，主要为建房、造墓地等生活功能性土地利用，农业土地利用和开发范围小、层次低，表现初级开发和垦殖。生产活动依然以渔猎和采集用地为主。“楚越之地，地广人稀，饭稻羹鱼，或火耕而水耨。果隋蠃蛤，不待贾而足。地孰饶食，无饥馑之患。以故呰窳偷生，无积聚而多贫。”①

秦代中央王朝多次对岭南进行大规模的移民；两汉时期，多次用兵岭南，这些都带来了新的移民。中原移民的到来，不仅增加了岭南

---

① （汉）司马迁：《史记·货殖列传》，云南大学出版社2005年版。

地区的人口和劳动力，还带来了先进的生产工具和生产方式，这都有利于岭南地区的农业发展和土地开垦，使岭南的农业由“以渔猎山伐为业”[①]“俗以射猎为业，不知牛耕，民常告籴交趾，每致困乏”[②]的粗耕阶段向精细耕作阶段转变。现存的秦汉时期墓葬遗址及“贝丘”遗址，也大致反映出秦汉时期佛山地区土地成陆及利用情况：顺德南部的杏坛龙潭村、碧梧村西汉遗址，出土较多的绳纹、方格纹夹砂粗陶和泥质陶器，并有熊、鹿的骨骼，青鱼脊椎骨、鳖甲等；勒流龙眼村、沙富村、石涌村春秋至西汉遗址出土磨光的文物有肩小石锛、石镞，并有厚约 1.5 米的贝壳层，不少贝壳属咸水产；锦湖红庙村有汉墓。北滘西海有蟹冈汉墓群；陈村庄头有西淋山东汉墓。汉代遗址的大片、集中分布，表明这一片土地汉代已成陆，并已有一定程度的开发，当时人们从事捕捞、采集为主。那些遗址和墓葬分布较密的地方应该得到了一定的开发，在其周边应该有相应的聚落或村庄。隋唐时期，随着西江、北江下游河谷地区成沙面积的增加，佛山地区土地开垦和村落居民点进一步向南部地区拓展，唐代居民点南界可能已经到达顺德的南华、昌教、龙涌、桂洲一线，该线以北，考古领域也曾出土了较多的唐代文物，这些出土文物和墓葬遗址都表明，该地在唐代就已经有村庄。

（二）宋元时期佛山地区土地开发

佛山地区大规模的土地开发始于宋代，一方面，宋代以后，西江、北江三角洲的淤积范围比前代大为扩大，河流淤积和海岸线后退，露出大片沙田，例如，沙湾以南，甘竹滩以下小榄、大黄圃以下地带都先后形成。这就为农业生产提供了大量的土地资源。另一方面，中原地区大规模移民进入，也对于这一时期佛山的土地开发起到了重要作用。北宋末、南宋初及宋末、元初两次大迁徙中，从中原及江南度岭侨居的士大夫陆续流寓于珠江三角洲一带，新入移民对潮田

---

① （汉）班固：《汉书》卷二十八下《地理志下》，中华书局 1962 年版，第 1666 页。

② （南朝·宋）范晔：《后汉书》卷七十六《任延传》，中华书局 1965 年版，第 2462 页。

区开展大规模的人工堤围建设，使潮田生产区域逐步转变成为高产稳产的围田区，故在九江—桂洲—沙湾一线上的南海、顺德一带地区的居民村落已有很大发展。

宋代南迁人口多定居于佛山地区的西、北江沿河地带，新居民沿着西、北江及部分支流逐步开发地势较低的河滩地，并修建多处堤围以防洪防潮，捍卫民居田土。宋代西北江腹部的九江乡一带，在大建堤围以前，居民定居于丘陵高冈之上，田地受潮水漫浸。《桑园围志》载："无堤防，乡之民散处高阜，架木巢居，岁视旱涝为丰歉，一遇积雨，洪流泛滥，田原胥淹"，顺德的龙江和龙山，"元宋以前山外皆海，汾水岁为患，民依高阜而居。"[①] 宋代桑园围修建以后，"桑园围一向无基址，遇横潦靡有宁居。宋时始于东西沿江建桑园围丛，越数年复添筑，间堵横基以除水患"。[②] 宋元的桑园围还是开口围，还不能完全阻挡潮水的漫浸，故田地以潮田为主。宋元后期至明初，随着堤围技术的完备，潮田逐渐向围田转变。围田是比潮田更高一级的田地类型，分布在坦程较高的老沙田区黄埔—番禺（市桥）—顺德龙江—江门一线以北。

经过宋元时期大规模堤围建设，在西江、北江下游的佛山乃至更为近海的河流谷口区，形成了以新会圭峰山经荷塘、均安、了哥山、大良、番禺沙湾到市桥的一列台地为界线，将西江、北江三角洲分成了围田区和沙田区的地理区域，即老三角洲和新三角洲两大部分。位于西北部的是西北江三角洲的老沙区，即围田区，也是刘志伟所言的民田区。对应于今天的行政辖区，大致包括三水自思贤滘以下的部分，花都的炭步、乐平、赤坭等镇，禅城（包括历史上的佛山镇、石湾镇和南庄）、南海、番禺沙湾水道以北各镇（不包括小谷围），顺德的龙江、容桂、大良、乐从、陈村以及北滘、伦教的西部，新会的潮连、荷塘等地；这一区域也是宋元时期外来移民进行围堰造堤、开

---

① （清）温汝能：（嘉庆）《龙山乡志》卷首《龙山图说》，载《中国地方志集成·乡镇志专辑》第31册，江苏古籍出版社1999年版。

② 明之纲：（同治）《桑园围通修志》卷一《甲寅》。

宗建村的主要区域。

（三）明清时期佛山地区土地开发

吴满强分析了佛山地区明代册载纳税田地山塘的数量，指出明代佛山各县的册载纳税田地山塘数量，南海和顺德要领先三水和高明很多，尤其是在前期，南海县的册载纳税田地山塘亩数比顺德、三水和高明的总量还要多（见表1－1）。这充分说明了明代佛山农业土地开发利用的程度，也反映出明代佛山地区乡村人居空间发展的基本概貌。①农业用地的开发利用方面，明代佛山地区土地开发强度从高到低应该体现为南海高于顺德、顺德高于三水、三水高于高明的基本特征。②乡村人居聚落空间的发展和分布也大致表现为相似的特征，即南海县乡村聚落分布最广，其次为顺德。

表1－1　　明代佛山各县册载田地山塘统计　　单位：顷

年份	南海	顺德	三水	高明
洪武二十四年（1391）	27009.13			
天顺六年（1462）	29603.12	8475.49		
成化八年（1472）	27010.90	8475.49		3034.76
弘治五年（1492）	27010.90	8475.49		3035.32
正德七年（1512）	27010.90	8566.74		3037.58
嘉靖元年（1522）	27010.90	8566.74		3040.20
隆庆六年（1572）	15411.04	8594.50	4570.42	3040.40
万历二十年（1592）	15809.57	8701.34	5002.72	3377.53
总体增加量	－11200.10	225.85	432.70	342.77
总体增幅（%）	－41.47	2.66	11.29	9.47

资料来源：转引自吴满强《历史时期佛山土地利用状况探析》，硕士学位论文，华南理工大学，2014年，有改动。

相较于明代佛山册载田地山塘数的稳中有进而言，清代则是略有下降，并具有小幅度的波动性。明末清初的动乱对于佛山土地开发和征税有一定的影响，南海县和顺德县册载田地山塘数有比较明显的下降（见表1－2）。同时，南海县册载田地山塘数的减少与花县的设置不无关系。“据南海县申称：新奉设立花山县治于附近地方人民管辖，本县所管地方，惟华宁、苏山、骆村三堡，共一十图，又桃子、恩州二堡散甲，共一十七甲，与新县枕近，相应分割，归入凑编版图，今将里甲钱粮数目造册缴报，听候汇详等因。”① 康熙后期，随着劝业耕织和休养生息政策的实施，耕作条件较好的土地得到复垦。乾嘉时期，在沿海平原出现了大量的向水要田高潮，乾隆七年，沿海围垦规模“每处多至万亩，少或数百亩”。② 这一时期珠江口围垦数量多，甚至占筑出海口附近，堵塞河流入海。因此，乾隆十六年，将“南海、番禺、顺德、海阳、饶平、澄海各县”中无妨碍水道方可围垦，而“有碍宜宣泄处”，都要各州府地方官严禁报垦升科。③ “自乾隆五十年弛禁起至五十八年已垦至一千五百余顷，嘉庆元年至二十五年又添垦一千三百余顷，道光元年以来复增垦二百六十余顷，统计开垦至三千余顷之多。”④

表 1－2　　清代佛山各县册载田地山塘统计　　单位：顷

年份	南海	顺德	三水	高明
顺治十四年（1657）	15810.82	8716.55	5017.59	3395.65
康熙元年（1662）	15663.82	6841.38	5017.46	3395.65
康熙十一年（1672）	13426.18	7563.57	5017.59	3395.65
雍正九年（1731）	14545.62	8575.02	5017.59	3395.65
乾隆二十四年（1759）	12647.54	8716.55	5017.59	3395.65
道光二年（1822）	12635.90	8598.36	5559.69	3434.25
光绪五年（1879）	12635.90	8598.36	5559.69	3434.25
总体增量	－3174.92	－118.19	38.60	542.10
总体增幅（%）	－20.08	－1.36	1.14	10.80

资料来源：转引自吴满强《历史时期佛山土地利用状况探析》，硕士学位论文，华南理工大学，2014年，有改动。

① （清）王永名修，黄士龙纂：（康熙）《花县志》卷四《艺文志·奏疏》，载《故宫珍本丛刊》第166册，海南出版社2001年版，第103—104页。

② 《清实录广东史料》第二册，广东地图出版社1995年版，第128页。

③ 同上书，第90—91页。

④ （清）潘尚楫：（道光）《南海县志》卷一六《江防略二》，载《广东历代方志集成·广州府部（一三）·南海县志》，岭南美术出版社2007年版，第350页。

(四) 民国时期佛山地区的土地开发和利用

民国以后，佛山地区下属各区全部成陆，新开发土地除顺德、南海靠南部出海口附近有增加外，其余地方，土地增量总体呈现递减趋势，这在于土地增量不多，而人居聚落的高级化（从乡村聚落向市镇空间转型，市镇空间则向更为大型的城镇空间转型），这一过程需要大量的耕地来转换用途，成为市镇和城镇空间的建设和发展用地，如南海县的佛山镇、罗村、九江，顺德县的大良、龙江、陈村、北滘等地，三水县的西南、芦苞、河口等，高明的明城、荷城等，都相继发展成为地区市镇中心或区域性中心城镇。这都导致建设用地、城镇用地的扩张，从而带来耕地面积的相对下降（见表1－3）。

表1－3　1932年、1941年、1949年佛山市各县耕地面积统计

单位：公顷、%

县名	1932年	1941年	1932—1941年	1949年	1941—1949年
南海	1491000	1374150	7.84	676548	50.77
顺德	1081700	903150	16.51	249700	72.35
三水	602200	554700	7.89	479000	13.65
高明	322300	296700	7.94	307777	－3.73

资料来源：转引自吴满强《历史时期佛山土地利用状况探析》，硕士学位论文，华南理工大学，2014年。

清代后期至民国以来，佛山地区土地和耕地发展情况说明，随着佛山地区区域发展的全面深入，土地开发已达至全境，新辟土地只少量地存在于南部靠海口的未成沙地区，而其他地区则多为乡村和人户所占据，佛山全境，除不宜定居和开发的山林地、湿地等，宜居区域多发展成为乡村聚落，并随着市场、交通等的发展，形成了市镇、城镇的中心地系统，突出者有佛山、大良、陈村、乐从、九江、龙山、龙江、北滘等。

三　区域发展

宋代以来，随着大量北方人迁居岭南，南方山地进入普遍开发阶段，以刀耕火种为主要开发形式的土地垦荒导致土壤肥力的流失，植被和森林的破坏，使珠江河水含沙量显著增加，淤泥首先在近岸处水下堆积，累积填高成沙坦，河口沙岛及沿岸沙坦也不断扩大。三角洲的淤积范围比前代大为扩大，露出大片沙田，例如沙湾以南，甘竹滩以下小榄、大黄圃一带，江门至会城以南都先后形成。这就为农业生产提供了大量的土地资源。同时，随着土地开发强度的激增，人们不断修筑堤围，固定河床，束水归槽，土地不复加高，泥沙多经河口入海，使珠江三角洲的伸展逐步加快。元代珠江三角洲地区兴建堤围的特征，也充分反映这一情况，珠江三角洲北部宋堤分布地区的下游水域，即为元代建堤区域，元代以后，随着三角洲向海扩延，使迁民及其后代不断地开垦新成沙田坦地。元代不到百年，成围可考者即达 25 条，一些宋堤也被加高扩展，反映三角洲新成沙田坦地不断为迁民开垦。

值得注意的是，宋元时期，佛山一带的交通条件尤其是水路交通，有了长足的发展。据元《大德南海志》记载，元时水铺有罗村、何村、古灶、扶南、沙贝、张槎、澜石、深村、石湾等；横水渡有叠滘、沙滘、大江、官山、磻岗、河清、佛山、张槎、澜石、深村等，可见，当时南海、顺德、佛山一带交通颇为方便。随着水路交通的发展，城镇和商业也日益繁荣。宋代以后，广州市舶司在佛山设分处，即佛山市舶务，相传佛山市舶务设于大塘涌，是佛山通往广州西关的主要航道。从宋代曾在佛山建立市舶务一事来看，至少可以认为，当时佛山通往各地的水陆交通还是比较顺畅的，结合宋时佛山石湾陶窑的建立和发展，南昌王墓就葬于磻冈，澜石也发现大量宋墓等事实。都说明宋元时期，佛山已开始发展为珠江三角洲地区除广州以外的另一个重要的经济、文化、交通、贸易的集散点，佛山地区乡村和区域的发展也进入了快速发展时期。

从区域发展的角度来看，宋元时期，佛山地区的区域开发，人居聚落的建设与土地垦殖和堤围建设几乎是同步进行的。尤其是外来移民初入佛山地区时，当地已有土著人，他们只能择“田野宽平，及无恶势力把持之处”的“烟瘴地面，土广人稀”的地方定居，这样，一旦选择定居下来，开垦荒滩荒地，修筑堤围设施以图农事，便成为新移民的首要工作。而佛山地区的河岸平原河网稠密，淡水充足，灌溉方便，成田后半年即有收成，利于移民开垦定居。两宋近300年时间里，佛山地区修筑的堤围主要有罗格围、桑园围、吉赞横基、泰和围、榕塞西围、永安围等，计有28条，堤长共计66024丈，护田面积达24322顷。南海、顺德东南部一带成围不久的低地如西樵、九江、罗格、桂华等，南宋时期，增辟了不少村落。“（九江）自宋代始渐有田庐”，“是时沿水而居，（罗格）几同泽国……兴筑基堤，袤长十余里，堤内沙洲数百顷遂成沃壤。”① 元代修建新堤计有11处，堤围34条，堤长共计50526丈，护田地面积2332顷。这些堤围集中分布在西江和高明河两岸。在西江南流两岸，西有金溪围、秀丽围，东有大路围、豀陵围等即今西樵大围内的小围；在高明河两岸已经筑有今南岸四围、大沙围、陶筑围和三洲围内的小围等。堤围附近的可定居高地，大量的人居村落也开始出现。宋代南迁佛山的人口多定居于本区的沿河地带，并集中和逐步开发西北江下游地势较低的河滩地。

地区开发方面，明代在现在佛山市辖的顺德、高明、三水等区都已经开始设县。明英宗景泰三年，把南海县的东涌、马宁、西淋、鼎安4都37堡及新会的白藤堡划出，设置顺德县。建县后，迄至清末，均属广州府管辖。明成化十一年（1475）割高要县上下仓等地24都设立新县，新县治于明城青玉山，因此，山原是高明巡检司驻地，故取名高明县，隶属肇庆府。明嘉靖五年（1526），分割南海、高要两县部分地区，设立三水县，隶属于广开府。明代堤围的修筑改变了当地人居生态环境，人们开始从丘陵台地转移到低田耕作，使顺德境内西江、北江下游平原人居趋于稠密，并为基塘农业的兴起创造了有利条件。

第五节　重商引致繁荣

一　重商传统

首先是商品生产出现早、发展快。佛山处于珠江三角洲腹地，是

---

① （清）朱次琦：（光绪）《九江儒林乡志》卷八。

珠江三角洲最早开发的地方之一。魏晋时期，就有海外僧人渡海传道，说明此时佛山已有海外交流和商船过往。至唐代，佛山随着农业发展和农副产品交易活跃，墟市应运而生，龙山大冈墟“乃四方商贾之地……辟自大唐”。① 宋代珠江三角洲粮食生产大幅度提高，有大批粮食调出，“广东最系米多去处，常岁商贾转贩，舶交海中”。② 明代以后，蚕桑、塘鱼、花果等商品性农业更是兴旺。顺德平步“四月蚕成麦亦收”“夏未粜谷春卖丝”，南海西樵“岁食茶业与植桑衣我”③，陈村“荔枝、龙眼诸奇卉果，流俎天下”。④ 这些都说明，当时佛山的农业生产发展快，不仅有大量农产品，而且有了农产品商品化，佛山商业的发展也因此具备了必需的条件和基础。

其次是手工业发达。帝制时期的佛山，冶铸、陶瓷、纺织、中成药等业名闻天下，这又是佛山商业的重要物质基础。在铸冶业方面，唐代佛山就有一定规模的小农具生产，南汉时佛山是南汉国专门生产铁器及其他手工业品的所在地，宋代佛山已成为铸冶业为主的手工业城镇，明代更是享誉全国，“盖天下产铁之区，莫良于粤；而冶铁之工，莫良于佛山”。⑤ 清康雍乾道时期，佛山冶铸更获得官准专利，“通省民间日用必需之铁锅农具，必令归佛山一处炉户铸造，所有铁斤运赴”。在陶业方面，明末至清，佛山石湾一带的陶瓷产业已有数千种，坊间有云：“石湾瓦，甲天下。”其他如丝织业、中成药业、手工艺生产，都在明清时期达到较高水平。“乡多年货，凡门神、门钱、金花、通花、条香、爆竹之类，皆以一岁之力为之。至是乃列贩于市。四方来贾者摩肩踵接，喧闹为广郡最。”⑥

农业商品化和手工业发展，使佛山养成浓厚的重商传统。一是即

---

① （清）温汝能：（嘉庆）《龙山乡志》卷首《龙山图说》，载《中国地方志集成·乡镇志专辑》第31册，江苏古籍出版社1999年版。

② （宋）朱熹：《朱文公文集》，国家图书馆出版社2006年版。

③ （清道光）《南海县志》，载《都襄公祠记》，佛山市南海区地方志编纂委员会办公室翻印。

④ （明嘉靖）王世贞：《弇州山人稿》，浙江人民美术出版社2012年版。

⑤ （明）张心泰：《粤游小记》。

⑥ （清）陈炎宗：（乾隆）《佛山忠义乡志》卷十《艺文志》，广东人民出版社2005年版。

使最底层的佛山普通百姓，也非常重视市场、价格等。如《竹枝词》：“呼郎早趁大冈墟，妾理蚕缫已满车。记问洋船曾到几，近来丝价竞如何。”① 即很好地写照了当时普通人家对于市场物价的重视。二是佛山人的从商求富不仅仅局限于商业阶层，而是全民皆动，全民参与。不仅略有资产的人从商求富，弃农经商、亦工亦商、亦官亦商、弃儒从商者，比比皆是。霍韬、李待问、李可琼等佛山本地赫赫有名的读书人，在当世时也都各有家族工商产业。

二　商业传承

以阳明心学经世致用为根基，强调“四民皆本”的重商思想，是广府文化的重要特质。这种地方文化思想与传统中国“农本商末”思想截然相异，其发展起源和最终确立，与当地仕人阶层、宗族的持续灌输、确认密不可分。“四民皆本”的重商思想在佛山宗族家训中明确宣扬，《南海佛山霍氏族谱》的宗规就有“士农工商，所业虽不同，皆是本职”。②《岭南冼氏族谱》的家训称：“天下之民各有本业，曰士、曰农、曰工、曰商……此四者皆人生之本业。”③ 佛山社会从不把从商作为末业，而是与士、农、工等同视之，重商之风深入人心，深入社会的各个角落：“广州望县，人多务贾与时逐利，以香、糖、果、箱、铁器、藤、蜡、番椒、苏木、蒲葵诸货，北走豫章、吴浙。西走长江、汉口。其黠者南走澳门。”④ 并最终形成了广府地方文化的典型特征。重商思想也养成了佛山人务实苦干、讲求效益的社会文化品格，这种品质把经济效益放在首位，不图虚名，不搞形式。轻形式、重实效的重商传统，也养成了佛山人的开放通达，使佛山人具有开放品格，不排外，不欺生，视野开阔，商路通四海，达三江：“或奔走燕齐，或往来吴越，或入楚蜀，或客黔滇。凡天下省郡市镇，无

---

① （清）温汝能：（嘉庆）《龙山乡志》卷十二《竹枝词》，载《中国地方志集成·乡镇志专辑》第31册，江苏古籍出版社1999年版。

② 《南海佛山霍氏族谱》。

③ 《岭南冼氏族谱》。

④ 屈大均：《广东新语》卷二《食语》。

不货殖其中。"①

重商传统还使佛山有良好的诚信经营传统，并极其重视创新经营方式和方法。明景泰年间，冼灏通是佛山冶铸大户，他不仅保质保量，按期把铁锅供应给买家，而且针对当时客人到佛山没有旅馆住宿的困难，每年在鹤园家中招待他们，有点像现在的订货会，于是，"各省巨商闻公信谊，咸投其家，毋后期也，乃人人又益"。② 佛山霍氏从事铁板买卖，善于囤积居奇以牟利。其家训称："凡人家积钱，不如积货，所积亦有其方。难收易坏者不可积；人家用少者不可积。"③ 可见，以"四民皆本"为文化内核的广府文化传统，成为佛山工商业繁衍传承千年而愈益发达的根基。

三 商业文化

地方商业的发展，衍生了独具特色的地方商业文化。对佛山来说，佛山商业文化最大的特色就是商业与民俗的结合。出秋色、行通济、逛花市、饮早茶等独特的地方习俗和民俗活动，都被注入了浓郁的商业元素，佛山通过商业和民俗的紧密结合，既显示了城镇商业的繁荣，更反映出地方的富足与安康。佛山秋色起源于明朝，是民间自发组织庆丰收的娱乐习俗，出秋色时，巡游队伍有灯色、车色、马色、漂色、地色、水色、景色等表演形式，其制作都源自佛山独特的手工艺，原材料也多是手工生产的下脚料以及农副产品的木瓜、萝卜、鱼鳞、谷壳、稻秆、蚕茧、花生等，淳朴无华而美轮美奂。出秋色已成佛山城镇的节日庆典，其举办期间，人头簇拥，商业繁荣。行通济也兴起于明朝，至今已有200多年的历史。通济桥是佛山最早的桥梁之一，至今已有400多年历史，它位于佛山普澜路北端的同济路口。明天启六年（1626）重修，建成木石拱桥，取名为"通济桥"。"行通济，无闭翳"（无烦恼），其意思是说，在正月十六到通济桥上走走，就能消除疾病、烦恼，得到幸福、安康。行通济的习俗据传与

---

① （清）温汝能：（嘉庆）《龙山乡志》卷十《货殖》，载《中国地方志集成·乡镇志专辑》第31册，江苏古籍出版社1999年版。

② （民国）《佛山忠义乡志》卷十四《人物志八·货殖》。

③ 《太原霍氏崇本堂族谱》卷三《前后家训》。

神话传说神仙留金建桥时曾有“通吾困，济吾贫”之言有关。一架短狭的小桥，却寄托着人们祈求通济和谐、平安幸福的愿望。每年行通济期间，人头簇拥，加上沿途无数的小贩摊档，人人从小贩手中买来风车、生菜，希望“一路顺风”“时来运转”“生财好运”。逛花市是佛山的年节庆典，每年的大年廿八至除夕晚，佛山各地举办花市，花市道路两旁，摆满各种时花盆栽。人们拖男带女，三五成群逛花市，买花赏花，酒楼、商铺、企业，家家选购大年橘或大桃花，以求大吉大利，大展宏图。这些地方民俗与商业的结合，既带旺了佛山的商业人气，拉动内需，增加消费。同时，年节民俗的举办，实现了商业和节庆的有机结合，开创和养成了佛山独特的地方商业文化，也为佛山地方发展和商业的持续繁荣注入了源源不断的活力及动力。

中　篇

初地芳华

第二章　佛山初地

第一节　初地概述

按照《康熙字典》解释：初，始也；地，底也，其体底下，载万物也。可见，初是起初、开始的意思，“也指事物的本源”。《说文》解释：初即：始也，从刀衣，裁衣之始也。《徐曰》解释：初即：“礼之初，施衣以蔽形。”地，从土从也，本意为物质，《说文》解释：“元气初分，重浊阴为地，万物所列也。”后逐渐引申为土地、大地、地表，指地球上的一个区域。“初地”最早见于佛教典籍。《华严经·十地品》：“今明初地义，但以略解说……是初菩萨地，名之为欢喜。”玄奘《大唐西域记·摩揭陀国上》载：“出家修学，深究妙理，位登初地。”其后，“初地”一词逐渐世俗化，慢慢地引申为起源地、发源地等，也指事物产生的根源地方。王维《登辨觉寺》诗：“竹迳从初地，莲峰出化城。”① 清人康基田《登焦山》诗：“人从初地入，峰到上方尊。”② 尽管“初地”世俗化过程依然伴随着佛家源地，胜地之属，但“初地”一词意涵更趋广泛、总括，逐步泛指事物产生的根源、本源之地。本书讨论的“初地”，即取此意。

目前，学术界对“初地”的解释，尚无确切的定论。但围绕“初地”的研究成果颇丰，且国外优于国内。“初地”在英文中，一般用

---

① （唐）王维：《王维诗集》，新疆科技文化出版社 1988 年版。

② （清）袁枚：《随园诗话》，湖北辞书出版社 2006 年版。

“origin”一词进行表达，最早发端于对解剖学发明、观察以及对静脉注射的起源问题研究。此后的研究大多基于基础医学方面的起源问题研究。19 世纪 30 年代，史密斯（W. H. Smith）在《关于格雷厄姆岛遗址与起源问题的几点思考》中首次提出一个针对地理空间的起源探索。国内学者最早涉及“初地”（起源地）研究的成果是中国台湾学者粘国民对台湾粘氏渡台二百周年、返回大陆寻根谒初的探讨。此后，我国学者纷纷展开对“初地文化”“初籍地”“寻根谒初”等方面的研究，如彭兆荣的《帝国边陲政治地理学对客家文化的影响——以福建宁化客家“初地”建构为例》和余达忠的《文化全球化与现代客家的文化认同——兼论宁化石壁客家初地的建构及其意义》等，主要讨论客家文化以及客家人族群认同等问题。由于初地文化具有特殊的价值和历史意义，近年来，国内也有学者对“初地文化游”“初地旅游开发”等方面进行探讨。

可见，国内外学者对“初地”的研究主要集中在地理、历史和文化领域，而较少基于政治和宗教意义上的初地探讨；研究方法多基于历史尺度对事物起源进行追溯。历史记忆的复返当然不一定是完全恢复原先的事实，它也可能是一种“创造”。本书对佛山初地的探讨，主要基于社会历史尺度对佛山“初地文化”的建构过程进行回顾和梳理，并分析其发展、迁演的路径和特征，为当代佛山城市的优化发展提供适度的参照和指引。

“佛山初地”，取意初地的世俗化本义，即佛山城镇（市）发展的本源之地，比如，塔坡之于佛山城镇发展、祖庙之于佛山政教发展、普君之于佛山的市场空间发展等的本源意义，这些佛山发展中的本初之地，对佛山城市及其城市特征核心要素的形成和传承，具有极其重要的指标含义。对特定的城镇（地方）来说，其所有的社会活动都产生于空间之中，城镇（地方）的社会生产和文化行为、活动也总是出现在特定的地方或地域，并通过社会化活动及其网络状发展形塑出特定的地方和空间，并进而形成差异化的文化地域。佛山之所以为“佛山”，其发展传承自然因由错综，但这些错综原因之上，内含于“佛山初地”所形成的独特差异化文化地域及其表征的文化特质，可能更是其之所以传承千年、繁华不断的主要内因。因此，了解、探寻“佛山初地”，就为我们探究佛山城镇（地方）发展的内核“密码”提供了一个可鉴、可见的窗口，它不仅能让我们发现过去，总结规律，探寻真相，更能科学地把控城市发展的文化、社会、历史“密码”，更好地服务于佛山城市、产业的未来发展。

第二节　理论基础

一　社会整合理论

19世纪第一次工业革命的浪潮，导致欧洲社会结构发生了变化。传统社会组织不能适应工业化发展的需要，因此，从社会结构中分化出来，社会秩序也受到了破坏。在工业化发展背景下，社会整合也就成为人们需要解决的问题。此后，西方社会学者纷纷开始关注这个社会问题，出现了社会整合的思想。社会整合，是指促使社会成员协调一致，形成凝聚力，保障社会的稳定和持续发展，以达到和谐状态的一种行为过程。社会整合的可能性在于人们共同的利益以及在广义上对人们发挥控制、制约作用的文化、制度、价值观念和各种社会规范。西方社会学者最初对“社会整合”的概念尚未明确界定，一直到涂尔干思想的出现，社会整合的概念才有了雏形。而帕森斯的思想则使社会整合成为解释社会变迁的重要范式。

涂尔干首先提出“分工与整合”思想，并在此思想基础上建立了社会整合理论。随着工业革命带来的劳动分工，导致了利己主义泛滥、社会合作失调和强迫性劳动等混乱现象的出现，这一问题使涂尔干认识到建立社会劳动分工与社会整合原则之间的内在联系是必要的。故此，涂尔干提出，道德和共同情感是维系社会秩序与团结的重要力量，如果没有维系社会统一和稳定的集体情感的纽带作用，那么社会将陷入混乱。为了维系社会的稳定与团结，则需要通过宗教、仪式、会议、教育、聚会、集会等方式来构建集体情感，将存在于社会中的成员紧密地整合在一起。涂尔干的这种非契约性社会整合理论关注宗教、教育、道德、文化的联结作用。而在美国社会学家帕森斯看来，社会整合的内涵被认为有以下两种：一是使社会体系内的各部分处于一种均衡状态，构成和谐关系；二是维持社会体系内已有成分，形成抗击外界压力的力量。继帕森斯之后，社会学家对社会整合研究分为两个方向：一是从抽象意义上予以解释和运用，继承帕森斯宏观的社会理论体系；二是从经验意义上予以解释和运用，研究各种社会群体内部关系和不同群体之间构成的关系。

二　社会控制理论

19 世纪末，达尔文提出了一套进化思想和理论，科学史家和生物学家把这一事件称为“达尔文革命”，对人类思想和学术产生了广泛而深刻的影响，社会学领域也受到此思想的影响，随之社会控制理论开始萌芽。社会控制理论的发展经历了三个阶段：社会学的社会控制理论、控制论的社会控制理论和社会哲学的社会理论。19 世纪末，欧美的社会学家开始关注社会控制领域，从社会学层面对社会控制系统做了比较全面的阐述，美国社会学家 E. A. 罗斯在 1901 年出版的《社会控制》一书中首次从社会学意义上使用“社会控制”一词。社会控制在 20 世纪 20 年代被作为一般概念使用，它用于描述所有与协调、整合、规范或调整个人与组织以达到某种理想行为标准相关的行为。社会控制具有普遍性、规范性、多重性的特征，其控制方式有以下三种：一是习俗、道德和宗教；二是政权、法律和纪律；三是社会舆论与群体意识。

社会控制论的创始人罗斯对社会控制做了全面系统的研究，他认为，社会控制优于自然秩序。社会控制是由舆论、法律、信仰、社会暗示、宗教、个人理想、礼仪、艺术、道德等多种手段来实现的。在整个人类历史进程中，宗教作为社会控制的一种手段，有效地确保了社会成员遵守其信仰系统中的规范。宗教作为一种社会控制力量，它是通过仪式和信仰来对人的行为产生影响，达到一种社会稳定和社会和谐的状态，它可以弥补法律和道德控制的不足。宗教作为“超自然势力的存在，似乎无处可监视；其来也无迹，其去也无迹；视听言动，无处可防，即无处可以懈忽”。宗教可以维持社会秩序于无形之中，因此，统治阶级都十分重视宗教对社会的控制作用。

三　地方建构理论

自20世纪50年代起，“地方”的概念得以发展。关于“地方”的意义，一直以来都是人文地理学争论的主题，也是哲学、规划、建筑，以及任何其他学科的主题。在70年代末，经过人文主义地理学家的努力，“地方”一词逐渐发展成为北美地理学的核心术语，并且回溯到了海德格尔和梅洛庞蒂的哲学。进入90年代以后，地方依恋、地方认同、机构忠实和地方意象是国外地方感研究的热点与重点。关于地方的概念显然是复杂的，区域地理学家认为是拥有独特生活方式的个别地区，人文主义者认为是现世存有的基本方式，而激进地理学者探讨了地方建构方式如何反映了权力。政治地理学定义地方为有意义的区位，是指区位、场所和地方感。“地方”一词在人文地理学中，代表一个对象，也代表一种观看世界的方式。地方具有物质性和意义，但地方本身并未具有自然而明显的意义，是拥有地方特定话语权的人通过对地方的建构，进而创造出地方的意义。地方是物质性的事物（地方的构造），以特殊构建聚集了事情、思想和记忆。通过对地方建构，促使地方更具有特色和能见度，提供地方感和归属感。地方感的保存或建构，是一种从记忆到希望、从过往到未来的旅途中的积极时刻。而且，地方建构可以揭露隐藏的记忆，为不同的未来提供前景。

哈维（Harvey）认为，地方无论外观如何，都和时空一样，是社会建构的产物。地方建构有两种方式：一是重述时空的关系性，实体同时在它们的边界上，以及创造空间的内部过程秩序上，暂时达到相对的稳定。这种“恒常”会以排外方式占据一块空间，并借此定义了“地方”的意义。二是从创造时空性过程的流动中，切割出“恒常”的过程。但是，“恒常”无论看起来有多么坚实，并不是永恒不变的，而是随着创造、维持和瓦解的过程而变化。哈维关注的焦点是资本主义条件下地方建构的政治经济学、移动资本与固定地方之间的关系。他认为，在经济全球化条件下，由于资本的空间移动性和地方的固定性形成了紧张的关系，导致地方不断被重构，围绕着新的社会基础设施而重新建构地方。地方的“恒常”遭到破坏是由于全球化经济对地方造成了威胁，但这不意味着地方的意义在社会生活中已经不重要了，而是会使人们更加察觉到自己所在场域内代表地方特色的事物。因此，不同区域的人总是力争建构区别于其他地方的场域，使地方变得更有竞争力和吸引力。

第三节 研究意义

城市化、全球化导致城市、区域竞争愈加激烈的趋势下城市和地方文化面临着必然的整合与调整，以适应和激励地方经济发展、塑造在地认同和增进竞争能力及优势。城市和地方的社会、文化政策及治理方略也将在传承与弘扬传统文化内涵的基础上，创造性地吸收那些来自成功“地区”或城市的“成功”经验，并在区域城市之间形成竞相追逐和相互模仿的过程。城市，一方面，基于全球化趋势，建构起基于基础设施、城市风貌、建筑美学、景观构筑、空间表达等多重内容复合叠加的共性化“现代城市”，以便更加快速和深入地融入全球生产和商贸流通网络之中；另一方面，城市为保持其发展的文化传承及历史在地特征，同时也是为了塑造自身与其他竞争性城市的“不同”，往往也会出奇制胜，型构基于城市自身地方特征基础之上，并反映出强烈城市地方意义、在地性等方面独特性，以此来凸显“我城”之于“他城”的相互区隔性。这种基于城市地方文化含义和历史之上的城市地方属性和特征塑造发展之道，在近年来正逐步成为城市形象建构、地方营销的利器。为达到此一目标，城市就必须追溯历史发展脉络，厘清地方发展上的本源，从源点视角来审视和回望城市起源“初地”之于“我城”区别于“他城”的本真意蕴。

对佛山来说，自明代景泰年间以来，佛山堡取得抗击黄箫养暴乱的胜利以后，佛山堡被纳入国家权力机构的视野之中，佛山堡以“八图”为基础，逐步从传统自然村落及“集市”向“商贸”要素更加明确和具象化的市镇转化，传统的村落联系组织方式被“铺区”机制所整合，铺上设公会，由合堡乡绅的精英——主要是“八图”成员组成，铺之下，街、里、社、坊并存发展。由此开启了佛山城市发展的源点，构成了佛山城镇起源的“初地”本真意蕴。明朝中叶以后，随着珠三角地区农业生产的进步，其社会经济发展也进入高速增长阶段，乡民和村落富庶家庭的增加，促使地方教育的发展，至嘉靖年间，以南海为中心，形成著名的“南海士人集团”，佛山镇“在昔有明之盛，甲第箎踔，一时士大夫之籍斯土者列邸而居，连数里。昔人所谓南海盛衣冠之气者，不信然欤”[①]，包括梁储、伦文叙父子、霍韬、庞嵩、庞尚鹏、梁焯、冼桂奇、李待问等科甲及官场巨子，这些南海籍士人的入世出仕和在朝在野，对佛山地方社会的秩序构建和家族、地方治理模式产生深远影响，以祖庙（祖堂、灵应祠）为中心初步建构了佛山地方事务治理的源地和中心，佛山“政教初地”由此建构，这种局面发展到李待问家族主导佛山事务后达到顶峰，佛山城镇发展在传统地方意义上形成和建构了士人治理地方的传统文化风格。直到清代，广州“一口通商”的独占地位，使佛山商人集团势力大增，以商人和乔寓于此的达官、权贵等为主导，形成明代以来佛山地方权力更迭的第三波，也是对佛山地方文化传统塑造极为重要的一波，即新兴乔寓集团势力实现对传统士人统治的替代而成为佛山镇地方治理中最重要的力量，商业阶层的得势，进一步改变了佛山地方文化特征，并确立以普君墟为城镇市场空间发展的初地印象（所谓“未有佛山，先有普君”之说，即是明证）发展出佛山地方文化特征中极为突出的商业功利化倾向。其后，历经鸦片战争、民国时期至中华人民共和国时期，尽管佛山城镇发展在空间上时有变化，城市重要性几经沉浮，但其城市地方发展出来的地方文化特征却历久不变，并得到

① （清）宋玮：《修复旗带水记》（雍正三年），（乾隆）《佛山忠义乡志》卷十。

一定程度上的巩固和强化。[①] 故“佛山初地”以及之于“初地文化”意义上的佛山本地文化传统，使佛山能在各种不同的竞争中始终屹立于发展的浪潮之中而不倾覆的坚实基础。

可见，探讨“佛山初地”的本真面目，了解其地方属性的典型特征，对佛山城市在全球化和地方化同步驱动的今天，意义重大而深远，它既能使全球化的佛山保持自身地方特征和文化属性，又能在重视城镇地方独特性挖掘的同时，不忘眼光向外，并保持自己始终嵌套于全球动态发展的网络格局之中。

① 虽然中华人民共和国成立以来各种社会改造运动和文化革命，其所宣扬的社会主义价值观及文化精神层面的内容等，对佛山地方社会的文化产生了一定的影响，但这种影响相对于国内其他主要地区来说，依然是较为微弱的，尤其是自20世纪50年代初期灌输及实行的“革命文化”对佛山地方传统文化要素的破坏性，相较于国内其他省份，这种破坏相对有限，使佛山地方文化及地方特征历经复杂的社会主义改造运动而得到一定程度的保存和继承。如地方自治、商业传统、宗（家）族观念、功利思想等。这些核心思想也是改革开放以后，佛山能够迅速利用改革开放的机遇、大踏步前行的关键所在之一。

第三章　塔坡："佛山初地"

第一节　塔坡作为"佛山初地"的缘起

一　塔坡庙概述

佛山"肇迹于晋，得名于唐"，其得名的重要物证，就是现今位于塔坡社区的塔坡庙。塔坡庙位于佛山市禅城区京果街1号，最早为东晋时期西域僧人达昆耶舍尊者结茅讲经的"经堂"旧址。塔坡庙规模极小，通面宽仅4.58米，进深8.95米，建筑面积约41平方米，分为头门和正殿两进，建筑风格为马鞍式风火山墙，梁架为硬山顶砖木架构，正门上方嵌有"塔坡古迹"石额，款署"嘉庆元年菊月吉旦众信重建，苏呈祥敬书"（见图3－1）。入正门后，左边屋墙上嵌有"塔坡庙重修记"的石匾，右边则镶嵌有唐贞观二年的"佛山"石榜及"佛山初地""牧唱遗风"等石匾遗物的复刻品（原石匾现收藏于祖庙博物馆）及其简介（见图3－2）。早期寺内曾开掘到三尊佛像，后遗失，2017年佛山重办塔坡诞纪念活动，重新迎请安放三尊铜佛入庙，现正殿供奉三尊铜佛。庙前有一口相传是唐代始建时所凿的水井，名为塔坡井，此井为圆形水井，无井栏，井壁以青砖砌筑，井之四周以花岗岩条石铺砌的地面，附近居民称其为"仙井"。2018年，塔坡诞新引入"仙水"祭祀环节，即为崇祀该井的明证。井旁原有碑，乃民国二十三年（1934）街坊集资淘井的记录，现已无存。现在井旁石碑，是民国三十七年（1948）善信重修塔坡庙立的石碑："进伍百卅伍圆壹角，支伍百卅伍圆正，重修塔坡同人立"（见图3－

3 和图 3 –4）。可见，民国时期，乡民对塔坡庙的重视。2006 年，塔坡庙和塔坡井被确认为佛山市文物保护单位。

图 3 –1　塔坡庙的外观

图片来源：梁倩銮摄。

图 3 –2　塔坡庙的内观

图片来源：梁倩銮摄。

塔坡庙于 2013 年进行重修后开放，因当时重修只是做外立面的整饬和优化，所以，总体来说，目前塔坡庙的保存状况较差。庙宇整体格局有限，且呈衰落景象，外墙有多处孔洞，墙壁苔痕斑驳，缺乏围栏保护。近年来，以塔坡庙为核心，佛山地方政府和社区强化了对塔坡庙“佛山初地”记忆的形塑，通过举行多种仪式活动如塔坡诞等，试图进一步正塑塔坡之于佛山城市缘起的典型意义。2017 年，塔坡诞纪念活动重新安放三尊铜佛入庙，即为此举的明证。

图 3－3　庙前井口及石碑

图片来源：梁倩蓥摄。

图 3－4　佛山市文物保护单位——塔坡庙和井

图片来源：梁倩蓥摄。

二　塔坡作为“佛山初地”的得名

晋代以前，佛山还是珠江口咸淡水交界的土洲群中较大的一个洲岛渔村，处于广州海湾西南处上游，四周水面环绕，乡人出外，谓之“过海”。晋代以后，尤其是“永嘉之乱”后，北方移民南迁，致使佛山洲岛开始生民繁聚，逐渐演变成一个热闹的渔村聚落，乡人称为“季华乡”，“佛山向名季华乡，不知始自何时”。[①] 同时，晋代广州逐渐开放为对外通商海港，时有海外商船远渡来往，东晋太元期间（约公元380年），有古印度僧人航海东来，在此登岸，并于塔坡冈结茅讲经，宣传佛教，未几西还。当地村民把他居住的地方称为“经堂”。隆安二年（398），三藏法师达昆耶舍尊者航海而来，仍在塔坡冈经堂旧址聚徒说法，吸引不少信徒前来听讲，后因信众日广，讲经之地无法容纳，信徒于是集资兴建了塔坡古寺。该寺后因久无打理，逐渐荒废。唐贞观二年（628）塔坡冈“夜放金光”，“掘之得铜佛三尊，穴间有碣曰，塔坡寺佛”，并有石碑，碑上有石刻对联“胜地骤开，一千年前，青山我是佛；莲花极顶，五百年后，说法起何人”，这也是佛山得名的重要物证。因此，乡民奉三尊铜佛于经堂，重建塔坡寺，并将塔坡改名为“佛山”。“佛像，旧传乡之初，聚夜辄见塔坡冈（在耆老铺）有光，掘之得三铜佛像，因建寺于其上，以奉铜像，名塔坡寺，乡称佛山，益以此也，后寺毁于明洪武时。像之存毁不可考，今塔坡古寺（改建于医灵庙铺），所供铜像云是故物，恐未必然。”[②] 清乾隆时人叶汝兰所撰的《重修佛山经堂碑记》文中，开篇即载：“相传晋代有西域僧至此结茅讲经。僧寻西还，其徒因构室而居，号曰‘经堂’。地据省会上游五十里，仅南海县属一小乡耳。当乡初聚时，乡人尝夜见其地有光烛天，乃掘得古佛三尊，并有褐曰‘塔坡寺佛’。遂以供之经堂，建塔崇奉。因名其乡曰‘佛山’。”[③] 塔坡为“佛山初地”，多由此而来。

---

① 吴荣光：《佛山忠义乡志》卷一《乡域志》，岳麓书社2017年版。

② 陈炎宗：《佛山忠义乡志》卷一《乡域志》，广东人民出版社2005年版。

③ 佛山市禅城区文体旅游局编：《佛山市禅城区不可移动文物名录》，第66页。

第二节　塔坡作为"佛山初地"的发展与流变

一　塔坡寺庙流变及其对"佛山初地"的影响

明洪武二十四年（1391），朱元璋下诏全国毁寺观，塔坡寺遭毁。此后，塔坡冈荒烟蔓草，成为附近乡村牧童每日放牛、吹笛、引吭高歌的地方，时人称为"塔坡牧唱"（见图3－5），为佛山古八景之一。明天启七年（1627），乡民决定重建塔坡寺，但因城镇发展，塔坡冈已开辟为墟市，于是改址到医灵铺万寿坊（现新风路原佛山市委党校所在地），谓"塔坡古寺"。清嘉庆元年（1796），佛山镇民为纪念塔坡冈和塔坡寺，乃在冈脚蓑衣街、卖篾巷、文昌大街（现改名为塔坡街）三岔路口的唐代古井前，兴建一座"塔坡庙"（现仍存于塔坡街），因受东岳庙的影响，改祀东岳大帝。因庙宇位于旧时塔坡冈，故称"塔坡庙"。

图3－5　塔坡牧唱

图片来源：（清）吴荣光：《佛山忠义乡志》，第11页。

塔坡古寺于清乾隆五十三年（1788），在佛山同知叶汝兰的倡议下进行重修。清咸丰四年（1854），佛山粤剧名伶李文茂在佛山发动红巾军起义，由于寺中有和尚参与其中担任军师，起义失败后，寺院受到牵连，被清军烧毁。清光绪初年（1875），潘衍鋆、潘衍桐、王福康和梁都唐倡议修复塔坡古寺，在勤安法师组织下，各界鼎力支持，于清光绪三年（1877）完成重修。光绪二十年（1894）获慈禧太后赐名“万寿塔坡禅寺”。

塔坡寺自唐代建成后，可能就一直是当时佛山渔村事实上的祭祀和宗教（礼佛）中心。[①] 洪武毁寺以后，塔坡成为佛山古“八景”之一的“塔坡牧唱”，这说明：①塔坡冈之于佛山村落（墟市）的地理制高点和中心点的作用，并没有因为塔坡寺的毁失而消失，塔坡冈仍有首要的地理中心地效应和作用。②精神信仰空间的外部取缔，并不能从客观上消除当地村民长期以来形成的关于塔坡冈之于佛山村民的“精神初地”的认知，寺庙的灭失，使村民转而通过田园牧歌式的景观构筑形式，重塑了塔坡冈的精神意义和人文指归。记录于《佛山忠义乡志》（陈炎宗版、吴荣光版、冼宝干版）的记咏“塔坡牧唱”诗词中，几乎都有关于“塔坡牧唱”和“塔坡寺源”之间的联想和比兴（见表3－1），诗词主要通过描写塔坡冈风光、悠悠牧笛、墟市康庄等的相互和谐，简单质朴地描述当地人晨出晚归的劳动生活情景。进而型构出塔坡冈墟市人山人海、冈顶景美、生活相谐的图景，强化和凸显出塔坡冈之于佛山墟市发展的首要意义和初地形象。

表3－1　　　　描写塔坡牧唱的诗词

作者	诗词
梁序镛	太平风景满山河，叩角无劳宁戚歌，芳草有慱谁遗此，夕阳偏匿待如何？ 参差短笛吹来惯，婀娜长腔和者多，犹有耕田随作息，康衢遗调共吟哦。

① 目前无更多证据显示当时佛山村落有其他宗教信仰神灵和场所的存在，依据珠三角一带持久形成的“淫祠”传统，塔坡寺可能不会是塔坡一带村落唯一的神灵礼敬场所，但或许是最重要祭祀的场所。

续表

作者	诗词
潘参彦	坡柳绿深坡草碧，坡上牧童青箬笠，乌揵斜系柳荫中，籍草卧吹三孔笛。 横鞭还过饮牛亭，亭边朴之飞牛蠹，雀儿鼓翅虾蟆跳，野圹水满齐牛腰。 牵来仍放陂陀脚，远树森之烟漠之，日暮闻歌下见人，隔村月下鼓牛角。
廖衡平	拍岸潮浪染黛螺，芊绵碧草长乎坡，塔阴横处日刚午，簑影歌时风正和。 别浦溥音流水调，隔江徐籁答渔歌，归来犊背闲吹笛，相送松声落逝波。
谭澄	塔坡冈上现毫光，嘉名肇锡荣此乡。塔坡寺改余芳草，澹烟疏雨行人道。 牧竖晴来破翠微，山花着笠云着衣。按拍几腔霜树红，扣角一声秋草绿。

明天启七年（1627）塔坡古寺改址建成后，塔坡冈在清嘉庆元年（1796）建起了一座主祀东岳大帝的"塔坡庙"。对复建的塔坡庙为何主祀东岳大帝，目前可见的文献并没有记载和说明，结合东岳大帝的神灵职能①、当时佛山镇发展特征及塔坡古寺的客观情形，我们认为，其之所以没有礼佛而祀道，可能有如下原因：①寺庙的神灵祀奉，在中国古代是有比较清晰分界的，寺供佛，庙供神，寺里只能烧香，庙里可以烧纸。塔坡庙既然为庙，自然只能供奉传统中国神灵，由于祖庙已经供奉四方神之一的"北帝"，与之相协调，塔坡庙选择供奉东岳大帝，取其主生死、掌东方、佑"新旧相代，固国安民；延年益寿，长命成仙；福禄官职，贵贱高下"等职能，既符合当时佛山镇的发展期望，也容易被信众接受和理解。②塔坡古寺尽管没有在塔坡冈"佛山初地"原址重建，而是异地再建，但塔坡古寺所传达的"佛山初地"正统意义，以及自景泰以来朝廷对祖庙、塔坡等佛山标志性地标的隆祀和尊崇，尤其是光绪期间塔坡古寺得到来自朝廷最

---

① 东岳大帝又称泰山神，在中国民间传说中，东岳大帝主管世间一切生物（植物、动物和人）出生大权。泰山神作为泰山的化身，是上天与人间沟通的神圣使者，是历代帝王受命于天、治理天下的保护神。根据阴阳五行学说，泰山位居东方，是太阳升起的地方，也是万物发祥之地，因此，泰山神具有主生、主死的重要职能，并由此延伸出新旧相代，固国安民；延年益寿，长命成仙；福禄官职，贵贱高下等具体职能。

高层的封赐（慈禧恩封），都使后来重建的塔坡庙无法对塔坡古寺的正统地位形成挑战，在寺庙所代表的佛山意义上，塔坡庙只能退避塔坡古寺，转而寻求另外的祀奉对象。③自明代永乐以来，道教被奉为国家神灵正统，景泰之后，佛山因抗击黄萧养乱匪有功而受到朝廷嘉奖，祖庙祀奉的北帝进一步成为佛山地方信仰的正塑，清代这种祀奉道教神灵的传统得以保持。同时，随着佛山镇在清初以后成为“岭南巨镇”“天下四大聚”“四大名镇”，佛山城镇自我形象和自信达到新高度，由此，新建的塔坡庙在神灵祀奉上，从道家神灵中选取符合佛山城镇、镇民认知和理想的对象来进行崇祀，也符合当时的客观情势。

实际上，尽管塔坡庙占据着“佛山初地”的地理空间优势，但从文献记载等发展的实际情况来看，塔坡古寺与塔坡庙的历史地位还是相差比较明显的。塔坡古寺自建成后，便一直沿袭了“佛山”得名象征性地标的特征，既延续塔坡古寺的宗教功能和历史地位，又发挥着它作为城市中心地在信仰传承、地方认同和道德教化等方面的作用。塔坡古寺自明天启迁建后，尽管是异地而建，但一直被佛山地方社会当作当时佛山镇在地方认知和宗教神庙空间方面的首重之地，成为佛山镇的信仰教化中心和地方文化地标。《佛山忠义乡志》（乾隆版、道光版、民国版），皆在卷首总图中标示了塔坡古寺的地理位置，并有详细的塔坡（古）禅寺总平面测绘图、功能空间结构图等（见图3－6）。有意凸显出塔坡古寺之于佛山城镇的地标意义和地位。而对于塔坡庙，至少在民国以前，尽管其位于“佛山初地”的塔坡冈上，但在时人心目中，其由于祀奉对象（东华帝君）（道光版、民国版《佛山忠义乡志》收录的塔坡庙宗教功能主祀东华大帝）、信众认知和文化习惯等原因，而与佛山众多的神庙寺观基本雷同，塔坡庙所在的“塔坡”，也仅代表着一个基本地理坐标含义，而无佛山得名历史的文化内涵。

道光《佛山忠义乡志》中记载庙宇88间，寺观28间，寺庙合计116间，所有寺庙的记载中，除经堂塔坡古寺详细记载了其与佛山初地和起源的关联外①，其他寺庙记载体例基本按建设时间、位置和地点进行概述，如“仁寿寺，顺治十三年，僧枞堂建在观音堂铺，康熙八年，僧玉琳重修”。塔坡庙也不外如此：“塔坡庙，祀东岳神，在京果街，嘉庆丙辰年重修。”可见，当时塔坡庙的地方重要性及地标意义远逊于塔坡古寺。

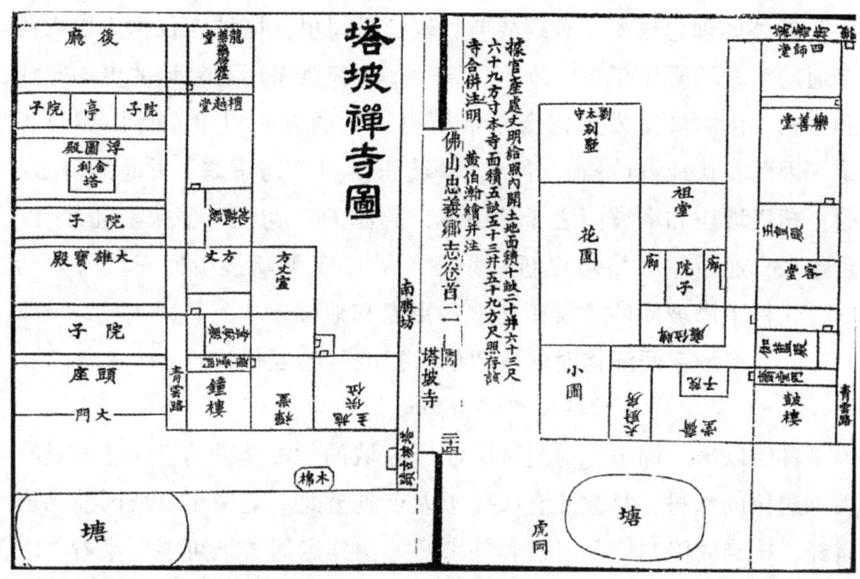

图 3－6　冼宝干总纂

图片来源：（民国）《佛山忠义乡志》卷首二“塔坡寺”图。

咸丰四年，陈开、李文茂发动“红兵匪乱”，塔坡古寺中有僧人参与其中，随着陈开、李文茂举事失败，塔坡寺遭到清廷洗劫，再次

① 经堂，塔坡古寺，原在耆老铺塔坡冈上，东晋时有西域僧到此结庐讲经，时此地犹海洲也。隆安二年戊戌，三藏法师达昆耶舍尊者因讲经始建经堂，后有冈相传唐贞观二年冈地夜放金光，掘之得铜佛三尊，穴间有碣曰“塔坡寺佛”，有联云“胜地骤开，一千年前青山我是佛，莲花极顶，五百载后说法起何人?”“乡名佛山，尽始于此。”寺毁于明洪武二十四年，天启七年复建于医灵铺，即今地也。或谓其佛乃过去世塔坡寺之佛，或谓其佛乃舍利塔上所供之佛。雍正九年，潮省和尚祈请东莞宝云舍利来，始建铁浮屠，高一丈零八寸，重一千八百余斤。藏舍利于塔下，安古佛在塔中。嘉庆七年，僧敬来重建，增高一丈八尺，重七千余斤，仿阿育王塔式。

被毁，尽管期间又有复建至清末民初，“经堂”破败，寺院的颓败荒废使塔坡古寺逐渐失去其佛山地标特征，最终与医灵铺及大多数佛山寺庙一样，消失在时间的长河中。中华人民共和国成立后，“经堂”被划入佛山地区党校。原寺内的浮图铁塔《龙藏经》等宗教文物在“文化大革命”时期也移至市博物馆及市图书馆保存。而塔坡庙则得以存续，但因为其自身空间体量相对狭窄，且供奉的神灵与佛山“有佛”的整体理念也不一致。故此后较长时间里，塔坡庙仅作为佛山镇普通的宗教场所而存在。改革开放后，随着意识形态领域的更加开放和多元，佛山城市发展需要重拾历史文化的源头以重塑佛山城市正统，因此，在地方政府主导下，塔坡庙得到整饬重修，并重新开放，为正塑塔坡庙和塔坡冈之于佛山城市起源的“初地”意义和正统性。近年来，通过举办塔坡诞祈福祭祀、塔坡庙重新接引回三宝佛等活动，建构了塔坡庙的“佛山初地”形象和地位。

二　市场空间演化对塔坡“佛山初地”的强化

（一）墟市发展对塔坡“佛山初地”的影响

晋代以来，佛山作为当时珠江口区域的“一海洲尔”，已经是有人烟居住的渔村，是故才有印度僧人东渡至此，上岸至塔坡冈前结庐讲经，按当时渔村空间尺度和外来僧人初到定居选址可能性来看，塔坡冈应不是人烟密集处，而是渔村的地理高地。唐代掘得“三宝佛”铜像及石碣后初步确立此海洲“佛山得名”。到了宋代，随着人烟更加繁荣，佛山海洲与周边地区联系进一步深化，市场空间开始出现，塔坡墟成为佛山海洲上最早的墟市，起到勾连周边地区的市场互贸功能，并可能在一定程度上发挥了与广州外贸港的对外联运功能。此时，墟市的形成与渔村空间的拓展，使位于塔坡冈上的塔坡寺逐渐发展成为当时“海洲”岛上重要的市场交易空间和公共活动空间，塔坡“佛山初地”形象得到事实的巩固和强化。明洪武二十四年（1391）后，尽管塔坡寺被毁，但塔坡代表“佛山初地”的印记标志物并没有随着塔坡寺的灭失而湮灭，而是通过佛山古“八景”之一的“塔坡牧唱”和塔坡墟（后改称普君墟）来进行传承和述说。

天启七年（1627）后，随着塔坡古寺异地复建，塔坡古寺与周边兴旺的墟市经济（塔坡墟）和市场空间一起，再次引领了"佛山初地"印记的传承。清代嘉庆丙辰年（1796），佛山地方乡民为突出"佛山得名"的塔坡冈，于是在冈脚下的蓑衣街、卖篾巷、文昌大街三岔路口的塔坡古井前，重修了塔坡庙，由于已有塔坡古寺隆祀佛山"得名"之"佛"，新修的塔坡庙转而从墟市发展和地方护佑的角度，祭祀东岳大帝，塔坡庙因其庙诞而延伸发展出"庙市"：普君庙墟，经过不断的融合发展，塔坡墟与普君庙墟渐渐发展成一个新的普君墟。位于洛水涌经过的大桥头和细桥头的北边，由于当时的洛水涌是汾江河的一条支流，连接汾江河和东平河。水路的便利增强了塔坡的商品流动，促进了塔坡的经济发展，至道光年间，普君墟发展成为当时镇内 13 墟①中最繁荣的墟市之一。②

商业经济发展和人口增长，使墟市逐渐向东更广阔的空间拓展，发展了新的墟市即普君新墟等，这些墟市随着佛山市场繁荣，逐渐细分出了城镇街市空间，并以"货以区聚，街巷均以货得名"的传统城镇街巷得名依据，分别形成塔坡街、京果街、蓑衣街、线香街等佛山镇最古老的街道单元。此后，历经明清两代、中华民国至中华人民共和国，塔坡一带墟市也从塔坡墟、普君墟、太上墟、普君新墟发展至今的普君市场。塔坡在佛山城镇市场空间的重要性逐渐下降，市场空间解体并让位于居住空间，成为佛山镇居住地产和土地价值最高的地区之一，也是乔寓新贵和富户集中居住区，这也从城镇土地价值和居住空间重要性等方面强化了"佛山初地"的印记。

（二）市场空间演化对塔坡"佛山初地"的影响

唐代掘得"三宝佛"及"佛山初地"石碣后，原名季华乡的"海洲"确立"佛山"地名，此时佛山的得名，是以塔坡讲经高僧的宗教故事为基础，附以宗教场所之于传统乡村地区的信仰、教化意义而伸展出塔坡"佛山初地"的"神选"意蕴。在地方空间本质上，

---

① 13 墟：盘古墟、普君墟（原塔坡墟）、表冈墟（又名大墟）、新墟、官厅脚、三角市、公正市、早市（又名冈心墟）、晚市、朱紫市（又名朝市）、三元市、大基头市和细桥头市。

② 道光《佛山忠义乡志》对墟市的条陈中，普君墟位居第二。

是以宗教的人心教化、信仰归附和神意导引的空间场所功能，暗示了“塔坡”之于“佛山”的超然和首重地位，并指出此地之所以为“佛山”的神迹意义。此一阶段，对“佛山初地”的得名和强化来说，是以乡村空间最为重要的宗教文化空间形塑和指引来达到建构塔坡“佛山初地”的目的。

宋代塔坡墟出现，其后普君墟、普君新墟等市场空间相继形成和发展，既是产业分工从传统渔（农）业向手工业、商贸业深入发展的结果，也是传统乡村地区开始向墟市（市场）空间和城镇空间发展的起步。对于佛山这样一个以手工业、商贸业为发展支撑，且历来不是地方行政、军事驻军要地的城镇来说，至少民国时期南海县治迁佛山镇以前，行政、军事等来自国家王朝力量的作用相对较少。墟市空间的导引和支配作用在宋以后至清代中期前，一直是佛山地方形塑和建构的重要力量，因此，市场空间同时表征为城镇重要空间，“佛山初地”的建构和发展也表现出类似的特征：帝制晚期以前，随着塔坡墟、普君墟、普君新墟的持续拓展，市场空间则始终围绕着以塔坡为中心，兼顾其与周边区域在贸易、通商的便捷性而建构市场空间。而以塔坡为中心城市空间场所效应保持，一是地理位置高的客观因素所决定。塔坡所在的山冈，为佛山城镇区域的地理制高点，在传统社会水利设施不全的情况下，水患对珠江三角洲地区来说，是一个最大也最为麻烦的问题，城镇地理制高点，能够形成天然的防水和避灾场所，因此最终占据地理位置最优区的人群，是城镇的地方显贵和权势阶层。① 塔坡及其附近区域在明清的帝制晚期时期，一直是佛山老城区地价和房产价值最高的地区。二是墟市空间通常会与宗教庙宇场所进行功能叠加，并相互进行空间功能促进。以塔坡古寺和塔坡庙为空间节点，塔坡片区的宗教空间功能对佛山传统城镇空间有较强的指引作用，再叠加了庙诞等传统节俗形成的墟市和庙诞经济，则进一步强

---

① 徐好好、邱衍庆等的论文专门分析了佛山老城区街巷空间及其土地价值问题。相关文献请参见邱衍庆《明清佛山城市发展与空间形态》，博士学位论文，华南理工大学，2005年；徐好好《佛山城市街巷变迁的研究》，博士学位论文，华南理工大学，2006年。

化了塔坡之于佛山城镇空间的中心地意义，进而保持和凸显了塔坡"佛山初地"的意蕴。因此，墟市发展后，塔坡"佛山初地"的巩固和强化，主要通过墟市空间和宗教文化空间双重力量来推进。

三　地方治理演化对塔坡"佛山初地"的影响

明景泰以后，佛山进入朝廷视野，灵应祠列入官祀。但是，城镇治理一直以地方力量为主，清人陈子升曾说："夫治佛山不必置官，即以省会之官治之。……其故何也？佛山之人习于城邑。"明中期是地方乡老共治，明末则以李待问为首的士大夫集团进行管治，南海士大夫群体组织了乡仕会馆（嘉会堂）来对佛山进行治理和管控。入清后，雍正期间，佛山先后设立文武四衙[①]进行治理。其后，乔寓集团逐渐控制佛山地方事务的治理，通过设立大魁堂对佛山镇进行管理和控制。这种局面一直持续到清末民初。1925 年以后，南海县衙署移迁佛山，此后，佛山才有完备的地方行政治理机构。在此相对漫长的过程中，塔坡"佛山初地"形象的建构，多为一个民间自发行动过程，国家力量较少介入其中。清以前整个帝制时期，对塔坡"佛山初地"的建构和维持，主要是佛山地方宗教和市场力量来进行，表现为：一是"初地"形塑是通过"唐代塔坡冈掘得三宝佛及石碣"的故事传颂，表达"佛山初地"的神意指归来达成。二是墟市、市场中心地位的确立来延续塔坡"佛山初地"形象。三是在地标建筑对塔坡"佛山初地"凸显上，主要通过塔坡寺、塔坡古寺等地方意义来促进："农务分会，宣统二年知县王思章委五斗口司易润章筹办，借仙涌铺经堂古寺为会所，召集镇内绅商及附近农民票举会长一人，董事二十人，会员二十人。"[②] 此处为清末民初，佛山地方各业专会的会址选择中，经堂古寺（塔坡古寺）被定为专会会所，从而突出经堂古寺在佛山镇空间上的中心地位。

1925 年以后，南海县府移驻佛山，此后直到中华人民共和国成立，佛山镇为南海县（佛山市）的行政治所，国民政府训政时期，确

---

① 广州府佛山海防捕务署、佛山同知署、五斗口巡司署、千总署等。

② 冼宝干总纂：《民国佛山忠义乡志》卷六《农业》，广东人民出版社 2005 年版。

立了“党国”体制，国家政权机构下沉至区乡和保甲基层，此一时期，由于面临较大的外族入侵和政权之争，地方事务中，“初地”起源和形象培育问题没有成为当时关注的重心。中华人民共和国成立以后，在改革开放以前，尤其是“文化大革命”期间，代表“佛山初地”建构的重要物证——塔坡古寺（经堂古寺）惨遭毁弃，传统佛山的地方文化和地方特征代表要素也受到较大破坏，使城镇地方文化意义和地标符号出现传承断层。20 世纪 80 年代后，改革开放使佛山城市进入新的阶段，近年来，在城市、产业双转型的发展目标下，为寻求佛山城市发展的文化之根，地方政府积极介入“佛山初地”的建构和优化中，借助塔坡庙这一始终保存的物质载体，佛山地方政府对其进行“佛山初地”的文化再植：一是塔坡庙的修旧如旧，再现当年风采；二是对代表“佛山初地”的标志物进行整体修缮和再现；三是以“佛山有佛”为主题，对塔坡庙进行重新接引入三宝佛，进一步完善“佛山初地”的内涵和要义；四是组织塔坡诞，通过活动进一步拓展“佛山初地”的影响和认知。佛山地方政府的主动作为，标志着“佛山初地”的建构和优化进入了新的阶段，即从自发的民间组织阶段向地方政府主动作为阶段。它一方面强化了“佛山初地”的文化形象，重塑和延续了佛山城市发展的地方文脉；另一方面这种主动作为呈现出来的是一个经过地方政府主动改造、符合地方政府对城市发展定位、方向特定目标、经过有意过滤和筛选了的“佛山初地”印象，它与其建构和传承之初的本来面貌有所区别。

第三节　塔坡“佛山初地”的想象与建构

“想象”一词来源于心理学，其含义主要是“在原有感性形象的基础上创造出新形象的心理过程，这些新形象是已积累的知觉材料经过加工改造而成的。人类能想象出从未感知过的或实际上不存在的事物的形象，但想象内容来自客观现实”。由此可知，人类的想象并不是完全没有根据的思维任意发散，而是基于现实进行的创造。所以，人们对城市的想象并不是没有根据的臆想，而是对具体时代城市现实的认识、叙述，最终各种记传文字、物化表征就是媒介建构城市想象的具体符号。因此，"想象城市实际上包含意识对现实城市的一种重新叙述、把握和建构，'想象'城市的过程始终伴随着建构过程"。索亚指出：大众媒介通过对城市的想象对城市进行重新叙述、建构和生产城市空间，而这一"想象"并不意味着虚构，而是一种对城市乃至世界的理解和把握。

对塔坡"佛山初地"的想象和建构，是一个历史范畴内较长时间尺度里不断发展传承和迁演的过程，在这个过程中的不同阶段，想象和建构的主体因多种复杂的自身发展需要而对"佛山初地"的塔坡加注着不同的物化要素和内涵，以达到强化和正塑塔坡"佛山初地"的整体认知。而在特定的历史时期，也因为某种特殊需要，关涉主体对塔坡"佛山初地"象征进行了去除。

一 渔村时期：作为宗教叙事和伦理教化之地的"佛山初地"

实际上，早期塔坡"佛山初地"形象想象来源出自何处，目前已无确凿文献可考，其叙述情形仍见于乾隆之后不同版本的《佛山忠义乡志》和其他碑刻文献。由于李侍问编纂的《佛山忠义乡志》已经散失不存，而目前尚存的三版［陈炎宗（乾隆版）、吴荣光（道光版）、冼宝干（民国版）］对塔坡"佛山初地"的"晋唐说（晋代高僧结庐，唐代掘得金佛之说）"叙述相似可知，塔坡"佛山初地"的"晋唐说"应该早于乾隆（陈炎宗纂）版。可能始于李侍问版（康熙版），考虑到李侍问为明中期佛山镇大儒李待问的世家后人，李侍问在编纂《佛山忠义乡志》时可能会相对突出以其族亲长辈为代表的明代南海士大夫集团对当时佛山镇的管理和正塑化影响，并结合塔坡之于佛山镇发展的历史地位，适度扩张其在城镇发展方面的正统引领效应，并通过"晋唐说"的记叙、提炼，以塔坡"佛山初地"在宗教叙事和伦理教化方面的世俗教化、宗教牵引意义和地标特征，形塑其在佛山城镇形成、发展中的形象自塑。这也在理论上符合形象学理论学家巴柔的观点："一切形象都源于对自我与'他者'，本土与'异域'关系的自觉意识之中，即使这种意识是十分微弱的。”也就是说，凡是形象的产生必定有来自他者和异域的参照，没有他者和异域的对比影响，也就没有想象的建构。在塔坡“佛山初地”的想象及其形象自我建构方面，必定有来自他者和异域的参照与隐喻——明代以后，佛山镇逐渐发展成为岭南巨镇后的时人（南海士大夫阶层及其管理阶层）和当时繁盛的城镇文化与商贸、手工业等产业文化的映照和需要及其对佛山起源之初的地方正统性（神谕之地）的诉求为出发点来形塑塔坡的“佛山初地”形象。该形象的本质理应是基于自我关照和本土化的，是具有塔坡之于佛山自我特征和本土特色，否则塔坡“佛山初地”的想象和形象建构也就毫无意义和本底指向性。

形象学家布吕奈尔曾说：“形象的想象和建构是加入了文化的和情感的、客观的和主观的因素的个人的或集体的表现”。也就是说，任何地方（城镇）形象的想象和建构都不会抽离出其当地社会自身特征和本土特色而存在。塔坡“佛山初地”想象与建构，在明代以前，基于当时城镇发展和社会治理的客观情势，缺乏正统的国家政权力量介入和督导，所以，神谕旨意和宗教指归就是最为重要的想象之源。塔坡既然是高僧选址和菩萨显灵的“佛祖谕意”之地，那么以此为基础，乡人繁衍壮大就既能得到神祇护佑，又能体现神佛贵地的“高大上”特征。以宗教叙事和伦理教化为初衷和目的，建构塔坡“佛山初地”形象就成为佛山城镇起源初期的必然选择。

二　帝制后期：作为市场中心和城市中心的“佛山初地”

明清的整个帝制后期，尤其是明后期至清道光二十年（1840）以前，佛山是岭南地区繁荣的大都会：“俗称天下四大镇，粤之佛山与焉。镇属南海，商贾辐辏，百货汇集，夹岸楼阁参差，绵亘数十里。南中富饶繁会之区，无逾此者。”① 市场繁荣、商业经济高度发达，佛山成为岭南地区一大都会。而佛山镇市场的发展，以塔坡为起点，先后有塔坡墟、普君墟、太上墟、普君后墟等市场空间。塔坡成为当时佛山（季华乡）市场贸易的空间中心点，故坊间有传说：“未有佛

① 吴荣光：（道光）《佛山忠义乡志》卷一，岳麓书社 2017 年版。

山，先有塔坡，未有塔坡，先有普君。"同时，墟市空间的型构和建立也多围绕塔坡一带先后出现的经堂古寺、塔坡古寺、塔坡庙而展开，在事实上建构了以寺庙为中心点、周边空地空间为场所的墟市空间，这样的墟市空间又进而建构了当时佛山（季华乡）的乡村（城镇）墟市体系的中心—网络结构，塔坡始终处于这个墟市（场）结构体系中的中心节点。

同时，随着佛山城镇的发展壮大，佛山成为帝制后期岭南地区主要的人口流入城镇之一。"迩年流寓丛杂，商贾充塞，土著射利，并室而居，以取货值，客胜于主，里巷骄闻，比于城市。"① 大量的流寓人口和产业工人流入，既拓展了佛山镇的城市空间，同时提升了佛山镇的土地和房地产价值，尤其是塔坡一带，作为整个镇域的地理最高点，其在水患的防控方面有天然的地理优势，因此，很快就成为当时佛山镇土地和房产价值最高的地区，也是佛山镇富户和权势流寓阶层的集中居住区，塔坡成为佛山镇城市中心地理坐标地。

此一时期，塔坡古寺因为损毁而迁移至京果街的经堂附近，塔坡古寺原址随后被当地重新建了一座塔坡庙，但市场的发展没有完全随着塔坡古寺的迁址而转移，对于塔坡"佛山初地"的解读和诠释，也呈现类似的发展逻辑，即对塔坡"佛山初地"的解读和诠释，主要还是通过塔坡古寺（经堂古寺）的物化代表和地理意义来进行承接和表达，现存的三版《佛山忠义乡志》文字记载中，也以强调塔坡古寺的地方地标意义为主，而对塔坡庙的地方意义和解读，则侧重于其祀神（东华帝君）在主生死、护平安等更为局地的意义，而没有较多地表达其之于佛山镇的地标意义。因此，在帝制晚期的佛山镇发展巅峰时期，塔坡"佛山初地"的想象和建构，是通过墟市和市场空间的集聚效应与土地价值提升、居住的空间引力（尤其是主要富户和权势阶层在塔坡一带的空间集聚）作用来共同建构和强化的。

---

① 陈子升：《与南海某明府书》，载（道光）《南海县志》卷八，佛山市南海区地方志编纂委员会办公室翻印。

三　1911—1979 年：地方虚无主义的“佛山初地”

（一）1911—1949 年：纷乱时局中的“初地”虚无

清末随着帝制崩溃，国家进入纷乱时局期。民国初立后，由于执政党建立的政权对时局和国家掌控能力有限，国家事实上依然处于纷争和局部战乱状态，各地军阀纷纷拥兵自重，各自为政、各自为治，中原大战后，军阀割据情形得到一定抑制，执政党才在事实上建立了相对统一的国家治理体系。对佛山所在的岭南地区而言，民国初期的政权之争，之后的地方割据势力的相互争斗，都使当时的广州、佛山等城市无法集中精力进行系统的产业和经济发展。陈济棠督粤后，广东迎来了将近十年的黄金发展期，然而，此一时期的飞速发展，粤省偏重于建设和经营广州，而佛山则相对迟滞，致使佛山城市的区域和地方重要性相对下降，地方机构和市场主体的工作重心，着重在城市产业和基础设施的改善及发展等方面，而对基于城市文化建设层面的塔坡“佛山初地”形象的想象和建构，没有被提到具体的议事日程和工作计划之中，塔坡之于佛山城市发展的“初地”意义和想象，被有意无意地虚无化。

1937 年以后，国际形势的变化和日本人公然入侵中国，东亚局势大变，中国也从内政为先转为抵抗外辱优先，广东沦为敌占区，佛山受到日军轰炸侵占和抢夺烧掠，市内建筑几乎倒塌城市残破。在此期间，日军为交通和运输方便，开辟了佛平路和市东路。第二次世界大战后，民国政府进行战后恢复和建设工作，成立马路修理委员会，修复水陆交通，修复开放中山公园，加固中山桥和开辟惠宁路。其间（1948）佛山地方乡亲对塔坡庙及其附属台、井等进行了集资修建，并立有碑记即《重修塔坡碑记》。但整体来看，抗战时期和随后的解放战争时期，由于战祸波及，佛山城市发展和区域知名度进一步下降（1949 年佛山镇人口约 8. 57 万，面积为 5. 38 平方米），在以生存为基本目标的状态下，地方治理机构和普通百姓，较少有足够的能力和精力对塔坡之于佛山城镇发展的地方重要性展开系统提炼和强化，“佛山初地”想象和建构也沦为虚无。个别时期的修缮和建设，主要还是想通过对神灵（菩萨）所在的寺庙空间的修复和完善，在精神世界上建构和强化神灵世界对多灾多难普通百姓的护佑和庇护功能。既无精力也无能力去想象和建构“佛山初地”的文化形象，塔坡“佛山初地”文化形象和符号被彻底虚无化。

（二）1949—1979 年：传统虚无主义下的“佛山初地”边缘化

中华人民共和国成立后，中国确立了中国共产党领导的社会主义制度。在文化思想领域，开创以荡涤一切封建落后思想，确立共产（社会）主义革命理想的新的社会文化思想体系。并通过一系列文化运动的组织来达到清除传统文化要素的目的，如“破四旧”运动，提出“破除几千年来一切剥削阶级所造成的毒害人民的旧思想、旧文化、旧风俗、旧习惯”的口号；后来，《十六条》又明确规定，“破四旧”“立四新”是“文化大革命”的重要目标。在具体的实行过程中，将“破四旧”简单化为对旧思想、旧文化、旧风俗、旧习惯的一系列物化形态的破坏行动。比如，冲击寺院、古迹（包括山东曲阜的孔庙、孔林），捣毁神佛塑像、牌坊石碑，查抄、焚烧藏书、名家字画，砸毁文物（海瑞墓、龙门石窟佛头、善本图书），烧戏装、道具，禁止信徒宗教生活，强迫僧尼还俗等。在破“四旧”风潮下，佛山城市的寺院、道观等传统历史建筑，也深受其害，大量的祠堂、庙宇、寺院、庵堂等场所和建筑被拆毁废弃。使民国初年佛山全镇存有的 378 座祠庙，几乎毁弃殆尽，至 1979 年尚存不到 30 间。经堂古寺原址、塔坡庙等都受到严重摧残，其寺庙建筑几不复存。在这种传统文化虚无主义思想指引下，塔坡的“佛山初地”形象与当时主流的思想文化建设无法形成有效衔接，而被弃置，塔坡“佛山初地”的文化印记和符号只能偷偷地躲藏在文物保护部门的库房之中。

1949—1979 年，中国实行计划经济管理体制，“全国一盘棋”和国家配给制加上当时相对复杂的国际环境，使整体的国家发展布局中，中西部的大小“三线”地区成为国家投资和发展重点，佛山所在的东南沿海地区则作为战争潜在区而受到抑制，资金、财富、技术等向内地“三线”地区倾斜，东部地区整体上发展受限明显。各城市地方政府缺乏基本的发展决策权，其主体权力完全让位于国家的综合计划调度，形成地方在城市发展中的缺位和边缘化，这种地方力量在城市发展中的缺位和边缘化，使佛山城市的文化建设无从谈起，塔坡“佛山初地”的形象和想象建构也无从谈起。

四 改革开放时期：国家正塑和地方优先的“佛山初地”

20 世纪 80 年代以后，中国进入改革开放时期，佛山及其所在的珠江三角洲地区在全国率先进行改革开放，实现经济、社会快速发展，城市和地区综合实力得到长足提升，形成了中国特色的改革开放基本模式，即宏观上加强政府的调控和引导作用，微观上充分发挥市场主体和地方上的灵活性及自主性，政府在国家和地方事务中始终扮演着重要的推动者和主导者的角色。这种政府主导的城市化进程，为地方政府集中资源、资金办大事提供了政策支持，提高了城市、产业发展和建构的效率。但是，地方政府过多地涉及城市和产业发展布局及实际操作，也带来了一些新问题。一是在地方官员和政府主导下的城市与产业发展中，城市化或者城市升级往往会被理解成为现代化。①在对城市的改造和利用中，他们往往会对城市进行“破旧立新”式的改造和重建。对中国的历史文化名城来说，过于追求短期内看得见的物化改造，就是使城市的传统和历史要素相对削减，有些可能是消失殆尽。二是地方政府和官员主导下的城市地方塑造中，为了达到更为宏大的城市叙事和发展目标，攫取可见的实际利益，在对城市地方特征和历史文化要素的整合挖掘中出现了地方特征的放大和背离。在佛山城市定位和地方特征的提炼中，这种基于地方政府和主要官员诉求的城市文化想象和建构，就经历了类似的发展历程：近年来，随着佛山城市产业和实力的提升，地方政府对佛山城市的想象和建构也从城镇概念延伸为岭南区域性城市（珠江西岸地区重要区域中心城市）的定位和想象。

“未有佛山，先有塔坡”。塔坡庙这种佛山城市起源的“初地”概念，在经历“文化大革命”破坏后，物化代表几乎损毁殆尽。近年来，随着佛山综合经济实力的进一步增强，地方政府拔高和提升了佛

---

① 地方政府和官员的考评制度使官员会侧重于追求看得见的成效，而现代化则较好地体现着城市发展“可见的成效”，由此受到地方政府和官员的热捧。

山城市的自我定位，并加强对佛山城镇起源意义上的"寻根"和整合。围绕着塔坡"佛山初地"之于佛山建设岭南文化名城目标的想象和建构，主要通过以下手段进行了强化和建构：一是塔坡庙的重修和开放。由于经堂古寺不存，塔坡庙在地理空间上与传统城市中心形象的契合性，地方政府采取整饬塔坡庙，以对塔坡庙进行全面修缮、整饬及重新开放的方式来突出和强化其作为"佛山初地"的物化表征。二是重启塔坡诞，"文化大革命"时期的破坏，使塔坡诞事实上不存了。近年来，为配合对塔坡庙的地方意义正塑，在佛山地方文化部门的主导下，塔坡庙重启塔坡诞。

2016年，祖庙街道举办"佛山初地　人文塔坡"塔坡诞纪念日活动。活动以佛山文化为重点，通过塔坡文化叙说佛山故事，一是把"塔坡民俗文化"与"时代精神"相结合。二是以塔坡诞祈福活动来实现全民参与，强化市民对佛山城市初地"塔坡"的地方认同，增强了塔坡对于佛山城市在地方认同上的凝聚力。三是以庙诞促文化。祖庙街道将计划把塔坡诞打造成一个民俗文化品牌，进一步丰富佛山历史文化品牌，以文化软实力保育历史文化街区，提升城市品质。

政治地理学定义地方为有意义的区位是指区位、场所和地方感。"地方"一词在人文地理学中，既代表一个对象，也代表一种观看世界的方式。地方具有物质性和意义，但地方本身并未具有自然而明显的意义，是拥有地方特定话语权的人通过对地方的建构，进而创造出地方的意义。塔坡和塔坡诞成为佛山城市文化象征和符号的过程，就是这样一个不断建构的过程。不同时代，对塔坡"佛山初地"的想象和建构中，都会因主导者的主体需求而对塔坡"佛山初地"文化符号有所取舍、传承和重组。但无论怎么变化，只要塔坡在现代社会中发挥了结构性功能，能够契合佛山群众主体的现实生活需求和认同心理，塔坡传统文化就会不断发展与延续并进入新一轮的现代化建构。这表明，对塔坡"佛山初地"文化符号的想象和建构中，国家政权和地方政府作为主导力量，都以其内在需求及目标认知为导向来定义和发展塔坡"佛山初地"的文化符号，体现了较强的国家正塑及地方优先倾向。城市的物质文化空间是记忆与地方结构性联系最为明显的载体，地方文化景观不仅包含本土人文精神和历史文化沉淀，还成为地方共同价值观和增强凝聚力的基础。对物质文化空间形塑的关键主体来说，显化的物质文化空间所表征出来的文化含义和地方特征，一定包含着其主动遴选和加工后的文化符号及意义特征，这些元素也是验证主体的“地方想象”、强化地方认同的载体。就当代佛山来说，地方政府对塔坡作为“佛山初地”的认知，就是希望其成为佛山打造和建构岭南文化名城的文化历史支撑，因此，对塔坡“佛山初地”的形塑，就包含丰富的国家正塑和地方优先选择意义。

第四章　祖庙：佛山“政教初地”

第一节　佛山地方研究概述

一　佛山地方治理研究概述

目前，专门对佛山地方治理研究的著作较少，有关文献对佛山地方政权和政治的涉猎主要体现于佛山史研究中，罗一星的《明清佛山经济发展与社会变迁》较为全面地对佛山传统社会政治结构进行了剖析。各类方志对佛山市及下属各区的政权、政区演变等多有阐述，较为系统的有《南海市政府志》，其比较全面地记载了清顺治十二年（1655）至2002年建置区划和政治机构的演化过程，以及民国至今的施政纪略历程；《佛山市志》也收录了佛山市（地区）历次政治运动纪要，详细记载了自佛山中华人民共和国成立（1949）后至今的主要政治情况。

佛山作为以商立市的城市，自其起源以后，经历了较长时期的地方自治过程，尤其是明清时期，佛山这种以地方社会自我治理和管控为主要特征的外向化城镇，其政治权力长期掌握在地方宗族和官府两个并行的系统手中：地方权力机构是以乡判、乡耆、乡长—铺区—嘉会堂—大魁堂为主线；官府权力机构则以官祀—通判、同知—文武四衙为主线。在发展过程中，佛山地方社会和朝廷官派机构之间既有合作，也相互竞争，使佛山传统社会带有很强的“自治”特性。这种“自治”传统也使佛山契约意识、商业氛围、求利导向都深深地融入城镇的文化风格之中，并影响至今。

二　佛山宗教研究概述

梳理佛山城镇发展历史，宗教对佛山地方社会的影响，主要有佛教、道教、基督教、天主教和伊斯兰教。其中，又以佛教和道教的影响为重。①佛教，相传是在东晋时有一位来自西域的僧人来讲经而后开始在佛山流传的。“东晋时有西域僧到此结茅讲经时，此地犹海洲也。隆安二年戊戌，三藏法师达毗耶舍尊者因讲经始建经堂。”[①] 这也是最早传入佛山的宗教。②道教。作为中国本土化的宗教创立于东汉末年，其在佛山出现的确切时间应与灵应祠相近，明“洪武去佛”运动之后，佛山镇塔坡寺不存，而独留龙翥祠，佛山自此北帝鼎盛。永乐之后，随着永乐帝的崇道去佛，佛山祖庙的北帝崇拜逐步深植入佛山（季华乡）地方社会，并有多种灵应传说（附会）对北帝崇拜进行强化。景泰初年，佛山地方社会抗击黄萧养暴乱，随着佛山堡取得战事的胜利，灵应祠和北帝得到了来自朝廷的官祀和封赏。此后，一直享受朝廷官祀，北帝和祖庙也成为佛山地方社会的信仰核心。③基督教。基督教传入佛山最早可追溯到清咸丰时期，第二次鸦片战争后，中国允许外国传教士进入传教，由英国循道卫理公会的传教士俾士（Rev. George Piercy）传入。④天主教。天主教传入佛山的时间大概是在清康熙年代。雍正元年后，天主教活动一度被禁止，直到咸丰八年（1858），澳门教区神父陈倣贤在佛山设天主堂才广为传播。基督教和天主教由于国家宗教政策等的影响，目前影响力相对有限，仅存少量教堂和信众。⑤伊斯兰教。伊斯兰教源于阿拉伯半岛，大概在隋末唐初由穆斯林商人从海路到广州经商时传入南海，但佛山伊斯兰教的传播因广州一带回民家族（宗族）的消亡而逐渐式微。

对于佛山宗教问题展开专门研究的学者和著作较少。罗一星在《明清佛山经济发展与社会变迁》一书中提及了宗教的制度化及其在佛山的发展；刘正刚在《佛教与佛山文化》一书中详细地介绍了佛山的佛教文化。此外，大部分学者对佛山民间信仰的研究较为关注，其原因在于国家正祀宗教在佛山产生的影响较小，而民间信仰的影响颇

---

① （民国）冼宝干：《佛山忠义乡志》卷八，广东人民出版社2005年版。

为深远。

三　佛山祖庙研究概述

目前，对于佛山祖庙的研究主要侧重于以下两个方面：

一是把祖庙放在珠江三角洲北帝崇拜的研究中展开。代表学者主要有刘志伟、罗一星、肖海明、邹卫东、李世源、冀满红、吕露、申小红等。邹卫东的《明清珠江三角洲地区“北帝”崇拜与社会经济》一文涉及祖庙个案研究，对祖庙的北帝崇拜热与佛山社会经济发展之间的关系进行研究。冀满红、吕露的《略论明清时期广东地区的真武信仰》一文以佛山祖庙为例，探究真武信仰在广东地区流传的原因，除真武神职和国家政权提倡之外，还由于满足民众的心理需求和迎合统治者的政治需要。李世源的《珠澳等地北帝庙探秘》在讨论珠海、澳门一带北帝庙的同时，也对佛山祖庙进行了相关探讨。申小红的《官祀的滥觞与民祀的在场——明清佛山祖庙北帝诞祭祀仪式探析》一文研究祖庙如何从民祀演变为官祀的问题。罗一星的《明清佛山北帝崇拜的建构与发展》一文研究了明清时期北帝崇拜在佛山的演变过程。肖海明的《北帝（玄武）崇拜与佛山祖庙》一文研究了佛山祖庙民间宗教文化与社会空间的关系。

二是将祖庙作为佛山史的重要内容进行研究。佛山作为明清时期中国的四大名镇之一，其城市和地方发展研究向来被中外学者所关注。自20世纪50年代以来，对佛山开展专题研究并发表过著作的国内学者有陈学文、彭泽益、徐新吾、林乃燊、李龙潜、谭棣华、叶显恩、王宏均、刘如仲、蒋初源、罗一星、冼剑民、高惠冰、赖达观等。肖海明的《佛山祖庙》一书对佛山的文物、建筑、碑记对联匾额、民俗等做了系统、全面的介绍。国外学者如日本学者笹本重已、片山刚、井上彻，英国学者科大卫，美国学者杨庆堃，韩国学者朴基水等也有涉及佛山的研究。由于佛山祖庙在佛山传统社会中的特殊地位，上述中外学者的佛山研究对佛山祖庙和北帝崇拜都进行了不同角度的考察。

第二节 祖庙作为佛山“政教初地”的缘起与流变

一 祖庙概述

佛山祖庙（见图4-1）位于广东省佛山市禅城区，原称“龙翥祠”，又称为“初堂”，供奉北方真武玄天上帝，是珠江三角洲最大的北帝庙。祖庙相传始建于北宋元丰年间（1078—1085），明洪武五年（1372）重修，至清代初年逐渐成为一座体系完整、结构严谨、具有浓厚地方特色的庙宇建筑群，现存主体建筑占地3600平方米，祖庙建筑沿南北中轴线排列，从南而北依次为万福台、灵应牌坊、锦香池、钟鼓楼、三门（崇正社学、灵应祠和忠义流芳祠）、前殿、正殿、

图4-1 祖庙正门

图片来源：陈艺惠摄。

庆真楼等（见图4－2）。佛山祖庙既是岭南地区享誉千年的北帝神庙宇，也是佛山的信仰高地和精神家园。

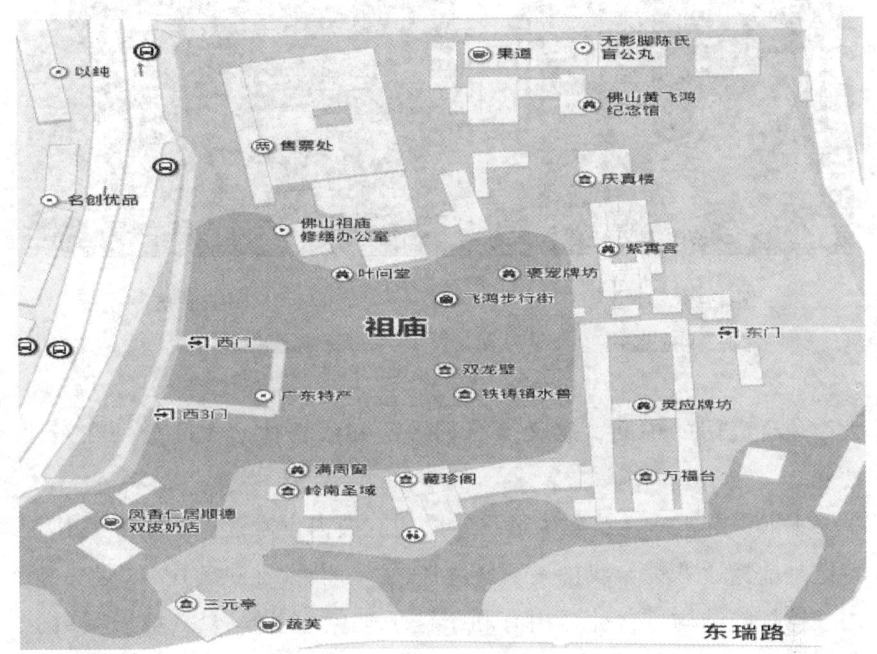

图4－2 祖庙建筑群区位

图片来源：百度地图，http：//map. baidu. com/？ newmap＝1&ie＝utf－8&s＝s%26wd%3D。

万福台，其前身为“华封台”，建于清顺治十五年（1658），康熙二十三年（1684）改为万福台。万福台面四柱三间，分为前台和后台，中间用金漆木雕隔开（见图4－3）。

灵应牌坊，由明景泰三年（1452）所敕封，历经多次修缮。其建筑形式为三开间三重檐，每边台基上有六根柱子，中间为木柱、外侧为石柱。三重檐第一重为歇山顶，第二、第三重檐为庑殿顶，顶柱间使用了大量斗拱（见图4－4）。

三门（崇正社学、灵应祠、忠义流芳祠）。这三座建筑物的正门连建在一起。崇正社学、灵应祠和忠义流芳祠都是为三开间的建筑，因此构成了祖庙三门为八柱九开间的建筑结构（见图4－5）。灵应祠

图 4－3　万福台

图片来源：陈艺惠摄。

图 4－4　灵应牌坊

图片来源：陈艺惠摄。

大门位于三门的中间，忠义流芳祠大门和崇正社学大门分别在东西两侧。

正殿，是祖庙建筑群中最早建成的，殿内供奉北帝铜像。其建筑特色是前檐“八铺作双杪三下昂造真昂”斗拱。斗拱前用三下昂，后用三撑杆的结构。这种结构有利于柱子避免被水侵袭，其结构稳固，是我国目前仅存的宋式八铺作三下昂真昂斗拱实例（见图 4－6）。

图 4－5　祖庙三门外

图片来源：陈艺惠摄。

图 4－6　祖庙正殿斗拱

图片来源：陈艺惠摄。

祖庙早期是当地乡民的“祖堂”，是民俗庙，按照“粤人尚鬼”的传统习俗，佛山祖庙作为当地人的“祖堂”，其中供奉应是多神崇拜（北帝、观音和孔子）①，明初洪武灭佛后，祖庙观音供奉取消，真武大帝供奉渐成祖庙主祀神灵，祖庙也逐渐成为佛山镇地方信仰的首重之地，乡人谓北帝为“大父母”。明代正统十四年（1449）黄萧养暴乱剿灭之后，佛山祖庙因显灵有功于剿灭黄匪，被列为官祀庙宇，取得了佛山庙宇的独尊地位。据清代梁世徵的《佛镇灵应祠尝业图形》记载：光绪年间（1875—1908），“粤之佛山为寰中一巨镇，有灵应祠，阖镇以祀真武帝，年久而分尊，屡著灵异，共称之曰祖庙，尊亲之至如天子”。② 可见，当时祖庙的地位显赫竟“如天子”。现在挂于祖庙三门外的一副木对联恰当地概括了北帝在清代的地位：“廿七铺奉此为祖，亿万年唯我独尊。”足见祖庙与北帝在佛山地方民众和社会中的鼎足地位。

二　祖庙作为佛山“政教初地”的缘起

（一）佛山北帝崇拜的缘起

真武，古称玄武，是道教尊奉的重要神祇之一。据《宋会要辑稿》记载：“诏加真武号曰真武灵应真君。”宋真宗亲赐封号表明真武地位得到真正提升。此后，历代皇帝对真武神相继崇奉。宋代，真武封号累加至24个字，即“北极镇天真武佑圣助顺灵应福德仁济正烈协运辅化真君”。随着封号日增，真武神得到的皇室推崇也越高。元代，真武被视作开国的肇基神，于大德八年由宋封的“真君”转变为“玄天元圣仁威上帝”。元朝皇室推崇真武崇拜比宋朝更为深入，真武庙更加普遍。明初，由于朱元璋与元军作战时有“神蛇”庇佑，故定都南京后，建真武庙以谢神灵，说明真武神崇拜自洪武以后，得到大力加强。成祖“靖难”之役的成功，也被烙印上浓重的真武神灵相助，故成祖对真武特别尊奉，永乐十六年，在武当山修建了宏伟壮丽的宫观庵宇建筑群。由此，在官方崇祀的大背景下，北帝崇拜在佛山有了发展的根基。

---

① 现有的各种证物（祖庙碑记和各种修缮刻记）也证实了三家供奉的特征，详见《佛山祖庙百年大修竣工特刊》，2010年。

② （清）陈炎宗：（乾隆）《佛山忠义乡志》卷十《艺文志》，广东人民出版社2005年版。

岭南地区的鬼神信仰自古有之，功利主义的多元化鬼神崇拜历来为岭南所特有，《太平广记》中专门列了“岭南淫祠”条。佛山自晋代形成海洲渔村以来，鬼神崇拜极为常见。至晋代，高僧东渡在塔坡冈结庐讲经，佛山海洲渔村才开始接受宗教正塑的教化。此原名“季华乡”的海洲一隅自始改称佛山。永嘉以后至唐宋，随着几次人口南迁和经济重心的南移，佛山一带不仅接纳了中原地区移民及其带来的先进的生产技术，也接纳了这些中原移民带来的宗教文化信仰。据载，唐宋时期，佛山的几处神庙中就有供奉真武的庙宇，但是，庙宇极为简陋且以多神供奉为特征。

北宋初期，随着佛山工商业的发展，南迁的人口越来越多。当时佛山处于海洲之畔，南部和中部是汾江河主流与内河支流，而北部是泽国。佛山居民要外出都是使用小舟出行，工商业的货物也是使用船艇运输。在客观环境的制约下，当时佛山百姓为避免遭遇水道风浪的危险，只能祈求神灵来保护生命和财物的安全。因此，当时村民在佛山涌支流洛水岸边兴建了一座供奉北方真武神的庙宇，为佛山地方百姓祈福避灾，伺其水神职能为主。

宋元以来，佛山矿冶业和冶铸业逐渐发展壮大，当时佛山百姓多以鼓铸为业，因此，防火之神自然大有用武之地。民间流传“玄武属水，水能胜火”，故真武作为防火防灾之神开始受到地方信众的供奉。其后，随着产业分工的细化发展，佛山真武信仰与城镇空间的手工业分化相适应，进一步丰富和完善了真武神祈福护佑地方产业、人丁的功能。

此外，还与北帝具有星宿保护神的功能有关，据道光《佛山忠义乡志》载：“吾粤星分牛女，同隶北垣，呼吸与帝座通”①，祈求联通北方星宿，也是广东一带祀奉北帝的原因之一。

可见，宋元时期，尽管真武神的兴盛没有官方主导和介入，但是，随着地方产业的发展和城镇扩张，当时的佛山乡民依据不同神灵的官方职能，开发和挖掘了真武神作为北方水神基本职能及其延伸能

① （清）吴荣光：（道光）《佛山忠义乡志》卷五《乡俗志》，岳麓书社 2017 年版。

力来加以崇祀，使佛山北帝信仰得以发展。此外，由于北帝神被赋予了水神、控火和星宿神的保护功能，满足了佛山先民社会生活和职业生涯的需求。因此，从元代时起，北帝崇拜在佛山得以发展，并逐渐被佛山先民视为首要神灵祀奉。

（二）佛山北帝庙（祖庙）的缘起

据民国《佛山忠义乡志·祠祀》记载：“真武帝祠之始建不可考，或云宋元丰时。历元至明，皆称初堂，又称祖庙，以历岁久远，且为诸庙首也。”① 后人多以此为载，指明佛山北帝庙始建于宋元丰年间（1078—1085）。在官方推崇北帝神的大背景下，随着唐宋时期中原人南迁，北方的神灵也就进入佛山地区，佛山祖庙始建于宋元丰年是较为可信的。实际上，早期的“初堂”，其供奉神灵较多符合岭南地区的“淫祠”传统，“初堂”供奉神灵相对庞杂，然而，在随后的生产、生活实践中，真武神的司水功能在地方社会的有意传导下，成为最为灵验的神灵护佑功能，佛山乡民逐渐相信只有北帝神最灵验。祖庙神验传说，多有记载，例如，遭受水灾旱灾的乡民祈求北帝神保佑，故风调雨顺；有被海盗掠夺货物的乡民祈求北帝神保佑，贼船随即就覆溺；有失窃的乡民祈求北帝神保佑，故失窃之物得以物归原主等记载。这些记载均反映了北帝神有所祈祷，夙著灵响。北帝的神验传说，也使各处信众纷至沓来，进一步增强了祖庙的四时烟火，使香客络绎不绝。

从佛山北帝崇拜和北帝庙的缘起来看，佛山先民崇拜神灵，主要不是为了像西方制度化的宗教那样寻求精神上的解脱，而是为了祈求神明帮助解决民生问题，是典型的功利性信仰、乡人信仰的终极指向；不是为了寻求心灵的皈依，而是通过神灵信仰，使神灵能够实现自己在现实生活中的某种特定诉求，诸如避灾免祸、治病驱邪、风调雨顺、五谷丰登等，反映了其民间宗教极强的功利性特点。这也和中国民间信仰的功利性内在关联：中国的民间宗教传播和发展，是以依附于政治和世俗为前提的，它一方面服务于政权的需要，是君权神授

① （民国）冼宝干：《佛山忠义乡志》卷六《乡俗志》，广东人民出版社 2005 年版。

的产物。另一方面民间宗教的发展，尤其是在南方地区，民间宗教具有极为强烈的功利性指向：对传统中国普通信众来说，老子也好，佛爷也罢，除了消灾祈福，大概就没有其他的作用了。释迦牟尼和灶王爷或者土地神没有区别。国人很实际，实际到只要有利才信的程度，国人敬仰祖先，信奉五花八门的鬼神，是因为这些鬼神都是些“法力无边，为所欲为”的角色，它们一高兴能让人穷奢极欲；一发怒能把人打入十八层地狱，下油锅。鬼神信仰的终极，是以信仰的对象能否为信众带来真实的现实利益、能否解决当下急需解决的困难疑问为前提。佛山祖庙在北帝神灵地位塑造和祖庙佛山镇宗教正塑的持续建构中，其初期的“淫祠”多神供奉就是佛山地方民众功利化拜神礼佛的表征，此后，景泰后的祖庙正塑化，才逐渐地实现北帝神灵建构在适应佛山社会发展客观需要的同时，也使祖庙和北帝神灵成为传统社区发展过程中信仰皈依的必然产物。

三　祖庙作为佛山“政教初地”的流变

（一）多神合祭初堂：宋元丰年至明景泰二年

真（玄）武信仰，同民间的自然崇拜结合起来，经过长期的演变，并被道教吸纳而逐渐融入文化。宋代以后，又屡获统治加封，其地位越来越显赫。开宝年间，玄武神降于终南山。太平兴国六年（981）封为翊盛将军。宋真宗大中祥符七年（1014）加封为翊圣保德真君，后为避圣祖赵玄朗之讳，改玄武为真武。北宋宋真宗、宋徽宗，南宋宋钦宗等屡有加封。到了明代，由于太祖和成祖认为，皇权的获得是因为北帝的庇护，便把北帝祭祀列为国家大典，玄武信仰也因此进一步遍及全国。元丰年间（1078—1085），曾诏封“佑圣”为真武灵应真君，随着中原人口大量向南迁移，玄武崇拜也跟着来到了岭南。佛山，旧时为水泽之地，水患频多。老百姓外出的交通工具以舟船为主，工商业货物的运输大多非舟船不可，加之宋代以来，佛山成为岭南著名的冶铁中心。北帝司水，水又能灭火，故佛山自宋代元丰年间建造供奉北方水神真武的祖庙，防水防火，保一方平安。

按现有文献记载，佛山北帝庙始建于宋元丰年间（1078—1085），元代时称为“龙翥祠”，乡人又称其为“初堂”。据《龙翥祠重浚锦香池水道记》载：“此乡有神曰真武玄帝，保障区宇，有功于民，不可具述。祠初名曰龙翥。”祖庙初建时，曾北帝、孔子和观音共祀。后来，随着北帝地位的强化和朝廷对“观音祭祀”态度的变化，祖庙观音祭祀逐渐消失。2009 年 3 月 20 日，即祖庙重修三门“揭瓦”后第二天，施工单位在清理武安阁西内墙时发现了一个石门框，门框顶部有一块石门额，门额中央是阴刻的“观音殿”三个大字，两边分别有两行阴刻竖排的小字，自左至右是“明天启三年冬月建”，“光绪乙亥值事重修”，“咸丰元年冬月重建”。这个发现解开了祖庙作为民俗庙，不仅供奉道教的北帝，还供奉着儒家的孔子和佛教的观音，但目前祖庙仅存北帝庙和孔庙，观音却无一座庙宇来供奉，只在正殿北帝坐像左侧有一个神位的谜团。既然有石门框，说明以前有真实的观音殿存在，“明天启三年冬月建”，应该就是观音殿的建造时间。可见，祖庙在建成之初，是有着强烈的地方“淫祠”的民间祭祀色彩，其作为当时佛山地方的多神合祭中心，扮演着地方社区综合祭祀中心的角色，是为地方神灵祭祀“初堂”。

明洪武五年（1372），乡老赵仲修主持了对祖庙的第一次重修。赵仲修命良工雕刻北帝圣像，以祈求风调雨顺，五谷丰登，保护地方乡民。明初时，北帝庙和真武神像还比较简陋，此时的北帝庙尚未超出一般香火庙的层次。宣德四年（1429），乡老梁文慧出任主缘，对祖庙进行第二次重修。景泰二年（1451），祖庙所奉之神就有“北极真武玄天上帝塑像及观音、龙树诸像”。[①]“龙树”是释迦牟尼的大弟子，是佛教祭祀的神明，可见，当时祖庙确实存在佛像。北帝和观音也共祀一堂，其实又蕴含着对父母双亲的情感寄托。“盖神于天神为最尊，而在佛山则不啻亲也，乡人目灵应祠为初堂，是直以神为大父母也。”[②] 充分体现了祖庙是神与亲（初）的结合体。可见，早期龙翥祠是一个亦庙亦祠的地方宗教信仰中心，具有较强的岭南“多神信

① （清）陈炎宗：（乾隆）《佛山忠义乡志》卷一《佛山赋》，广东人民出版社 2005 年版。

② （清）陈炎宗：（乾隆）《佛山忠义乡志》卷六《乡俗志》，广东人民出版社 2005 年版。

仰”特征。这种多神信仰，既是地方宗教信仰在历史发展中的延续，同时也反映出早期乡村社会形态下神灵信仰的自发性、广谱性和多义性，也说明多元化神灵信仰在地方宗族人心凝聚和共同开拓方面的强大导向意义。在一个以家庭制为单位的社会里，带有宗法性的多元化神灵崇拜可以发挥乡土社区宗族亲缘间的群体作用。祖庙用以祭祀共同的神灵和先祖，可以使不同人群在认可共同初先之灵的大前提下团结起来。因此，早期祖庙对于当时的佛山乡村社会来说，是共同祭祀的初堂。这一阶段的北帝崇拜也是建立在血缘宗亲基础之上，带有民间自发性的祭祀特点（见图4－7和图4－8）。

图4－7　建于明洪武五年（1372）的正殿

图片来源：陈艺惠摄。

图4－8　建于明宣德四年（1429）的前殿

图片来源：陈艺惠摄。

（二）正塑初立与地方祖堂：明景泰三年至明末

元末时，有龙潭贼入侵佛山，乡民便向北帝神祈祷。传言当时乡人看见云中有披发神人显现，才知道原来是北帝神显灵，帮助乡民把龙潭贼驱逐了出去。由此，合祠共祀的均衡状态开始被打破，一方面，观音祭祀逐渐退出；另一方面，北帝崇祀开始强化，其主要的强化手段就是通过对北帝显灵的大肆宣传和弘扬，彰显北帝是佛山庇护地方，福佑百姓的有效神灵的宣传目的，通过神灵显圣传说契合普通百姓的功利化信仰，来进一步强化北帝信仰。从而将祖庙北帝信仰超脱于之前合祠共祀的状态之上，逐步树立起北帝“大父母”的地位。而有关“龙潭贼是因为贿赂守庙僧，用荤秽之物窃污神像，才得以入境剽掠”① 的后续传说，可能是后世为了进一步“崇道去佛”而做的编排，以僧人的奸佞和祖庙忌讳荤秽之物的说辞：一是指出了佛教徒的“恶”，从而达到祖庙去观音崇拜的目的；二是突出祖庙的超然和圣洁，从而进一步强化北帝及道家信仰的目的。可见，当时的龙翥祠是一个综合性的祭祀中心，内有多种神明可供祭祀。由于元末拒龙潭贼时北帝灵显的效应，乡人遂开始重视对龙翥祠的重修，并加强对北帝神灵的隆祀。

明初崇祀玄天大帝运动，进一步导致了洪武二十四年（1391）的“毁淫祠”运动，致使佛山的塔坡寺被毁，民间宗教受到较大的压制。对祖庙来说，当时国家承认的祀典普遍限于省一级，而乡一级还没有祭祀权，故当时的祖庙应是民祠范畴。按律祖庙属于僭越应该被拆毁。但是，由于祖庙是佛山人和佛山地方意义上的“初堂”，其供奉神灵又以真武神、佛祖等为主，故官方认定祖庙不在“淫祠”之列。同时，当时佛山仍为尚未不起眼的乡村墟市连片区，朝廷官方势力对其还没有引起足够的注意。明初“毁淫祠”和大力推崇玄天大帝的国家动员，为佛山祖庙崇祀北帝奠定了坚实的制度基础。至嘉靖元年（1522），广东提学魏校在全省范围内大毁寺观，在佛山“毁淫祠改建社学”，使佛寺在佛山难以发展，北帝崇拜与日俱增。佛山祖庙的北帝崇拜迅速增长，并很快成为地方神灵祭祀的首要崇祀。祖庙和北帝在佛山地方信仰上的独尊地位得以强化。

明景泰三年（1452），由于抗击“黄萧养乱佛”有功，朝廷嘉奖佛山堡及灵应祠，景泰皇帝敕封北帝庙为灵应祠，赐佛山堡为忠义乡，并嘉赏梁广等二十二老。自此，祖庙被列入官祀并接受定期祀典，祖庙成为佛山地方宗教的正塑象征。地方乡绅通过北帝灵验故事来建立祖庙与地方社会的利益关系，祖庙通过官方正统化达到了获取

---

① （清）陈炎宗：（乾隆）《佛山忠义乡志》卷二《乡俗志》，广东人民出版社 2005 年版。

合法神明信仰地位的目的。佛山镇抗击“黄萧养乱佛”的标志性事件，也成为北帝神灵护佑地方平安、神灵显灵等有力证据，并在官方隆祀后，拔高了祖庙之于佛山地区宗教信仰的地位，使祖庙从民祀变为官祀。也让人们意识和感知到北方玄天大帝的无边力量，从而加强了地方普通信众对北帝的依赖和信任。来自朝廷的隆祀和北帝正塑地位确立，使佛山祖庙在政治、经济、社会资源的保障和维护上都得到了制度化升级。此后，历代佛山人对祖庙进行了不同程度的修缮，使祖庙规模不断扩大、建筑艺术不断丰富的同时，其社会政治地位也得到了前所未有的提升和确立。

同时，宋代随着南雄珠玑巷中原南迁移民和高凉地区移民的迁入，佛山开始有了土客合居。到洪武三年，编户齐民佛山堡内开八图，使外来大户和佛山本地宗族共同构成主宰佛山地方事务的八图势力。佛山堡八图通过祖庙和北帝祭祀等活动，尤其是北帝八图坐祠活动的举办，进一步强化了八图在佛山地区的影响力和控制力。对祖庙来说，北帝八图坐祠的地方意义，首先，在于它昭示了祖庙对于佛山八图而言，是一个高于各宗族之上的一个更大地域意义和地方象征的“祠堂”，是各宗宗祠的“祖祠”，八图各宗族之间的关系也通过祖庙加以维系和平衡。其次，“北帝坐祠”排他性的制度安排（只有八图祠堂才能参与），强化了土著居民对“八图”的认同感，体现了佛山镇其他宗族与“八图”之间的差异性，并强化了“八图”的地方领导意义。再次，对“八图”宗族内部来说，通过坐祠的仪式化表演，强化了宗族的内部关系，加强本宗亲之间的姻亲关系和凝聚力。最后，北帝巡游时，绅耆衣冠者都会走在神的后面，一起参与巡游活动，这也是地方统治者借由北帝的神威来展示其之于地方的特殊地位和对佛山镇实际的控制力。

在历朝佛山先民对祖庙的修建中，从明景泰三年（1452）至明末共有三次大建造，对祖庙规制和布局起到了决定性作用。第一次大建造是景泰二年（1451）至景泰三年（1452）佛山堡合镇百姓对灵应祠的建造。第二次大建造是正德八年（1513）至正德三十一年（1537）霍时贵等对祖庙诸主体建筑物的建造。第三次大建造是万历三十二年（1604）至崇祯十四年（1641）李待问家族对祖庙系列建筑的建造。三次建造既丰富了祖庙的形体性建筑和文化艺术，又确立了祖庙之于佛山地方社会的首重地位。此时，祖庙不再仅仅作为一个地方宗教信仰的首重之地，而是通过佛山地方治理机构（嘉会堂）与祖庙宗教信仰空间的合流，使祖庙成为佛山地方治理和宗教信仰崇祀的综合中心。尤其是李待问家族主导佛山镇事务时期，“嘉会堂”在祖庙的合署办公，既说明李待问家族在佛山镇的重要影响和作用；李氏家族修缮祖庙与其家族良好的慈善传统和家族综合实力有关，其更主要的目的是通过修缮祖庙来扩大其家族在佛山镇的影响力和管控能力。李氏家族通过对祖庙的历次修建、祭祀团体设立和组织以及地方团练和议事机构的设置等，促使北帝崇拜和祖庙在佛山的影响力逐步扩大。屈大均曾说：“吾粤多真武宫，以南海佛山镇之祠为大，称曰祖庙。”① 可见，经过明末李氏家族的多次修建，祖庙已经成为岭南地区最具影响力和规模最大的真武庙。而合署办公的祖庙和“嘉会堂”，则实现了佛山镇地方治理的政教合流，北帝进一步成为地方信仰正塑，祖庙成为佛山镇的“地方祖堂”。

从明景泰三年到明末，佛山祖庙进入灵应祠阶段。这一阶段，北帝崇拜由明初庙貌简陋到明末历经多次修缮后，庙宇的规模不断扩大。祭祀形态也从地方民间祭祀转变为朝廷正塑的官祀，人们对祖庙的情感也从最初的民间神灵亲情转化为对高高在上官祀神灵身份的敬畏之情。概言之，这一阶段呈现出了由简至繁、由亲切到敬畏演化过程，北帝崇拜得到进一步发展，祖庙也通过持续的官祀，形成、扩张和强化了其在地方治理、地区宗教信仰中的独尊地位。

（三）合镇诸庙之冠：清初至清末

清初，由于前明独尊北帝与祖庙尊奉北帝的原因，祖庙曾一度受到官府冷落，清廷试图通过大力发展佛教、建立佛寺等形式，实现对前明崇祀的北帝信仰进行驱除，加上当时统治广东地区的平南王尚可喜推崇佛教，清廷政权初立后，佛山即建成了八间寺院，仁寿寺和德

---

①（清）屈大均：《广东新语》卷二《地语》，中华书局 2005 年版。

寿寺即在此时修建落成。同时，皇朝更迭加上藩兵肆虐，刚刚实现政权替代的清廷广东地方官府也因为各种现实急务的处理，而不甚重视祖庙的谕祭。《佛山忠义乡志》记载此一时期的佛山祖庙：“春秋谕祭，绅士罔闻。即有遣官，而上慢下暴，亵神不堪，其违神明、蔑典制者甚矣。”① 可见，清初的祖庙春秋祭期，地方官员对待祖庙远远没有前明时期的隆重尊崇，更有甚者则置若罔闻或者主持者品位甚低且态度暴虐。乡民也无心管理祖庙，致使当时祖庙沦落为“土田铺舍，半入强侵”② 的地步。撤藩以后，从康熙二十三年（1684）起，乡绅庞之兑等耆老开始重修祖庙。直到康熙二十九年（1690），祖庙达到了“庙貌之剥蚀以新”“祭器之残缺以饬”“田土之湮没以归”③ 的全新面貌。经过修缮后的祖庙焕然一新，庙内牌坊、廊道、戏台、池子错落有致，蔚为大观。④ 康熙四十五年（1706），佛山堡“恳委正官，以严对越，以崇祀典事”⑤，这件事反映了佛山人对清初以来地方官府对祖庙冷落态度的不满，并希望恢复北帝崇祀的决心。雍正十一年（1733），设立了佛山分府同知衙门，佛山开始具有事实上的官方机构入驻，城镇地区重要性得到提升。乾隆四年（1793），南海县知县魏绾把祖庙的控制权从里排转移到士绅以后，历任佛山同知开始重视对祖庙的修建，并主导对北帝的祭祀仪式，由此以后，广东地方官府对佛山镇祖庙和北帝的重视有所提升。

乾隆二十四年（1759），佛山同知赵廷宾倡修祖庙，其时佛山乡民纷纷响应，“合资一万二千有奇”且“其圣乐宫及祠右之观音堂亦并修建，图整肃也”。⑥ 此次修建意味着地方官府对祖庙及北帝的态度从康熙年间的冷落疏离转变为逐步重视，说明地方官府对祖庙的认识

---

① （清）陈炎宗：（乾隆）《佛山忠义乡志》卷六《乡俗志》，广东人民出版社 2005 年版。

② （清）陈炎宗：（乾隆）《佛山忠义乡志》卷三《乡事志》，广东人民出版社 2005 年版。

③ （清）吴荣光：（道光）《佛山忠义乡志》卷十二《庆真堂重修记》，佛山博物馆藏 1830 年版。

④ 同上。

⑤ 同上。

⑥ （清）陈炎宗：（乾隆）《佛山忠义乡志》卷十《艺文志》，广东人民出版社 2005 年版。

发生了调整——重新认识到祖庙之于佛山在宗教地位及地方人心教化方面的重要作用。同时，官府行政力量和佛山镇民间治理势力实现了友好均衡，突出地表现在地方官府对佛山民间力量的尊重和放任，以乔寓商人力量为主的佛山镇地方势力在祖庙的重修中，起到了鼎足作用，其重修捐资占所有捐资额的大部分［今祖庙内仍可以看到的灵应祠正殿中间石柱，就是盐总商吴恒孚（吴荣光相父）率领其七子同立。而灵应祠前殿石柱，是侨寓贡生吴文柱携儿孙五人所敬奉］，这既说明了当时佛山镇乔寓集团综合商业能力的强大，佛山镇商业活动的繁荣，也同时说明了乔寓集团在取代地方士绅家族成为佛山镇地方治理的决定力量后，在取得地方治理控制权的同时，也加强了对佛山宗教文化信仰等方面的全面建设和控制。自此以后，佛山镇形成全新的地方综合治理模式：官督民办模式——地方官府仅作为监督机构，佛山镇实际治理权控制在佛山地方乔寓集团手中，他们具体负责佛山镇日常事务的管理和推动工作。这种治理模式，既保障了佛山镇的地方发展不偏离于清廷的国家需求，又能更好地发挥地方有生力量的实际作用。使佛山镇的合镇事务及祖庙的修缮管理，都进入新一轮的有序轨道之中。乾隆至嘉庆年间，历代官府都对祖庙进行了不同程度的修缮（见图4－9），形成了由灵应祠、流芳祠、观音堂、锦香池、庆真楼、戏台和牌坊七大部分构成的祖庙建筑群（见图4－10），这种基础格局一直沿袭至今。祖庙作为地方政教治理中心，通过合镇层面的春秋谕祭、北帝诞、行祖庙、北帝坐堂、北帝巡游和乡饮酒礼等活动的组织，实现了其“合镇诸庙之冠”地位的确立。

道光以后，尤其是在鸦片战争后（1840），社会动荡不安，内忧外患严重。但是，佛山对祖庙的修建并没有因此而终止，据民国《佛山忠义乡志》记载，咸丰元年（1851）和咸丰四年（1854）都对祖庙进行了修缮，但是，当时并未把碑文记录下来，因此，重修的规模不得而知。光绪年间（1875—1908）据梁世微《佛镇灵应祠尝业图形》记载：“粤之佛山为寰中一巨镇，有灵应祠。阖镇以祀真武帝，年久

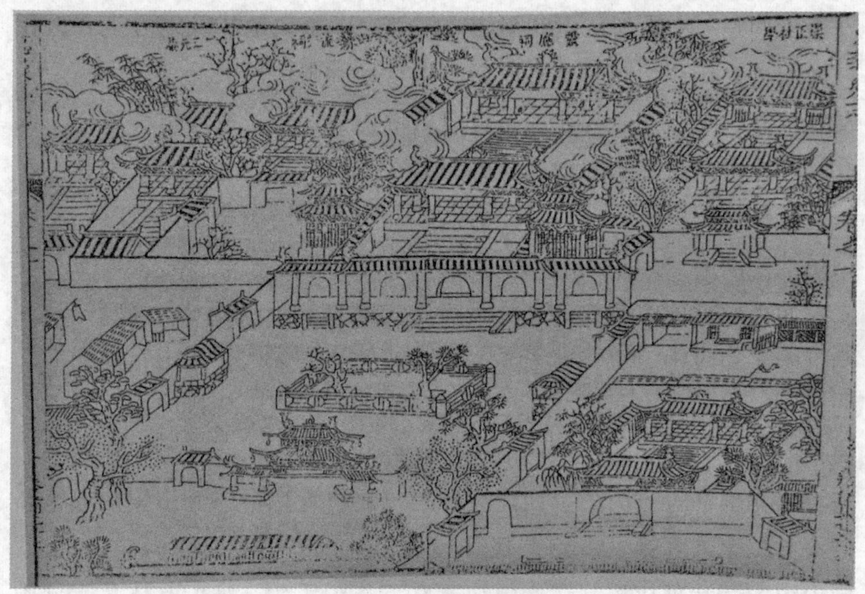

图 4－9　祖庙建筑群

图片来源：(乾隆)《佛山忠义乡志》。

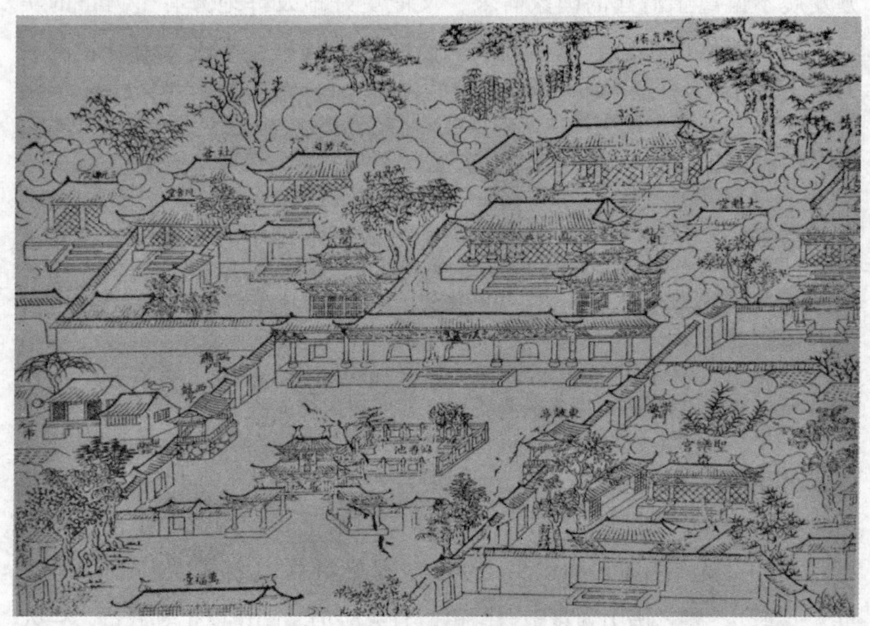

图 4－10　祖庙建筑群

图片来源：(道光)《佛山忠义乡志》。

而分尊，屡著灵异。共称之曰祖庙，尊亲之至如天子。”① “尊亲之至如天子”，可见当时祖庙地位之显赫。同时，作为“合镇诸庙之冠”的祖庙，还建立了完善的供奉机制。明清时期，祖庙作为佛山地方乡族的政教中心，拥有大量的“尝产”（专门为祖庙供给和筹措活动经费的财产）。明万历年间（1573—1620），祖庙拥有祭田68亩，到光绪（1875—1908）以后，祖庙拥有四乡田地超过100亩，桑基鱼塘74.8亩，铺屋237间，其中，租与商店56间，租与人居30间，只收地租151间，可见当时佛山祖庙的尝产收入之巨。

纵观清代佛山祖庙及北帝祭祀的发展，其经历了从清初时遭受官府冷落到清末时唯我独尊的发展演化过程。在这个衰而复起的过程中，地方仕人群体、官方机构和侨寓集团都发挥了重要作用。由于官方的介入也使祖庙的地位得到提高，而侨寓集团的地方发展实践，扩大了祖庙的祭祀圈，提供了祖庙扩张的经济来源和支撑。两者从政治和经济上加速了北帝崇拜在佛山迅速崛起的过程，使祖庙适应了多种祭祀群体的需要，并不断扩大祭祀范围，奠定其在佛山镇及其周边地区中的最高层次祭祀中心地位，使祖庙成为佛山乃至于周边地区在地方意义上的“合族公祠”和“大宗祠”。

（四）飘摇和重塑中的信仰空间：民国至今

民国时期，军阀割据、外敌入侵等使国家社会多处于动荡不安状态，尽管广东由于偏居一隅而相对较少战乱影响，也有过短暂的黄金增长期（陈济棠督粤期间），但就长时间尺度而言，整个民国时期，由于整体外部环境的恶劣，佛山城镇发展相对缓慢。同时，民国初年，南海县的西迁、佛山镇及其后行政区划的几经调整，导致佛山地方民间力量对佛山地方治理权限和影响力下降，祖庙作为佛山镇地方治理中心的地位也随之下降。对祖庙的整体修缮也因为组织能力、资金筹措等的局限而停滞，现有各种文献中鲜见祖庙整体修缮的记载。祖庙在民国的动荡时期也未进行过大规模的修缮。当然，对祖庙整体维护的缺失并不代表着祖庙作为佛山镇及其周边地区信仰中心地位的

① （清）吴荣光：（道光）《佛山忠义乡志》卷二《乡俗》，佛山博物馆藏1830年版。

下降，只是修缮方式从整体维护转化为地方能力可以支配的“局部”进行：突出表现在祖庙建筑艺术的修葺和完善，现存的祖庙灰塑作品，大多是佛山著名灰塑世家布氏家族在民国时期的作品。例如民国初期布锦庭的“薛丁山三探樊家庄”和“断桥会”，民国三十一年（1942）的作品甚多，例如布柏生的“云水龙”（见图4－11）和“二龙争珠”、布根泉的“唐明皇游月宫”（见图4－12）和“桃园三结义”、张容的“文五麟”和“武五麟”（见图4－13）等。这些灰塑作品大多以优美环境、花卉雀鸟和祥瑞喜庆祝等作为题材，既有对传统历史文化的描绘，更为祖庙营造了浓郁的宗教氛围。由此可见，民国时期，由于社会动荡不安，对祖庙的整体修缮难以展开，祖庙的社会控制和社区管控功能持续弱化而飘摇不定。但基于局部建筑空间和不同主题的艺术单元和元素的修缮及整治则始终持续进行。这也进一步反映出佛山地方社会对祖庙在宗教信仰神圣地位的尊崇。

图4－11　灰塑“云水龙”

图片来源：岭南圣域。

图4－12　灰塑“唐明皇游月宫”

图片来源：岭南圣域。

民国时期，祖庙日常空间和社会信仰中心的进一步强化，还可以从祖庙的日常生活中的戏剧表演之盛可见一斑：民国版《佛山忠义乡志》：“民国九年（1920）六月十七，飓风骤作。灵应祠万福台前亭塌，压毙二人，伤十余人。”此事故中，飓风天气下，汇聚在祖庙万福台看

图 4-13　灰塑“武五麟”

图片来源：岭南圣域。

戏的观众依然众多，建筑垮塌后，居然造成十多人的死伤。实际上，清中期以后，随着镇内工商业的发达和佛山镇成为“天下四大聚”而带来的城市规模、人口总量的跳跃式增长，镇内尚神佛、尚享乐的风气浓重，民间文化活动也非常丰富多彩。明清至民国时期，佛山镇神庙众多，各种神诞、酌神、迎神赛会应接不暇，因此，对神功戏需求很大，万福台酌神戏的繁华从清代的两起踩踏和失火事件也可见一斑：“乾隆十年，锦香池悬灯，游人拥挤，栅圮，压死童子7人。”“道光元年，灵应祠神回庙，酌棚火毙六十余人。”如此频繁的踩踏事件，一方面说明佛山地方乡绅阶层对佛山镇的社会综合管理能力呈现较为明显的下降状态；另一方面说明随着祖庙在佛山镇日常生活空间的重要性上升，到访人流的增长和扩大，使祖庙的佛山镇综合信仰中心地位得到进一步强化。

可见，民国时期的祖庙，由于外部各种客观条件的限制、地方治理机制的变迁、佛山镇综合区域地位的变化，使祖庙在整体上呈现出一种相对飘摇动荡的状态之中，其在明清以来形成的地方治权与神权合二为一的状态被打破，地方治理权力受到限制并逐步消解，但其作为地方宗教信仰中心的神权地位在动荡年代反而借由人们对神灵的皈依和信仰而得到进一步的强化，同时，民国时期成立的现代政权治理机构对祖庙的日常休闲空间和宗教信仰中心的建构则得到了一定的强化和提升。

1949年中华人民共和国成立，佛山随后解放（1949年10月15日），新政权全面接管佛山事务后，1958年，祖庙由新成立的佛山市博物馆管理，并于1962年被公布列为“广东省重点文物保护单位”。1972年，佛山祖庙经全面维修后重新对外开放。“文化大革命”期间，曾有外地红卫兵冲击祖庙，但在当地红卫兵组织和群众的竭力保护下，祖庙得以幸免留存。1980年以后，改革开放和对传统文化的重视，使祖庙被列入国家重点文物单位而得到全方位保护。可见，1950年至21世纪初，在新的意识形态和思想改造运动中，祖庙的官祀礼仪由于与新政权在意识形态认知上的差距过大，而受到全面抑制，其传承良久的官方正祀制度被全面封停，佛山祖庙对佛山城市的地方正塑形象仅局限于民间传承之中，而来自官方主动隆祀和建构的“祖庙”形象则全面退化，在“文化大革命”时期处于被打击和抑制的境地。① 21世纪以来，随着改革开放和地方政府强化综合治理、重建城市地方性、弘扬佛山历史城市传统文化等目标，地方政府开始有意主导佛山祖庙重大年节民俗庆典，并将传统的神灵祭祀意识与社会主义核心价值观、爱国主义等当下主流意识形态内涵进行了功能嫁接，适度增强祖庙对当下价值观领域的引领和推动作用。2003年，佛山祖庙北帝诞重启，重启后的祖庙北帝诞及其关联庆典，以地方政府的主动介入和推动为特征，在形式上强调“以民俗会或者说庙会的形式，以地方传统文化为卖点，打造全新的、多姿多彩和富有民间色彩的三月三北帝诞。新北帝诞去除了封建糟粕，更加强调民间游艺民俗的多样化、娱乐性和广府文化精髓”，同时新的祖庙北帝诞也被认为是“在全国所有三月三中绝对是拔头筹的，中国没有一个三月三像祖庙三月三那样活泼健康，具有深刻、深厚、深情的文化情结”。祖庙春秋祭礼和庙会活动被整合为一体，地方文化旅游主管部门主导诞会、庙会全过程管理，使祖庙的佛山地方信仰空间发生了重塑，即从传统

① 1960—1980年年末，祖庙北帝诞会等大型节俗庆典停办，民间对祖庙的隆祀，主要通过年节庆典的“逛祖庙”等活动来进行，故每逢春节前后的祖庙节俗时间，祖庙总是人头攒动，吸引佛山当地及周边广州、中山等地居民前往祈福。

的政教礼制体制向新时代、新需求驱动下的文化旅游为主，向礼教辅助的新型地方空间中心转型。祖庙的传统宗教信仰功能也从传统的地方信仰核心高地转变为带有一定娱乐休闲意趣的地方信仰中心，这种信仰体系以民间诉求为主导，并适度糅合了地方政府在思想文化建设、地方文化地标和文化源泉建构等方面的现实诉求。官方对祖庙意识和思想教化方面的改型，主要以社会主义核心价值观及爱国、爱家、爱佛山等更加切实、具体的表述来进行替换，并实现其地方信仰与国家旨趣之间的并行与合流。民间宗教信仰层面，对祖庙的精神寄托和指归从未间断，即使是“文化大革命”时期对祖庙造成一定的冲击，但由于地方乡亲对祖庙的保护有力，祖庙各种主要文物得以保存，祖庙始终作为佛山地方信仰的最高中心而得以存续。2007 年，佛山祖庙迎来全面大修。佛山市政府承担了全部修缮费用①，并以崇高的历史使命感看待祖庙的维护、修缮和传承工作：

> 祖庙百年大修是我们的一种福气，本届政府对佛山祖庙进行大规模的修缮是历史赋予的责任，也是一种荣耀，修缮经费由市政府财政支出。——黄龙云（前广东省委常委、佛山市委书记）
>
> 祖庙对佛山有着重要的意义，万一祖庙出了什么事，这个罪过谁也担不了，祖庙绝不能在我们手上塌下来。——卢汉超（前市委副书记、祖庙修缮领导小组组长）
>
> 以最好的材料、最好的工艺、最好的管理，高质量、高标准完成祖庙全面修缮任务。——叶志荣（前佛山市委常委、宣传部部长）

祖庙的百年修缮，对人们加深佛山历史传统文化的了解，促进祖庙佛山“宗教信仰初地”形象的建构意义重大。它进一步强化和确立了祖庙之于佛山的首重意义，尤其是 21 世纪以来，随着全球化、市场化和开放化，佛山祖庙及其北帝信仰具有强烈的地方在场和官方导

---

① 2006 年 8 月 23 日，佛山市政府召开新闻发布会，宣布祖庙修缮经费预计超过 3000 万元，由市财政全额支出，以体现对佛山这座历史文化名城的历史负责任的态度。

向双源驱动的特征。它既友好地对接了祖庙传统意义上的民间信仰源地和地方治理中心概念，同时，又以市场、开放为特征敞开胸怀去接受不同，并能将各方的不同诉求友好地整合到以“佛山初地”为基本内涵的信仰和思想文化体系。就北帝而言，其之于佛山，既是神，也是亲戚，是“神亲结合”的一位神明。它是佛山民间理想和民间道德的共同化身，代表着忠义、慈善、宽容、民主、敬老、尊贤等精神品质。就祖庙来说，无论是神灵宗教还是地方文化、民俗教化，它们都是佛山地方发展的中心之地，自古如此，并且将来也将如此。

祖庙佛山“政教初地”的重塑还突出地表现在改革开放以来，其作为国家重点文物保护单位与佛山城市旅游休闲产业的建构相整合，建构成为展现佛山地方传统历史文化和地方性特征的代表性景观，其在佛山休闲旅游和城市历史文化展示及述说领域扮演着“文化历史地标”① 的角色，每年都吸引着近百万的各地游客（见表 4 – 1）。正如悬挂在祖庙“端肃门”的一副对联：“天下名城春不老，古今祖庙客如云。”祖庙通过“全国重点文物保护单位”等文化属性，带动了佛山旅游业的发展，提升了佛山城市形象。

表 4 – 1　　　　佛山祖庙游客量（1979—2008 年）

年份	游客人数（万）	年份	游客人数（万）
1979	136	1994	87
1980	98	1995	71
1981	132	1996	61. 8
1982	166	1997	57. 3
1983	193	1998	53. 9
1984	199	1999	53. 2
1985	174	2000	46. 5
1986	196	2001	50
1987	190	2002	51. 4
1988	130	2003	44. 4

① 也有人将之称为“城市地标”和“文化胎记”。参见《陈云贤称祖庙修缮有“三大功德”》，http：//news. sina. com. cn/c/2010 – 11 – 30/093618419245s. shtml。

续表

年份	游客人数（万）	年份	游客人数（万）
1989	174	2004	48.5
1990	153	2005	46.8
1991	130	2006	48.4
1992	120	2007	49.9
1993	86	2008	50.6

资料来源：佛山市旅游局官网。

历经千年沧桑的祖庙，如今已然成为城市中一道亮丽的“城市地标”和“文化胎记”。虽然岁月退去了它曾披上的集政治与宗教于一体的神圣色彩，但几经沧桑的祖庙，已然在骨子里刻下了属于佛山历史文化的印记，且历久弥新。对于佛山人来说，它见证着整座城市的历史，与整座城市的命运息息相关。祖庙作为一个记忆场所，不仅见证变迁中的集体记忆，还可以代表一座城市的历史记忆和文化个性，是城市居民文化认同的精神纽带。如今的祖庙，尽管不再是地方治理的中心，不再带着浓厚的宗教色彩和政治意义，但其在城市和地方文化传承和存续方面，依然发挥着极其重要的作用和表征意义。

第三节　祖庙作为佛山“政教初地”的想象与建构

一　祖庙作为佛山“政教初地”的想象

（一）早期：地方民祀象征物

元代佛山先民以“九社”为村社基层建置。所谓“九社”，是指古洛社、富里社、六村社、弼头社、宝山社、细巷社、报恩社、东头社和万寿社。当时的九社环绕在龙翥祠的东南一带，也是北帝巡游的必经之地。九社和龙翥祠组成了佛山最早的北帝祭祀圈（见图4－14），踏上了佛山北帝信仰空间扩展的征程。龙翥祠的存在从地域上整合了九社，使九社成为一个拥有共同神明信仰的空间。但此一时期由于成陆面积有限，佛山九社所占地域不大，以传统滨海村落为主要聚落形态。地方信仰方面，九社地方乡民在神灵信仰上，依然遵行群祀习惯，龙翥祠应供奉有北帝、观音和孔子等多位神灵，乡民对神灵拜祭也主要基于世俗化需求如祈福、求财、消灾等。当时九社区域的龙翥祠及其神灵祭祀和信仰空间建构，以地方民祀为主要特征，龙翥祠也代表了地方民祀的主要象征物而对佛山九社的地方社区和信仰空间进行指引、导向。

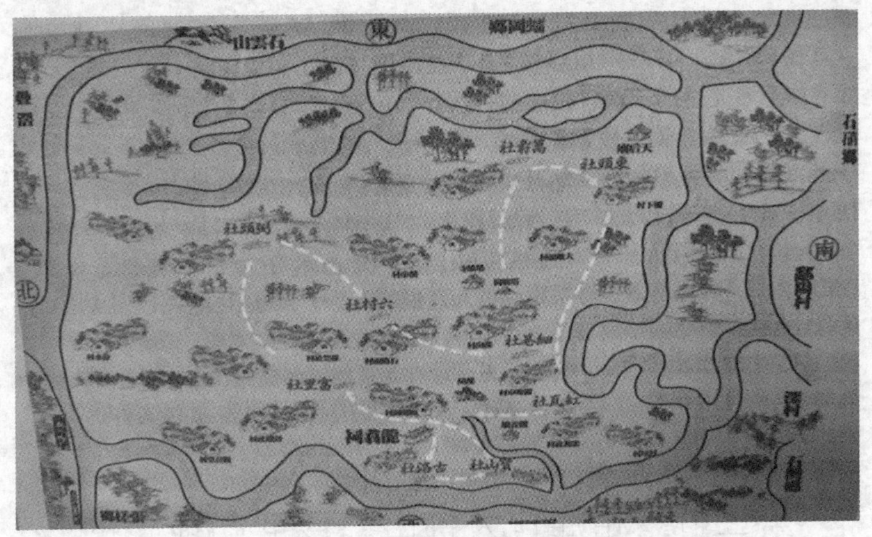

图 4－14　龙翥祠与九社祭祀圈图（崔国贤画）

图片来源：《佛山历史文化丛书》。

据《南海县志》记载，当时佛山为佛山堡，又名季华乡。佛山堡和季华乡在地域范围上是一样的，即指 15 个村落。“宋南渡后，中原人物流入岭南，有迁至佛山者。明初编立图甲，先到诸族得占籍为土著。”明洪武三年（1370），籍天下户口及置户帖，继乃排里、编黄册。[①] 从中可知，宋元以后，由于外来氏族大批涌入佛山定居，导致

① （清）潘耒撰，张廷玉等监修：《明史·食货志》，中华书局 1982 年版。

人口迅速增加，为明初创编图籍创造了条件。明代佛山堡内开八图，编八十甲，外来氏族在此纷纷立户注籍，并从此获得了合法居民的身份。佛山堡的建立从地理上界定了佛山发展的空间范围，而佛山八图的建立则从官府方面给予外来居民以合法入住权的认可，保障了外来氏族合法的权力。自此，外来氏族得到了合法身份并开始积极融入当地社会。无论是九社、佛山堡还是八图，都是指不同时期经过整合发展的同一区域空间上的地方聚落结构，这三者在地理空间上的核心区域是重叠的，并以龙翥祠为共同的祭祀中心，从九社到佛山堡，龙翥祠祭祀圈的确立和对佛山堡各聚落乡亲的信仰指引，首先是建立于血缘群体基础之上的有效整合，它是以地缘关系为基础、以血亲渊源为纽带、以神灵信仰为导向的较小乡村区域社会指引和控制体系。因为宗教信仰作为社会控制的一种手段，可以使不同地域、不同阶层拥有共同的信仰空间，在这个空间范围内，规范和信仰对他们同样具有约束的作用。美国学者塞雷纳·南达认为：“实际上宗教信仰就是通过用超自然的神秘方式来实现社会控制。”可见，宋元至明初，佛山堡龙翥祠对于佛山镇来说已经作为一个社会控制的象征物而存在了，它既是民间信仰的祭祀中心，又是指引、规范和控制佛山堡地区乡村生产、生活、操行等的综合指导和控制中心。

（二）明代：政教中枢机构

明正统十四年（1449），广东爆发黄萧养匪乱，其匪众在围攻广州不果的情况下，转而兵围佛山，而当时佛山没有修筑围墙，故二十二老率领乡民沿河涌修木栅，并连夜赶造兵器，严防死守。每逢遇到进攻，乡民必定聚集在祖庙虔诚向北帝祈祷。神许，则开栅出战；若神不许，则在栅后防守。相传开战时，风云骤变，北帝显灵，以“鸟阵蚊旗”助战，成群飞鸟和阵阵蚊子在敌军上空盘旋飞噪，使黄军惊恐万分，节节败退。以北帝显灵为庇护，佛山堡最终击败了黄匪进击企图。此一过程中，佛山祖庙始终是抵抗的军事指挥部和“神许”精神中枢。佛山堡人凭借着北帝信仰，凝聚了抗战的信心与勇气。并通过每次战前祷于神这种强化仪式化过程，建立了自然与超自然的合作关系，放大了佛山堡人抗战必胜的信心。宗教心理学认为，当人们受到外界的威胁以及不确定性时便会产生焦虑，这种焦虑感会导致心理缺乏勇气和自信，从而影响了行动的结果；反之，减少焦虑感可以稳定情绪，增强个体的勇气与自信，在集体行动中能够凝聚力量，团结互助，从而使其行为结果更好。通过对北帝神的信仰和依赖，在一定程度上减少了佛山乡民因战争而产生的焦虑感，获得了极大的心理“安全感”，从而极大地改变了佛山堡乡民抗敌入侵行为的实际效果。

佛山堡抗击黄萧养匪乱的胜利，引起朝廷及官员对佛山地方的重视。明景泰三年，朝廷下令敕封佛山为“忠义乡”，祖庙为“灵应祠”。并御赐了四个匾额、两副对联等敕物，这些匾额、对联至今存于庙内。四个牌匾由内而外分别是位于正殿香亭的“忠义鸿名重地”（见图 4－15）、位于前殿的“国朝祀典”（见图 4－16）、位于三门的敕封“灵应祠”（见图 4－17）、位于灵应牌坊的玄灵“圣域”（见图 4－18）（康熙时改为“灵应圣域”）。这些牌匾见证了忠义乡和灵应祠称谓的由来。据万历《南海县志》记载：“灵应祠在佛山乡，奉玄武上帝，每年春秋致祭。”尤其是官祀的实行，使州县掌印官每年春秋二祭都要率领绅耆“诣祠行礼”，使祖庙与佛山官方机构产生了固定的联系。可见，佛山祖庙从民间社区香火庙上升为官祀庙宇，大大提高了佛山堡在珠江三角洲的地位以及祖庙在佛山堡人心目中神圣的地位。

同时，明初抗敌的铺区制度确立，为后世佛山镇域的确立和治理结构的形成提供了基础。据《佛山忠义乡志》记载：“乡之分为二十四铺，明景泰初御黄贼时所画也。”可见，当时，为了抗击黄萧养匪乱起事，把佛山堡各个分散的村落有机地结合起来，建立了以祖庙为指挥部的佛山堡铺区制度。铺区制度的建立，打破了之前各村之间相对封闭的状态，将原来以血缘关系为基础的聚居转变成为铺中的一个里社，大大提高了人们的社区认同意识，也直接促成了其后佛山堡向佛山镇的空间发展转型。可见，明中叶黄萧养匪乱从外部压迫了佛山社区内部的聚合，催生了铺区制度，标志着佛山乡村墟镇状态的结束，从而导致了佛山城市雏形的出现。在明朝官方正统化的推行与佛山社会发展需要中，祖庙扮演了衔接官方和民间力量的中枢机构。

图 4－15　正殿香亭“忠义鸿名重地”牌匾

图 4－16　前殿“国朝祀典”牌匾

图 4－17　三门“灵应祠”牌匾

图 4－18　灵应牌坊的“圣域”牌匾

（三）帝制晚期：合镇诸庙之冠

历史上，佛山曾存在佛教、道教、基督教和天主教四大制度化宗教以及其他民间宗教，但制度化的宗教在佛山并未形成热潮，与此相反，民间宗教系统却高度发达。为何民间宗教能异于制度化的宗教而对佛山造成重大影响呢？这与明清时期佛山商品经济和都市化发展密切相关，由于经济的快速发展，将民间文化引向世俗、功利和务实方向，当所有制度化的宗教不能快速做出回应时，只有神灵文化，才能迅速迎合世俗的需要。

“越人尚鬼，而佛山为甚。”① 清代佛山神庙迅速发展。据统计，

① （清）陈炎宗：（乾隆）《佛山忠义乡志》卷首，广东人民出版社 2005 年版。

乾隆十七年（1752）有 26 座，道光十年（1830）有 89 座；宣统年间（1909—1912）有 213 座。这 213 座神庙所祭祀的神明约有 60 种，足见佛山一带仍具有较为明显的“淫祠”传统。在这个庞杂的神灵崇拜体系中，祖庙作为诸庙之冠，把这 213 座神庙整合成为一个体系分明神庙系统，形成了圈层结构明显的 4 个祭祀圈层（见图 4－19）。

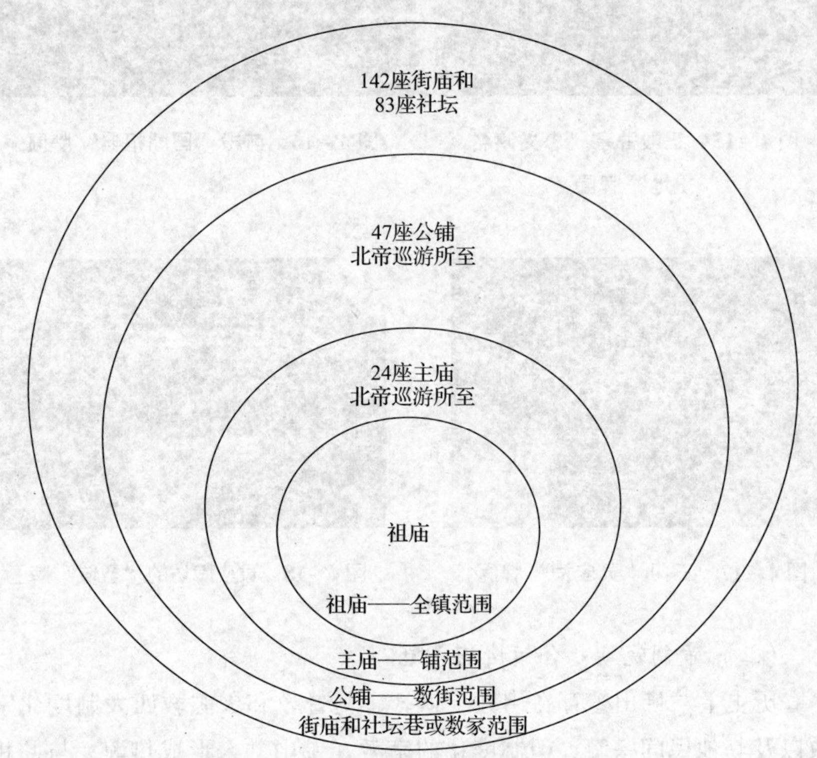

图 4－19　清代佛山多层次祭祀圈示意

图片来源：参照《明清佛山经济发展与社会变迁》自绘。

最底层是基于社区街庙和社坛，其中包含 142 座神庙和 83 座社坛，第二层是各铺中的 47 座公庙，第三层是二十四铺的 24 座主庙，最顶层是祖庙。这套神明祭祀系统中，以祖庙为首领，是佛山民间宗教中最高层的祭祀圈，控制着佛山全镇的各铺街区。上述四个层次的祭祀圈都有自己的地域范围，每个祭祀圈的人因为有共同的信仰而集聚在一起，而祖庙作为最高的祭祀圈则把整个佛山镇的人凝聚在一起，牢牢地控制着佛山人的精神世界。这一套相当完整的神明祭祀系统，推动着北帝成为祭祀圈中诸神之首，同时，也使祖庙成为合镇诸庙之冠。

（四）后帝制时代：城市的文化象征和认同标志

从社会学和文化学角度来说，文化认同是个体所在的文化圈层与其场域内形成的归属感、继承和创新自身文化的一个社会心理过程。美国跨文化学者爱德华·霍尔认为，文化的交流与认同过程往往是与具体的语境密切联系的。祖庙作为一个记忆场所，是一种具体化了的文化认同。佛山祖庙在千百年的演化过程中，创造了许多精致而独特的文化。这些文化符号包括北帝坐祠堂、北帝巡游、灵应牌坊、北帝铜像、烧大爆、出秋色等。

北帝坐祠堂是将北帝神像逐日安放在八图土著各宗族祠堂内，供本宗族的人拜祭的一种仪式。每年正月初六是祖庙北帝出灵应祠之日，八图八十甲每甲派两人随行一天。这种只有八图土著才有资格参加的仪式，增加了群体内部的认同感和归属感。同时，密切了北帝与八图土著之间的联系，不仅满足了人们的精神寄托需要，也强化了人们的主神崇拜意识。

北帝巡游是最有象征意义的祭祀仪式，强化了人们的主神认同意识。北帝巡游路线显示了祖庙对各铺主庙的统合关系，当时，一共有213座神庙，但是，北帝巡游的庙宇只有71座，其中包括各铺的21座主庙。北帝巡游路线明显强调了诸庙对祖庙的依附关系，这种精神世界上的等级关系，同样也映射出了现实世界的等级关系。佛山宗族社会利用民间宗教活动彰显自己的身份和地位，体现了他们对各铺区的统属关系，有利于稳定社会秩序。

灵应牌坊和北帝铜像是佛山先民为北帝文化创造的历史印记，同时也是当代佛山人引以为傲的文化资源。

烧大爆和出秋色都是佛山人创造出来的大型活动，数十万佛山人通过共同参与的兼具娱神与娱人的仪式，使这些恢宏而精致的文化活动，成为珠江三角洲乃至岭南地区北帝祭祀仪式的楷模和典范。

同时，祖庙祭祀的文化符号，又进一步形塑和强化了佛山地方社会对祖庙的想象，不同时期对祖庙的想象过程（见图4－20）也映衬了祖庙从传统社会的政治和宗教一体化的中枢机构转变为当代佛山城市的文化象征和认同标志。如今，我们依然可以在北帝祭祀仪式上找到佛山祖庙文化符号的缩影。虽然它不再具有传统社会中的政治中心地位，但是，其依然屹立于民间宗教中心之巅。祖庙承载的城市历史记忆和积淀的浓厚文化底蕴，已经成为佛山这座国家历史文化名城的文化象征和认同标志。

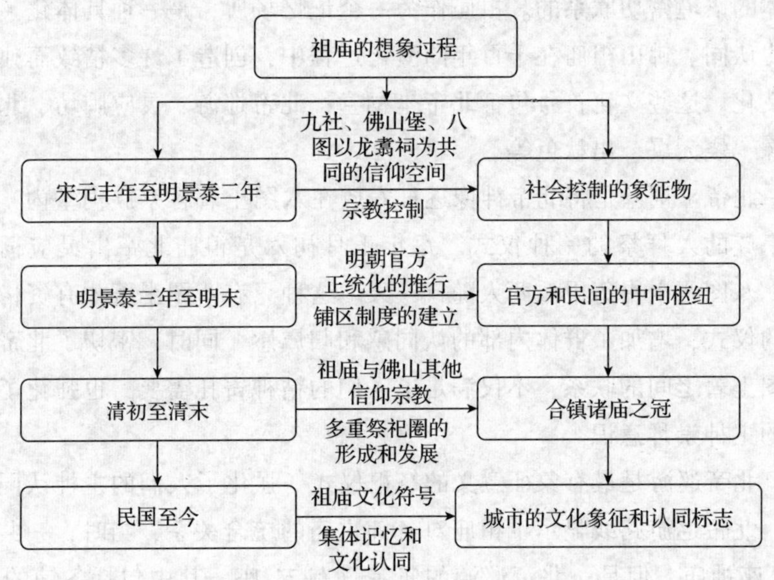

图4－20　不同时期下对祖庙的想象过程

二　祖庙作为佛山“政教初地”的建构

（一）本地宗族与“祖庙初地”的建构

宗族是指有一个共同的初先、统一的祭祀仪式、共同的财产，并可分为族、房、支等组织系统的继嗣团体。佛山原本是一个海洲之畔，聚族而居的小村落。最先在佛山出现的氏族是鸡、田、布、老四姓土著，随着宋代南迁氏族的大批涌入，使土著式微。明初图甲制的建立，使外来氏族成为新土著，形成了统一一方的乡族势力。

佛山宗族的发展与明中叶出现的南海士大夫集团密切相关。所谓南海士大夫集团是指以科举出仕、在朝廷任职的高官大吏组成的群体。它是一个极具影响力的团体，其表现为：在政治上取得了嘉靖皇帝的信任，在思想上推崇宋明理学，在经济上享有优免特权。他们在参与国家政务的同时，也积极地利用自身的影响力整合宗族组织，成为明中叶后广东宗族发展的重要推动力量。霍韬是南海士大夫集团典型的代表之一，他利用自己的官职权力和影响力着手整合霍氏宗族，后人称其为霍韬模式，并纷纷效仿。霍氏整合宗族组织的具体内容主要有五个方面：一是利用优免特权，大量积聚族产；二是创建霍氏大宗祠；三是创立“会膳”和“考功”制度，“会膳”是指每逢朔望合族男女集中在大宗祠共膳的制度，“考功”是指族人对经营田地的考核奖惩制度；四是创立社学书院；五是制定家训家规。通过以上举措，使石头霍氏达到了高度的整合，成为明中叶后佛山强宗右族整合的共同范式。

在霍韬的影响下，佛山镇内各氏族纷纷着手整合宗族。例如，正德年间兵部职方司员外郎进士梁焯对郡马梁氏整合、嘉靖年间南京刑部主事进士冼桂奇对鹤园冼氏的整合和明末户部尚书李待问对细巷李氏的整合，从上述各宗族的整合过程中可以看出，其与功名人物密切相关，一个宗族在社区中的地位主要由功名人物所决定。郡马梁氏、鹤园冼氏和细巷李氏都曾在社区中的地位交替上升，随着功名人物官职的提拔，该族在社区中的地位也随之提升，呈现出“功名望族”兴衰交替的局面。上述霍氏、梁氏、冼氏和李氏通过整合发展壮大，一度成为明中叶的巨族，把持着佛山社会经济，所谓“二三巨族以愚民率”。虽然当时这二三巨族把持着佛山社会经济命脉，但其未曾忽视过祖庙在佛山社区中的地位和作用。他们利用祖庙千百年来所形成的“庙议”传统和深根于佛山人心目中的地位，对佛山传统社会实行有效的管理。通过祖庙掌握了凌驾于各宗族之上的至高权力，把祖庙作为八图里排各宗族利益和关系的协调者，成为维系各宗族的纽带。

（二）佛山士绅与“祖庙初地”的建构

明代随着佛山巨族逐步对市镇产业和经济的垄断及城市化的进

程，使佛山镇民阶层之间贫富两极分化日益严重，由于佛山的经济命脉把持在极少数巨族中，普通平民的生活则日益困顿。贫富差距增大引起了内部矛盾，进而引发动乱。嘉靖三十二年（1553），山东淮徐皆大水，岭南地区灾情尤其严重。“道路死者相枕藉，盖因年谷不登，赋役繁多，财力训乏，人无余蓄。”[①] 灾情波及佛山，引起社会不安，“佛山尤地广人众，力田者寡，游手之民充斥道路，欲为乱者十家而七”。[②] 当时佛山有一两人为聚众，两日内即聚数千人。开始以“乞济”为名，沿街要求施振：后来就“恣所欲而取之”；“夺米抢金，撞门拆屋”[③]；“白昼大都之中，斩关而夺之金，倾极良善，震动官府，而乱势成矣”。[④] 当时乡居的冼桂奇，奋先乡里，出而平乱，据碑记称，时则主事冼桂奇“愤同室之斗，不避危险，亲往谕之，诱之以利，惧之以祸，其人亦皆愧服，解其党而出，愿受约束。是日所保全者盖数十姓云，于是画为权约，先自出粟煮粥以功，二十四铺之有恒者亦各煮粥以周其邻近。遣人分护谷船来市以通交易，阴械为首之最桀骜者一人以惊冥顽，亟诉当路遗官抚谕以安良善，乞粟于公府以继粥之不足。始因淫霖伤稼，躬祷晴于神以慰民望。继因铁虫为灾，复为文驱之。是以一权约立而民罔有背佞者焉。拯救百家之危，活千百人之命而不尸其功者，冼子是也”。[⑤] 嘉靖三十二年的动乱与冼子平乱，在佛山城市发展史上具有重要意义。它是明代佛山都市化过程中的第一次因内部矛盾而引发的动乱。它说明与传统城市发展起步的同时，其内部因贫富分化而积淀深刻的矛盾，这些矛盾也推动了佛山社会产生超乎于宗族整合之上的社会整合。冼子平乱，代表佛山功名人物由家及乡的整合之举，也说明功名人物在佛山社会整合中的重要作用。正因为佛山功名人物可以上托官府，下治乡民，所以，明代的佛山，从城市起步发展之日起就一直处于自治状态，官府没有为此设立

---

① （明）黄佐：（嘉靖）《广东通志》，广东省地方史志办公室誊印，1997 年版。

② （清）吴荣光：《佛山忠义乡志》卷三《乡事志》。

③ 《鹤园冼氏家谱》卷六《人物谱·列传》和《十世少汾公传》。

④ 嘉靖三十二年《世济忠义记》，载《明清佛山碑刻文献经济资料》，第 5 页。

⑤ 《李氏族谱》卷五，世德纪《东朗公传》和《广成公传》。

任何特殊的机构。而祖庙在佛山传统社会中充当了“官衙”地位。功名人物通过在祖庙议事中的主导地位，实现对佛山社会的有效管理。天启以前，佛山“凡有公会，咸至止灵应祠，旋聚旋散，率无成规”。[①] 士绅都极为关心佛山乡里的社会发展，但是，佛山却未有一个正式的议事之处。明末随着佛山大批科举人物涌现，文人士大夫集团兴起，以李待问为首的佛山李氏家族主导了佛山镇内事务，面对佛山地方治理缺乏议事场地的问题，李待问便主张集资在灵应祠右边建设乡仕会馆，作为佛山堡士绅议决乡事的场所。乡仕会馆（嘉会堂）由此成为佛山传统社会中第一个民间自治议事机构。在乡仕会馆的聚合作用下，形成了一个以李待问为首的新兴士绅集团。“岁有会，会有规”，建成了定期的开会制度，集中商议乡事。因此，乡仕会馆就成为明末佛山常设的行政机构，而祖庙从此成为佛山的政治管理中心，开启了长达数百年对佛山城市和地方事务的管理。以李待问为首的新兴士绅集团通过一系列的整合措施，重新建构了明中叶以后佛山社会结构；而乡仕会馆的建立，则标志着祖庙权力由地方乡族集团向士绅集团的整体转移。

可见，嘉会堂是明中叶以后以李待问为首的新兴士绅集团，整合八图土著各宗族社会的权力机构，在其建构过程中，祖庙始终扮演着城市政治管理中心和祭祀中心的角色。一方面，祖庙的庙议传统和丰厚的尝产是地方自治中心能够建立起社区权威的重要保障，使人们意识到隆祀祖庙的丰厚回报，让佛山人愿意成为以其为政治中心下的臣民。另一方面，祖庙从明中叶以前由八图土著进行治理的“乡族治理”时代到明中叶后以李待问为首的新兴士绅集团集中管理的“士大夫治理时代”，尽管社会政治权力机构经历了兴衰交替，但祖庙作为合镇的大宗祠功能始终未发生变化，它始终扮演着宗教信仰中心的角色，仍然发挥着维系镇内侨土各宗族的纽带功能。

（三）侨寓集团与“祖庙初地”的建构

明清交替后，祖庙和嘉会堂一度受到清王朝的冷落，祖庙的地方

---

① 道光《佛山忠义乡志》卷十二《金石上》和《庆真堂重修记》；《梁氏家谱》和《梅庄公传》。

议事中心机构随着嘉会堂的消失而弥散，重新成为普通的地方祖祠。随后，由于商品经济与手工业发达，大批外来商民涌入佛山。这批外来人口被佛山土著视为“侨寓”。数量占佛山人口的一半，由于乔寓人士在商业、文教上的成功，在功名人物数量上，出现了侨寓人数超过土著人数等现象，乔寓集团在佛山镇的身份和地位重要性提升，使侨寓与土著之间矛盾逐渐尖锐，并集中体现在祖庙的祭祀权上。佛山祖庙尝产丰厚，一向保留着明初八图土著氏族的颁胙制度。颁胙即是祖庙在春秋祭祖时，以祖先的名义分发猪肉给男丁的一种维系宗族纽带仪式。随着外来商民剧增，他们也争先恐后地向祖庙捐赠，出现了“靡不望祖庙荐享而输诚”的现象。乾隆年间，侨寓不满于祖庙的颁胙制度，认为这种活动把他们排斥在外，于是南海县官府曾两次对颁胙制度加以废止。官府曾在秋祭时示发“禁颁胙碑示”，并赞颂了外来商民对祖庙的贡献，“体此而如以福胙当颁，则凡阖镇绅耆士庶，远商近贾，谁其不应？”祖庙颁胙制度的废除，反映了侨寓与土著两大利益集团在祭祀权上的矛盾与调适，当土著把侨寓排斥在外时，就需要地方官府采取措施来消除这种不利于社会整合的制度。地方官府通过包容外来侨寓群体进入祖庙祭祀活动，使其获得佛山镇地方宗教信仰和社区治理参与权，于是地方土著与外来侨寓便共同拥有了佛山镇信仰空间和地方治权，使本来矛盾重重的对立方社会整合成一个整体。祖庙的宗教教化和地方治理职能得到了强化和重视。

同时，为更好地协调各方权能职责，一个全新的机构——大魁堂便出现了，大魁堂原是崇正社学内的一座建筑物，崇正社学始建于嘉靖初年魏校毁淫祠运动后，其起初是作为教育组织，兼具课文和祭祀文昌帝的功能。其后，随着地方乡绅与乔寓势力的合流，需要公共的办公和议事空间，崇正社学在使用空间、地方治理组织的核心地位和空间便捷性等方面，都极大地满足了当时士绅阶层和乔寓势力的共同需要，故以崇正社学为根基，整合佛山镇社会管理的职能和机构，组建了大魁堂，大魁堂下设三个机构，分别是祖庙、义仓和书院（见图4－21）。其中，祖庙负责祭祀和赈济，义仓负责赈济和公益建设，书院负责课文和侨寓祭祀。大魁堂实际上是合祖庙、义仓和书院三者的权力为一体的地方自治行政机构。这个三位一体的地方治理组织中，祖庙在其运行中发挥着重要的作用，特别是祖庙的尝产在启动义仓、书院以及其他公益事业上的促进作用。大魁堂是清代佛山士绅通过重新整合侨寓与土著社会的权力机构，是清代佛山镇的权力中枢。地方乡绅和外来乔寓通过大魁堂的组织及管理权，控制着合镇的祭祀，重新整合了清代社会政治结构。

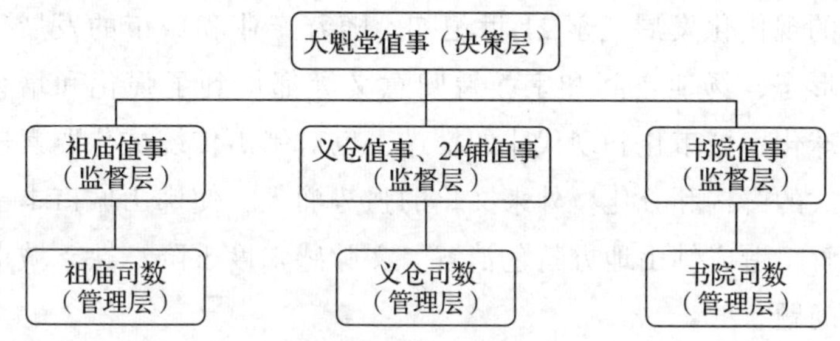

图4－21　清代佛山大魁堂系统

图片来源：转引自《明清佛山经济发展与社会变迁》。

可见，佛山镇进入鼎盛以后，随着外来乔寓集团势力的增大，在南海地方官府的居中调和下，佛山镇土著乡老集团与新兴外来乔寓集团之间实现了宗教祭祀权和地方治理权等的全面合流，使新兴外来乔寓集团成为主导佛山镇地方治理和宗教祭祀的重要力量。乔寓集团通过新设立的大魁堂地方治理机构，全面主导佛山镇的社会管理事务，开启了乔寓集团垄断佛山镇各项社会综合管理的新时期。乔寓集团对佛山镇的综合管理中，通过系统的制度建设，使佛山镇在适应社会经济和市场空间急剧扩张的同时，也极大地丰富和完善了佛山镇综合社会管理制度及体系。并再次强化和提升了祖庙在佛山镇宗教教化高地、社会治理源地和日常议事要地的“综合初地”想象与建构。

（四）当代社会政府与“祖庙初地”的建构

近代以来，随着帝制消亡和佛山国家行政机构的全面入驻（南海县衙署从广州回迁佛山镇），新的国家行政机构驻地与祖庙在地理空间上错开（1912年南海县县署从广州西移佛山镇，县署在福宁路黄祥华生祠，其间几经变化，但祖庙也不再作为地方行政机构的办公地)，祖庙作为佛山镇地方治理空间的作用和意义逐渐消弭，但其在宗教、民俗和地方教化等方面的功能依然维持，这种情形维持至中华人民共和国成立。20 世纪 50 年代，随着新政权的确立和思想意识形态的全面更新，祖庙的精神旨归意义受到全面抑制（尽管在民间层面，祖庙的精神旨归意义从未弱化)，其地方意义转而成为一个文物古迹的纪念地。改革开放以后，佛山借由改革开放政策，开启了产业和城市的现代化发展，至 21 世纪初，随着产业和城市的发展，祖庙的物化形态、场地空间和宗教旨归意义等都得到了强化和培育。但是，全球化、城市化和现代化的推进，也对佛山传统文化要素进行了加速度式的解构和分化。外来文化的强势涌入，使佛山城市本土文化不断消解，造成佛山地方特色消解、文脉感知度下降、缺乏城市文化认同等问题。

不同社会群体基于其文化记忆与身份认同的不同，而培育和养成不同的地方习俗和文化传统，使各地民众产生地方认同上的差异。例如，祖庙的北帝诞会，始于明清佛山鼎盛时期的三月三诞会，在民国的苦难岁月和中华人民共和国成立后的“文化大革命”运动中，消失不见，然后经由经济、社会和城市再次起飞，在日渐高涨的群众呼声下，北帝诞于 2003 年重新恢复。重开后的北帝诞会，既迎合了普通市民在宗教、信仰和传统礼仪等方面的心理追求，同时也是当前城市产业发展和城市形象想象与建构认知下佛山地方政府主动而为的产物。对佛山地方政府来说，在社会主义建设时期，如何对曾经被当作封建迷信的乡土文化领域进行地方文化特色的转化，并加以合理化引导，是一个必须妥善处理的问题。因此，近年来，重开的祖庙诞会、游神活动中，传统的某些祭祀仪式已经因为“不合时宜”而不复存在或者没有存在的意义了，如北帝坐祠堂和烧大爆等仪式都销声匿迹。

尽管某些活动环节被主动取缔，但新组织的各种诞会和活动并没有因此失去活力和参与度，以北帝诞为例，自 2003 年重新举办以来，迅速发展成为广佛区域乃至珠三角地区的重大民俗庆典，如今每逢北帝诞，便可以看见祖庙内人潮涌动的热闹场景，数十万佛山群众自发参与，虔诚拜祭（见图4-22）。这是对祖庙历经千百年沉淀下来的文化凝聚力最完美的诠释，是对佛山城市社会经济繁荣和稳定的真实写照。历经千年沧桑的北帝诞仪式，至今依然焕发出魅力与活力，是因为它在佛山历史发展过程中代表着一种文化认同和地方身份认同的标志。北帝诞仪式密切了各社区之间的联系，凝聚了佛山人民的智慧。同时，它保留和延续了许多优良的文化传统与美德，并且与今天的社会主义精神文明建设相适应。

图4-22　祖庙三月三北帝诞

图片来源：陈艺惠摄。

可见，随着近现代新型政府治理机构的入驻，祖庙尽管在城镇地方治理空间和公共事务管理上逐步退出，但其作为佛山宗教和精神信仰空间高地的意义自始存在，并随着社会经济和城市发展的逐步优化而得到一定意义的强化和复兴，不同时期的政府机构，也会将自身治理诉求与祖庙的功能导向和精神正塑相统合，以期建构出符合自身需要，又与传统祖庙宗教指归和精神教化功能相一致的“初地”形象。

民俗节庆往往扎根于地方文化，被视为是建构地方文化身份与认同、塑造地方形象、促进地方更新与经济发展的重要策略。佛山市政府正是通过积极恢复祖庙三月三北帝诞来实现保护地方优秀传统文化、增强群体地方认同感、重新塑造地方文化身份、拉动社会经济发展，力争建构统一的地方认同。而祖庙作为国家级文物保护单位和著名的旅游景点，势必会在佛山地方文化身份和地方认同方面发挥着不可替代的作用。

在不同时期，不同对象对祖庙的建构过程（见图 4－23）实际上是个体（组织）基于对祖庙的想象进而对地方进行建构的过程。通过不同时期的想象过程，构建出祖庙在人们心目中的地位，借此划分出特定的地方权力，拥有特定地方话语权的人对祖庙进行了不同的建构。根据人文地理学的观点，地方是由行事之人建构出来的，就此意义而言，地方从来都是处于未完成的状态，是经过不同时期不同对象（行事之人）予以操演的。祖庙想象与建构的过程就说明了祖庙是如何通过反复的社会实践而构成的，祖庙作为佛山“政教初地”的想象与建构过程，就是一个在想象的基础上建造和重建，再通过不断的实践来建构和想象的地方，这是一个交互的过程。因此，祖庙在不同时期对城市的意义和作用也随之发生了变化。

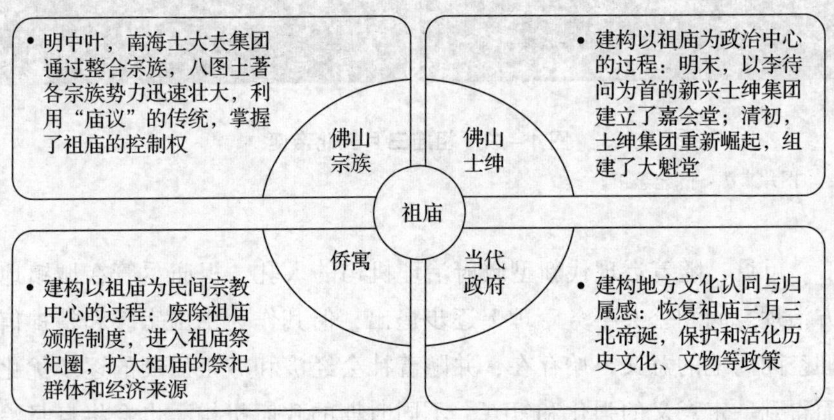

图 4－23　不同对象对祖庙的建构过程

第五章　普君墟：佛山“商贸初地”

第一节　佛山墟市概述

在早期社会，墟市作为物品交易场所而存在，据民国《佛山忠义乡志》载：“日中为市，神农氏之教也。南曰趁墟，北曰赶集，广东划旬日开墟，称之‘墟’，若划早晚开墟，称之‘市’。墟具廊，廊具区，货以区聚。佛地只有区区几个墟市，但街巷已经到达相当数量，一般几条街就有一个市。”樊树志（1987，1997）提出，墟市是乡村互换多余物品而产生的按期市集，后期可以演进成更高形态，尽管其名称不变，但其功能进行了提升，它反映了社会经济的进步水平和规模。陈学文（1989）认为，墟市是市镇原料创制和工艺提升要津，是农村农作物和手工业商品的买卖场所，是乡镇和农村间彼此互通的媒介。肖伶俐（2006）认为，墟市是传统基层聚落中最普遍存在的经济表征，作为乡村货物周转的媒介，作为相对基本的集市而发挥市场商品功能。陈运飘分析了墟市与宗族的关系，从墟市的建立和运作两方面指出宗族对墟市的影响，认为宗族是以墟市为基础的地区文化的缔造者和驾驭所有人，宗族对聚落墟市的驾驭变为传统中国社会中墟市形象和结构多样化的本源，宗族与墟市之间的互相作用使墟市还是发展的。

在佛山墟市的发展流变研究方面，关联研究不多，学者研究更多的是佛山的商贸经济，而且时间主要集中在明清这段繁荣的时期，其中佛山本地学者申小红对墟市做了比较深入的探讨。申小红（2011）总结，墟市是乡村聚落按期开放的市集，据东晋到隋唐的记载，均叫草市，到宋代时，市集才得以普遍开花，北方依旧叫作草市，粤桂叫作墟市。同时，他的研究还阐述了佛山墟市经过了从一个低水平到高水平进阶的转变，明清时期尤其显得特别，此时的佛山墟市已完全具备物流中心的功能，从“以农为本”到农商齐名的家庭经营理念转变具有灵活性，同时，买卖体例的广泛性使墟市之于佛山经济繁荣起到了决定性的促进影响，但宗族、家族更加增强了对墟市的操纵，收取铺舍租金、向承租人收取课税等是宗族控制管理墟市的主要手段。

第二节 佛山墟市的发展

一 墟市称谓及其发展

粤地墟市创立之初，多为野市，清初屈大均《广东新语》载：“粤谓野市曰虚，市之所在，有人则满，无人则虚，满时少，虚时多，故曰虚也。虚即廛也，周礼注云：廛，市中空地也，即虚也……昔者圣人日中为市，聚则盈，散则虚，今北名集，从聚也，南名虚，从散也。”① 咸丰《顺德县志》载曰：“广管生齿日繁，贸迁百货，随地流通。凡名镇巨村，必有购求物力之地，即谓之市。大率所在备饔飧为多，其或合数村十数村于适中处所，晨朝趋至，迄午而罢，一旬之内，咸定以期，所近各不相复，则谓之墟。”② 民国《佛山忠义乡志》载：“粤俗以旬日为期，谓之墟；以早晚为期，谓之市。墟有廊，廊有区，货以区聚，盖犹有城遗制，市则随地可设，取便买卖而已。故墟重于市，其利亦较市为大。……墟期以日利四方，市期以早暮利近地。”③ 到晚清时期，墟、市已经没有明显的区别。《顺德县续志》载：“后来，墟市之名不免混淆，如大良之细、大墟，陈村之新、旧墟，平葛之乐从墟，勒楼之人和墟，商店所在，即以墟名。伦教之茧绸市，各乡之丝市，容奇之上街市，虽

① （清）屈大均：《广东新语》卷二《地语·墟》，中华书局1982年版。

② （清）郭汝诚修，冯奉初纂：（咸丰）《顺德县志》卷三《建置略·二墟市》，民国十八年版。

③ 洗宝榦：《佛山忠义乡志》卷一《墟市》。

有定期，亦以市名。盖名称之混久矣。”[①] 除墟、市之外，明清广东还有一些专门的行业市场和贸易地点有其他的专用称呼，如埠（本指货船码头，久而久之成为某类产品的批发市场）、栏（专营食品售卖）等。道光《南海县志》载：“墟市之外有行、有栏、有埠头、有码头……客舟所泊曰码头；货舟所泊曰埠头，又曰码头，有谷埠、鱼埠、糠步、炭步……”[②]

二 墟市功能发展演变

佛山地区墟市的内部设置也大多经历了一个由简而繁、由粗陋而精细的发展过程。如佛山“相传肇于唐宋”，在元代还只是一个渡口，到明景泰年间，已经是四方商贾汇集，“民庐栉比，屋瓦鳞次，凡三千余家”。[③] 一般来说，粤地的墟市在发展之初，总是作为周边地区农民之间简易农产品交换、调剂的场所，因此，它只需要一处能避风雨的场所就够了。《从化县志》记载：“于村围适中之地，架木为梁，覆茅代瓦，以蔽风雨，仿佛太古之案窟焉，故曰墟也。”[④] 随着墟市的逐步发展，墟市的交易空间、交易设施等也会逐步发展：墟市也从一个仅具备墟廊、墟亭、墟肆之类初级集贸功能的市场，向固定的店铺、酒店、客店、牙店等综合设施林立的高端市场演化。如顺德龙山的大冈墟，唐宋年间，只作为“聚货交易”之所，“在村头凤凰山之阳”。[⑤] 到明洪武二十九年（1396）时搭有廊肆，但依然尚无固定店铺，经营酒食的商人，“挑酒列于肆市之两旁，招客张伞，席地而饮”。万历九年（1581）以后，“富家大户自恃地段枕近，乘机包占，侵基越沟，种棘为围”[⑥]，于是固定的经营场所出现了，墟市也发展到了市场的高级阶段。从嘉庆《龙山乡志》所刊出的《大冈墟图》看，嘉庆时期，市场的空间发展和

---

① 周之贞：（民国）《顺德县续志》卷三《建制略·二墟市》，民国十八年（1929）版。

② （清）潘尚楫：（道光）《南海县志》卷十三《建置略·五·墟市》，佛山市南海区地方志编纂委员会办公室翻印。

③ （清）陈炎宗：（乾隆）《佛山忠义乡志》卷二《建置略·墟市》，广东人民出版社2005年版。

④ （康熙）《从化县志》卷一《疆域·墟市》。

⑤ （嘉庆）《龙山乡志》卷十一《杂著》卷二《墟市》，嘉庆十年刻本，顺德博物馆藏。

⑥ （嘉庆）《龙山乡志》卷十一《通堡里排甲保耆老勘结》。

功能布局已相当复杂："建武庙肃镇中土，前楹后殿，左为四图公馆，右为龙山重镇。"① 在武庙南北侧及正西面均设有供交易用的廊肆，形成圆状。有茶店等店铺分布在廊肆的东南、西南、西北和东北边上。市场区域有专门砌成的石板路通向四周，并与周边河涌相接。明末，因群盗出没，为了保障墟市的正常开业，"当地乡绅专门组织乡兵四十五人，巡逻守卫，相互策应"。② 南海县鼎安堡箩竹墟"分上中下三处，上墟皆民居，中墟店铺相连，二百余家，墟内以织造竹箩为大宗"③，上墟的民居区，显然是从事织造竹箩业的手工业者的住宅区。那些初步具有市镇规模的墟市，市场空间和集贸设施的发展就更为复杂。如南海九江大墟，光绪年间，"街弄二十有六，为行市七（曰丝行、曰布行、曰蚕纸行、曰鸡鸭行、曰鱼种行、曰旧桑墟、曰新桑墟），为铺肆一千五百有奇"。市场空间内，街弄纵横，按行业设牙店，并设有各种手工业作坊和手工业者即所谓"百工填委"。④

三　不同时期佛山商业墟市的发展特征

佛山农村墟市始于何时，已难以确考。汉代佛山地区与周边地区存在一定的交流和贸易。《汉书·地理志》载："处近海，多犀、象、毒冒（玳瑁）、珠玑、银、铜、果、布之凑，中国往商贾者多取富焉。番禺，其一都会也。"⑤ 除像番禺这样郡县治所的商业逐步兴盛起来外，地近番禺（广州）的佛山一带，应该也会有一定的商品交换初级市场的发展，一些小的墟市应该形成和出现了。《南越志》载："越之市为虚，多在村场，先期召集各商，或歌舞以来之。荆南、岭表皆然。"⑥ 作者沈怀远是（南朝）宋时人，可见，至少南北朝时期农村已有墟市之设。又唐书《岭表异录》载："蚝即牡蜗……挑取其肉，贮以小竹筐，赴墟、市以易酒。"⑦ 可见，六朝、唐代时候岭南已有墟、市。

① （嘉庆）《龙山乡志》卷首《大冈墟图说》。

② （嘉庆）《龙山乡志》卷首《大冈墟图说》卷十一《杂著》。

③ （宣统）《南海县志》卷六《建置略》，"墟市"

④ （光绪）《九江儒林乡志》卷四《建置略》，"墟市"。

⑤ （汉）班固：《汉书》卷二十八下《地理志下》，中华书局 1959 年版，第 1670 页。

⑥ 傅宗文：《宋代草市镇研究》，福建人民出版社 1989 年版。

⑦ 曹振宁：《从敦煌文书看唐代的岭南》，《广东社会科学》1988 年第 4 期。

据文献考证，唐代，佛山地区墟市可考证者，有南海的金利镇（现属于肇庆市高要区，与南海区隔江相望）、顺德的龙山大冈墟、牛鼻圩和容奇、桂洲、黄连、北水、古粉、马齐等地。至宋代，增加的墟市有南海的大通、佛山，顺德的逢简，三水的胥江等地。

从空间上讲，明代之前，佛山镇的商业结构主要集中在东南部的栅下铺，在某种意义上说，佛山城镇经济就是首先从栅下铺发展起来的。《岭南冼氏宗谱》记载：“（明以前）镇内商务萃于栅下，水通香、顺各邑，白勘为白糖商船停泊之处，俨然一都会也。”① 明代初期，围绕龙翥祠（祖庙）旗带水两岸，也形成了一个有祭祀中心、店铺以及冶铁铺的核心区。随后在潘涌两岸，本省、外省的各地商人开始在此设铺经营生意，在今公正市豆豉巷至汾水一带形成新的商业区。又据《岭南冼氏宗谱》载：“汾水在佛山镇，去汾流古渡数十武，市肆云连，舳舻相接，亦商务中枢地也。”② 其分布见图5-1。其后至明代，佛山镇河涌深入镇内，处处可起卸货物，各地商人可直接进入镇内作坊进行交易，因此，商业区划不甚明显。到了清代，随着佛山镇内河涌不断淤浅，商业区才逐渐向汾江主流北移。明代佛山镇主要的手工业为冶铁业，作坊分布较广且分散，一般是傍涌而建，而明代佛山河涌交叉纵横，作坊区星罗棋布，其分布地点沿今祖庙—莺冈—普君墟—经堂古寺一线以南至涌边的广阔地区，成片分布。可以看出，此时的佛山已经开始将城市文化空间与商业中心进行结合。

随着佛山地区开发的深入，农业生产的大发展带来商业墟市和村落的进一步发展，明代佛山的墟市大量增加，永乐年间（1403—1424），南海、番禺和顺德及周边地区有墟市33个，嘉靖三十七年（1658）增至95个，万历三十年（1602）发展到176个，其中以顺德、南海为最多。至明末，顺德的墟市从11个增加到36个，南海从19个增加到25个。清代，墟市数量更是急剧增加，清初，珠江三角洲墟市有235个，到清乾隆时期，增加至570个（见表5-1）。同时，

---

① （清）冼宝干：《岭南冼氏宗谱》卷三《分房谱·白勘房》，《清宣统二年刻本》十八。
② （清）冼宝干：《岭南冼氏宗谱》卷三《分房谱·汾水房》，《清宣统二年刻本》廿六。

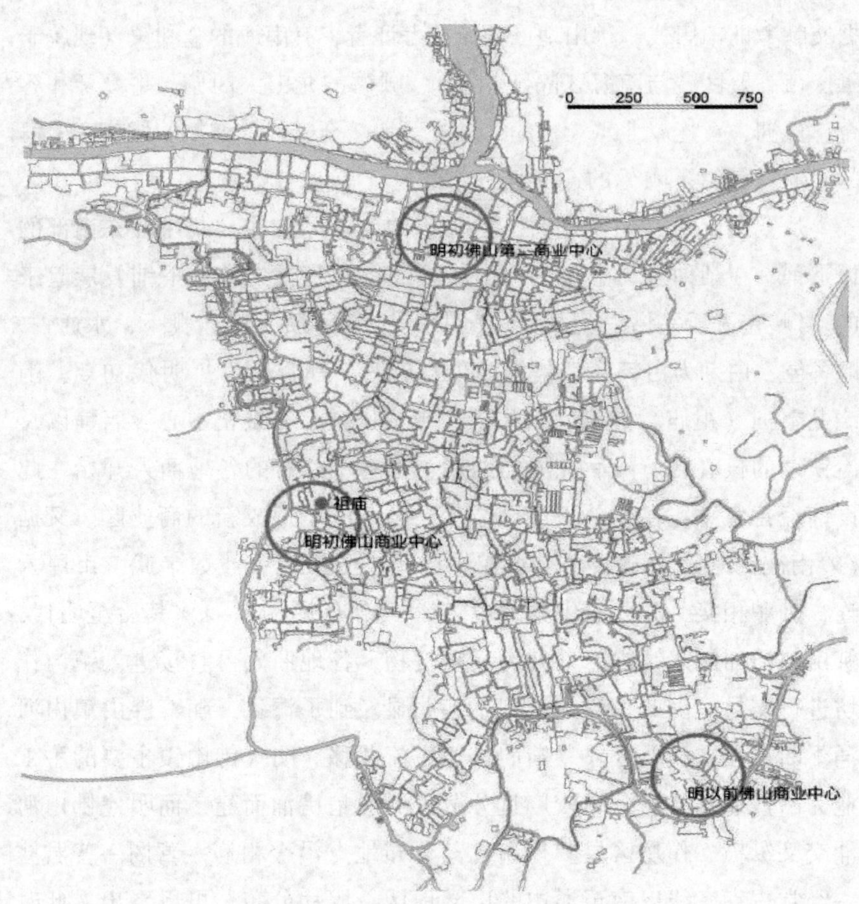

图 5－1　佛山明代前后商业中心分布

资料来源：转引自赵彬彬《明清佛山城市文化特征空间营造研究》。

墟市的发展在不同的区域也呈现出差异化的特征，如南海县，其商业墟市发展最快和最成熟的区域当属九江片区了。道光十五年（1835），九江堡共有墟市 17 个；同治十八年（1874），增加了 4 个；宣统二年（1910），又增加了 8 个。其与周边的龙江、龙山（属顺德县）和坡山（属高明县）形成当时佛山地区商业化发展水平最高的地区。又如龙山堡，清嘉庆四年（1799），人口约 10 万，墟市却有大冈墟、螺冈墟、涌尾墟、苏埠市、三合市、旺村市、仙塘市、小圃市、冈贝市、海口市、沙坑口、凤塘市和三个桑市（一在冈贝、一在排涌，一在官田），共15个。每市贸易范围平均面积为4.16平方千米，平均人口6667人。作为弹丸之地的龙山，墟市达15个之多，其中，桑市竟有3个。足见当时九江—龙山片区商业墟市发展之盛，农村商业化程度之高。

表5－1　　明代以来佛山地区墟市

县名	明方志载墟市数	清康雍乾方志载墟市数	清嘉道方志载墟市数	清咸丰以后方志载墟市数
南海	19	雍正（54）、乾隆（46）	道光（169）	同治（201）、宣统（244）
顺德	11	康熙（43）、雍正（38）、乾隆（32）		咸丰（99）、光绪（88）
三水		康熙（10）、雍正（20）	嘉庆（23）	光绪（22）
高明	11	29	嘉庆（29）、道光（30）	光绪（30）

注：（1）明方志为（嘉靖）《广东省志》；（2）康雍乾方志：南海统计的为（雍正）《广东省志》（54）和（乾隆）《南海县志》（46），顺德统计的为（康熙）《顺德县志》（43）、（雍正）《广东省志》（38）和（乾隆）《顺德县志》（42），三水统计的为（康熙）《三水县志》（21），高明统计的为（康熙）《高明县志》（14）；（3）嘉道方志：南海统计的为（道光）《南海县志》（131），顺德统计的为《广州府志》（101），三水统计的为（嘉庆）《三水县志》（39），高明统计的为（嘉庆）《高明县志》（27）；（4）清咸丰以后方志：南海统计的为《同治县志》（201）和《宣统县志》（244），顺德统计的为《咸丰县志》（90）和（光绪）《广州府志》（88）。

资料来源：转引自司徒尚纪《广东文化地理》，有改动。

墟市的贸易辐射范围方面，司徒尚纪先生指出①，明代以后，随着农业生产发展和农村聚落的大量出现，在商业墟市同步快速发展的同时，其商业辐射范围呈现出更加精细化发展的趋势，尤其是农村商业化程度比较高的南海、顺德等县。以南海县为例，南海县在明嘉靖年间，墟市贸易范围平均面积为66.5平方千米，平均人口为6019人；清雍正年间，贸易范围平均面积为23.4平方千米，平均人口为

① 司徒尚纪：《广东文化地理》。

1887人；同治年间，贸易范围平均面积为6.2平方千米。随着人口密度、交通条件和商品化的提升，南海县农村商业墟市服务地方的功能更加深入和全面。光绪三十四年（1908），全县商品输出额578万元，按该县估计人口130万计①，每人平均约达50元，单蚕丝一项，每年运销外洋者达100万元，行销内地者55万元。② 可见，农业商品化程度之高。

清代以后，佛山地区的墟市发展，出现了专业墟市，这是墟市发展的重要方面。这些专业墟市多出现在专业性商业化农业区域，如顺德、南海、三水等县的基塘农业区，有桑市、蚕市、丝市、鱼种市、塘鱼市、海鲜市、猪墟、牛墟、布墟、鸡鸭市等名称。宣统《番禺县续志》记载："依期常开者谓之墟。如新造之牛墟，黄陂之猪仔墟，市桥、蔡边之市墟是也。届时乃开者谓之市。如大塘之果市，南村之乌榄市，钟村、南村之花生市是也。"③《南海县志》"墟市"："南海城乡，商货所聚，墟市之外，有行，有栏，有埠头，有马头。④ ……省河旁，客舟所泊曰码头；货舟所泊曰埠头，又曰码头。有谷埠、鱼埠、糖步（珍）、炭步、均琐不备志。"南海县在道光十五年（1835）前，专业墟市只有17个，到同治十三年（1874），增加了15个，宣统二年（1910），又增加了24个，共有56个。随着佛山地区农业生产的商业化转向，专业墟市增加的速度远比非专业墟市的增加速度快。这些墟市中，又以蚕、桑、丝、鱼等产品的专业墟市为最多。如南海县在道光十五年前，17个专业墟市中，桑、丝市就有12个，而又集中在蚕桑区的九江和沙头。⑤ 蚕桑业最发达的顺德县"县属各乡，均有桑市，不能悉数"。⑥ 随着专业墟市的逐步发展，传统大型农村墟市也开始向市镇空间演变，其墟市买卖物品和职能进一

---

① 参见（道光）《广东省通志》。
② （同治）《南海县志》卷十九。
③ （宣统）《番禺县续志》卷十二《实业录》"工商业条"。
④ （道光）《南海县志》卷十三《建置略》五。
⑤ （光绪）《四会县志》编二下"墟市"条。
⑥ （民国）《顺德县续志》卷三。

步细致化和专业化。如佛山堡从明代的三墟六市逐步发展为清乾隆的13个墟市，聚落空间也从传统墟市演变成市镇空间，其城镇地名也保留有比较强烈的市场交易和生产空间特征：有布基、椅巷、花衫街、凿石街、装包街、狗苑、煤炭地等。与铁有关的，明清佛山镇有铸砧街、铸犁街、铁香炉街、铁矢街、铁门链街、铁廊街、模岗里、针巷等。清代佛山镇也发展成为岭南地区首屈一指的商贸和手工生产大都市。其城镇生产的产品门类及贸易类型呈现高级化、复杂化的典型特征（见表5－2）。

表5－2　　清代佛山镇按照交易商品种类区分的行会

交易商品种类	行会名称
铁器制品	生铁行、铁锅刚济堂、铁器行、铸发行、新钉行
金属制品	金箔宝光堂、金丝行、铜线行、铜叶行、铜行、铜器行、锡箔元兴祖会、锡箔行、锡行
绢织物、棉织物	绸缎棉花行、布行、京布行、花纱行、兴宁布帮
衣服、衣服附着物	成衣行、丽兖金银纽行、凿花纽行、花纽行
帽子、洋袜、鞋	秋帽祖会、秋帽行、冬帽祖会、棉袜行、履行
衣料原料	麻行、麻行客栈、青麻行、绸缎棉花行、苎麻行
染色及染料	朱砂年红行、靛行、青靛行、至宝生色行、至宝联兴生色行、知色堂、彩生联行、南洋染料行、土靛木膏行
谷食与菜蔬	米行、豆行、七市糙米行、村尾新菜市
加工食品	糖行、白糖行、百岁社饼行、酒饼行、油行、油豆行、面行
家畜	金猪行、四沙宰猪行、猪栏行
水果与干果	京果行、果干行、槟榔行、枝圆行
海产物	鲜鱼行、海味行、食盐行
嗜好品、娱乐用品	敬业酒行、烟叶行、烟行、酒饼行、酒行敬业堂、茶纸行、茶叶行、福建条丝行、爆竹行
陶瓷器	瓷器行、缸瓦行
建筑资材	泥水荣盛堂、履昌石行、石行永庆堂、砖窑合德堂
木材及竹材	木帮安顺堂、木行、集木堂、青竹行、香竹行
肥料	粪草行、田料行

续表

交易商品种类	行会名称
纸张类	揽磨纸行、福建纸行、莲峰纸行、黄白纸行、抄纸首成行、南北纸行
药材	参药行、参茸行、药材行
燃料、火石	格柴行、大碳行、美薪柴行、柴排行、柴行、柴栏行、五桂柴行、聚庆柴行、碳行、火水行、火石行
进口商品	西货行、花梨西货怡思堂、洋货行
宗教、葬礼用品	元宝行合盛堂、神香行
贵金属、宝石	银器行、至宝玉成行、至宝祖社、玉器行
商品包装	板箱同善堂、板箱（木界）斗行、板箱行
商品流通、交通业	浮货行、五斗总埠、平码行、渡船行、挑夫行
金融业、住宿业	按押行、钱行、旅馆行、歇客行
劳动力供给、服务业	包头行、包办行、剪发行
其他商品	鼓乐乐兴堂、硝务公慎堂、锋货堂、南北杂货行、香粉香竹行

第三节　普君墟作为佛山“商贸初地”的缘起与流变

一　普君墟概述

普君墟坐落在塔坡冈上，原称塔坡墟，最早出现于南宋。后随着手工业、商业和市场的发展，塔坡片区逐渐成为乡村中心，普君墟的范围也陆续扩大，明代普君墟包括钉屐廊、京果街、鸭仔廊等墟场及街巷，成为佛山“三墟”之首。清嘉庆年间，由于原来墟市的场地不足，普君墟往东拓展，在东面不远处另起新墟，称为普君新墟，即位于现普君北路南端的普君市场一带。中华人民共和国成立后，市区范围开展了道路修建和改造，于是普君墟内窄小崎岖的街巷被改建成普君西、普君南和普君北三条大马路，然后再次修建了普君鱼肉菜市场。现还有普君墟位于禅城区东南方向，即普君西、普君南路一带，包括普君市场、南苑小区市场、普君南综合市场、普南社区市场，以及一个由“临时商贩”组成的“流动”市场，但真正意义上的普君墟其实还包括塔坡片区，两区均属于普遍意义上的普君墟，塔坡一带已经成为居民区，因此，现在人们所说的普君墟普遍是指普君市场，目前整个普君墟现有600多个正式商铺和摊点，其中规模最大的普君市场拥有1/3的数量，即200多个摊点；规模大小相似的普君南综合市场和普南社区市场有大于150个摊点；就算最小的南苑小区，也还具有50个摊点，可见，普君墟商业规模之大，至今其仍是佛山老城区最大的农贸市场。

二　普君墟作为佛山“商贸初地”的缘起

（一）佛山起源与普君墟的缘起

佛山位于广东省中部，地处珠江三角洲腹地冲积平原，河道纵横，位于珠江三角洲水网地带。晋代以前，佛山处于古三角洲南端临海地带，是一个洲岛渔村，从佛山市中心和石湾之间的六七处贝丘遗址中可以得知，佛山是一个人口密集的聚落。到晋唐时期，西北两江上游沉积面逐渐扩大，位于这两江冲积前沿的佛山逐渐凸显出来，成为浅海、低地，到宋代时，该片地区依旧是浅海低地区，但南宋以后海岸退到南部，佛山便成了陆地。其相对地势依然低洼，河涌众多，是佛山涌和东平河道连接南入广州的通道。唐末五代时，由于芦苞涌和官窑河道的淤浅，西北江通往广州的主航道便转移到佛山涌，加上佛山涌南面与珠三角水路一脉相承，西部连接肇庆、广西、梧州等地的河道，北面与清远、韶关等互连，佛山涌往东出平州进入广州一带河道，因此，以佛山涌为连接通道，形成腹地广阔的水运运输网。佛山因佛山涌而成为南北货物流通的必经之要塞。宋代后，佛山的运输业就取代了昔日官窑的地位，时佛山景象舳舻千里、络绎不绝，所有经东江到广州的货物都需要经过佛山，且清朝时规定所有货物必须以佛山为终点，中途不准卸货，这进一步奠定了佛山在水运方面的垄断地位，佛山由此成为中国南部货物流通和经济往来的交通要津。使佛山的商业得以迅速发展起来。到了明清两代，佛山的商贸量曾超越广州，成为全国首屈一指的“四大名镇”之一。

古代佛山镇内河网密布，有12条河涌纵横交错，围绕着佛山镇，镇内河涌沿岸多建有码头，用来停靠舟船。在以水运为动力的帆船时代，佛山依托其突出的水网营运体系和便利的交通条件，促进了贸易的大发展，并带来了城镇的快速发展。

《佛山忠义乡志》载："时普君墟可乘船通乡，惟高地不浸，故称高地。"可知随着海岸的南移，地势较高的塔坡冈一带慢慢露出水面，形成陆地，相继有疍民定居下来，因此，这里也逐渐形成一定规模的农渔民集聚部落，先民称其为"季华乡"。当时，附近只有塔坡这一片地区处于高地，发生洪涝灾害时并不会使塔坡这片地区受到影响，因此，才会有相对固定的居民聚落。人们在这里生活聚居，也为商贸的出现提供了社会基础，由于对生活的进步和经济发展的要求，再加上稳定的居民流和优越的高地地理位置，使这片地区的物品交易有了滋生的物质条件。同时，由于墟市的产生离不开周边腹地环境的支撑和影响，塔坡墟的形成也经历了一个相对漫长的发展过程，宋代以前，农渔自然经济仍是当地渔村生产的主要方式，生产产出有限，交换很不发达。陈朝时"岭南多数地以米、盐、布等换取异物，俱不用货币"，随着生活水平和生产技术的提高，人们对无法自产的东西产生了需求，而不同家庭所生产的东西也有所不同，人们便开始尝试以物换物，来满足各自的生活需求，于是，商贸墟市开始萌芽，并逐步发展起来。聚落的发展壮大和人们对生活的期望感和满足感增加，人们开始不拘束于自给自足，着手专门生产，以便与更多的人换取更多他们所需要的东西，或者兜售物品，以换取货币，来购买更多的东西。市场空间逐渐出现并发展壮大。

普君墟的形成大抵也是经过这样一个过程。普君墟是由塔坡墟发展而来，塔坡是"佛山初地"，是古时佛山最早有居民聚落的地区之一，且塔坡还建有神祇崇拜的塔坡寺，促进了附近村民的互相往来，村民接触和交流频率的增多为各自需求的匹配创造了机会，塔坡冈的塔坡墟就有了交换基础。墟市建在塔坡冈下，由于当时的商贸市场盛行"货以区聚、街以货名"，于是便称为塔坡墟，后因塔坡寺被毁，在冈脚稍高处另建东岳庙，祀奉普君神，墟市渐渐迁移到东岳庙前，改称普君庙墟。后重建塔坡庙，祀奉普君神，此时的普君庙墟已发展壮大，便统称为普君墟。

（二）产业发展与普君墟的缘起

农业是中国封建社会中最常见的，也是最基础的生产部门，对于市镇的经济发展或扩张具有决定性作用。同时，农业还是其他行业发展的基础，例如手工业和工商业等。到明代初期，由于珠江三角洲冲积平原的深入开垦，当地住民有了耕种的土地基础，开始因地制宜发展农业，并发明了优良而独特的集约式农业经济模式。从单纯以稻谷为主的农业到以桑果基鱼塘等种养型组合结构的转变，带有很强的商品性。一是提供了蚕茧、塘鱼等经济产品；二是促进了手工业发展，因此，家庭对墟市的依赖程度上升，《龙山乡志》载：“用桑叶来养蚕以获取蚕丝，蚕丝可以出售获取货币，而货币的多少主要取决于丝业的市场，但生丝的价格忽高忽低，相差较为悬殊，但不管怎么样养蚕获丝的方式比种植稻田获利得多。”普君墟内的蚕市便是为这些农户服务的，生丝交易也促进了墟市的进一步发展。

佛山手工业发展源远流长，包括陶瓷、铸造、纺织、制药业等行业，最早的陶瓷业可以追溯到四五千年前，在唐代时就已经开始成规模生产，宋代发展到相当高度，这些手工业的兴起与兴盛奠定了佛山城镇及地方经济的发展基础，作为商品交易场所的普君墟自然发挥着媒介的重要作用，从普君墟地下数十米处挖出的大量铸冶后废弃的泥模、铁渣等物，另据地方志中记载的普君墟内设有专业的蚕种市、中成药馆等便可以反映出普君墟的繁兴得益于当时手工行业的发展。

佛山地处五岭之南，中央政府的管控相对薄弱，加之海外贸易自古繁盛，传统的“重农抑商”思想在此影响不大。特别是明代“白沙之学”兴起，主张随处体认天理，大意是说，“人即使在不同的环境中也要体会、实践自己心中的天理”，对佛山士绅阶层的影响很大，佛山的士绅阶层找到了重商、崇商的理论依据，从而推动重商风气的形成。这为商贸在佛山的流行发展奠定了良好的思想及社会基础，促使佛山墟市能够迅速成长。

（三）宗教空间发展与普君墟的缘起

岭南地处南疆边陲，交通闭塞，远离中原地区即儒家文化的核心，在一定程度上延缓和削弱了儒家文化的影响，因此，岭南文化具有更大的张力和灵活性。对儒家正统文化的生疏和游离，使岭南人尤其是大多数普通民众更容易接受各种文化，并把它们改造为适宜本土发展的文化，对于佛教的接受与改造就是其范例。

东晋期间，从海路来到中国的佛教徒，选择广州和佛山作为落脚点，讲授佛经。其一是说明当时已经有相对规模的人口聚居在佛山；其二是说明当地村民对外来佛教的接受程度较高，因此可以得知佛山地区有浓厚的敬神风气，而中国人自古以来就有一种精神寄托传统，寄托于祖先、英雄以及神仙、神灵的保佑，以求得现世幸福、后代发达和来世安康。于是僧人东渡而来结庐讲经之所很快便建设了寺院。寺庙附近的村民也定期前往寺庙拜祭，村民因神祇崇拜而聚集起来，给各自的交流提供了机会，在拜祭的同时互通生活琐事或需求，促进易货动机的产生，随着这种形式的出现以及推广，拥有物料多的村民便会在拜祭的时间段进行摆卖，以便换取自身所需物品。全汉升（1934）认为，“市”的产生与教会或寺庙相关，是在规定的带有宗教性质的时期内可以进行买卖商品的场所。这个时期形成的“市”属于原始墟市，是村民自发产生的、以最基础的易货形态进行买卖，是用以满足双方需求的场所。对神祇的崇拜使人们会聚起来形成香客流，为贸易的产生提供了买方和卖方，渐渐带动寺庙周边的村民一同参与这场物品交易中，推动周边经济发展。

普君墟原本设在塔坡冈上，在塔坡寺附近。塔坡冈因发现三尊铜佛像而被称为“佛山初地”，塔坡寺也因此建设起来，其寺庙影响力在当时可谓是名震全乡，是当时村民前往拜祭人数最多的寺庙之一，于是众多的香客和碰撞的需求交流促进了塔坡墟的出现，塔坡墟也因为位于塔坡寺附近，而成为墟市。据塔坡社区老街坊口述，古时佛山村民对神祇很迷信，特别是当对神祇祈求的愿望实现之后，对于神祇的崇拜和信仰越来越深，对神祇建设和维护投入更多的精力和物力，主要以祭品的种类、数量以及神祇诞会等形式表现出来，这些促进了祭神用品等手工业的出现和作为商品交易场所的塔坡墟的发展。因此，寺庙的产生与发展促进了交换动机的产生，再加上有稳定的人流和固定的场地，就促进墟市的形成。

三　普君墟作为佛山“商贸初地”的流变

（一）由塔坡墟到普君墟

旧时佛山的墟市、街道命名都与其地理位置或所兜售商品有关，正所谓“街以货名”，所以，从墟市的名称变化大抵可以知道墟市的变化情况。普君墟从形成到现在，曾叫过塔坡墟、普君庙墟、太上墟、普君墟、普君旧墟、普君新墟，这些名称的变化与普君墟的地理位置有关系。普君墟的前身是普君庙墟，而普君庙墟由塔坡墟变化而来。南宋时已建普君墟，由于其坐落在塔坡冈，所以，原称塔坡墟。明洪武二十四年（1391）塔坡寺被破坏，于是在塔坡寺附近地区稍高处建东岳庙祀东岳大帝，其又称普君神，因此，附近拜祭的村民开始转移到东岳庙，墟市的商品贸易也随着香客一起转移到东岳庙前，形成新的墟市，称普君庙墟。而塔坡寺原址萧条，杂草遍野，成为邻近孩童放牛、吹笛、引吭高唱之所，久而久之，发展成为佛山古八景之一的“塔坡牧唱”。之后，人口日众，塔坡冈顶慢慢被削低、填平，居民为了纪念塔坡冈和塔坡寺，在冈脚蓑衣街、卖篾巷、文昌大街交汇处的唐代古井前，重建“塔坡庙”，供奉东岳帝君，庙前两侧各有红咪石，上有“佛山初地”“牧唱遗风”笔迹，以为怀恋。塔坡庙又逐渐成为附近乡民祭祀、交易的场所，塔坡墟的墟市范围逐渐扩散到塔坡庙前，古墟新墟连成一片，称普君墟。而塔坡冈片区被开辟为商铺林立、民居遍布、街巷繁多的集市，此一片区内的太上庙前又发展了一个新墟市，为太上墟，属于普君墟。明清时期，普君墟一带的墟市继续扩张，墟内形成四条相对宽大的街道，分别是蓑衣街、线香街、塔坡街和京果街。除此之外，普君墟的规模扩大到包括海味街、卖篾街、线香街、履街、席街、鸡墟、鸭仔廊、布廊、牛肉巷、竹栏等。此后，商品交易进一步发展，旧墟场地不足，于是在墟东面不远处另外开辟场地设立墟市，专门进行农副产品种苗的交易，取名普君新墟，亦作新墟（见图 4－5）。民国以后，城镇空间的扩张和人口数量的增加，普君墟内的许多街道变为民居。墟市的主体在 20 世纪 90 年代初便从普君墟搬到新改建的普君西路，即普君市场，而旧墟市逐渐建设，慢慢便形成住宅区，往日“货以区聚”的现状不再留存，但在空间位置上“普君墟”仍然指的是这一片地区。

图 5－2　各墟位置

图片来源：郑清阳手绘。

（二）普君墟市场地位的发展与流变

塔坡墟起源之初，其墟期为初一、初六日，墟市上除出售蔬果、鱼肉类、日杂和副食品外，以卖布摊居多，另有米、酒、菜籽等店肆。从墟市所贩卖的东西可知其商品结构主要以生产用品和民生日用品为主，生活用品的出售占主导地位，也表明了此时普君墟以服务周边乡民的日常生活为主。明末清初以后，佛山发展成为岭南巨镇，其墟市商贸空间也从周边日常生活空间，进一步细分为服务不同人群、不同区域和不同产品门类的多尺度市场空间。普君墟随着佛山经济的发展和人口密度的增加以及家庭依赖市场的程度增加，其规模和范围逐渐扩大，在墟东另辟新墟以供商品贸易的需要。另外，随着交通条件的改善和单位面积购买力的增大，普君墟的墟期改为每日开市，到清中期时，普君墟已经成为商贸活跃的墟市，南北各种货物，本地各种农副产品、手工业品在这里流通交易，普君墟一派繁荣景象。这种繁盛的市场空间发展，在清末以后，随着佛山城镇的日益衰微而重新回归成为局地意义的市场和墟市空间。

普君墟的发展并非一帆风顺，其市场空间和商贸发展也是起起伏伏的。其中，对墟市影响较大的当属佛山的经济实力和影响度。明清时期是佛山镇的全盛时期，是佛山从一个单一的冶铁业墟市发展成为全国著名的综合性手工业生产中心的时期，是佛山商人和商业贸易极度繁盛时期，是广佛并列形成岭南二元中心市场的经济格局时期，更是佛山在传统手工业方面的顶峰时期。而普君墟受佛山经济大环境的影响，其手工业包括狮头扎做、版画年画、剪纸等名扬国内外，呈现一片繁荣发展的景象。到道光二十年（1840）即鸦片战争以后，洋货迅速抢占国内市场，加上近代海运业的兴起和京汉、粤汉铁路的接轨，佛山的经济地位衰落下来。普君墟受到影响，加之清末民初时，佛山镇商业中心北移，普君墟日趋冷落，其经济已不如明清时期，但仍然为塔坡片区最大的商贸市场。

中华人民共和国成立后，在计划经济时期，由于国家统购统销政策的实施，无论是普通民众还是驻地部队大多每日要到普君市场粮油处或机团处购买，普君市场成为当时附近唯一可以买到物品的市场，其人流量和重要性不可言喻。但普君墟却缩小为普君市场周边的日常生活空间市场，虽然改革开放等政策和社会大环境趋于稳定使经济渐渐恢复，但由于各种条件所限，普君墟已经无法再恢复到其鼎盛时期的风采和荣光。普君市场逐渐成为服务于周边日常生活需要的生活类市场服务空间，而不再具有其繁盛时期的多元商品供销和销售市场空间含义。从城市日常生活市场空间来说，普君市场以物美价廉、种类繁多仍获得居民的称赞和欢迎，即使就当前而言，佛山市内开设了许多鱼菜肉市场，但仍有不少南海甚至顺德的居民每天搭车过来普君市场买卖，足见普君市场在佛山市民心中的地位。

（三）佛山商贸中心转移中的普君墟流变

“未有佛山，先有塔坡”，是对塔坡片区起源发展的概括。在佛山发展之初，普君墟是佛山的经济中心，占据着相当重要的经济地位。然而，明清以后，水运的改善和商贸环境的变化使佛山逐渐发展成为岭南地区重要的手工业、商贸中心。汾江河涌及其周边区域在这种便利的水运条件下迅速成长为市场空间的主要地区，位于市镇边缘地带的升平及栅下由于靠近河道，有着优越的交通条件，所以，经济迅速发展起来。还有由于政治和祭祀因素凸显出来的祖庙片区也迎来了发展的春天，这三个核心地点成为明清时佛山的商贸重心。同时，原本商贸活动繁多的核心地带的栅下，由于河道积塞，商贸发展受到严重抑制，佛山镇整体的商贸空间格局逐渐从南面转移到北面的汾江河两岸地区，商贸重心主要集中在祖庙和升平一带。到道光时期（1820—1850），佛山的升平路、永安路、莲花路一带变成佛山手工艺品制造和商贸中心，行会行馆、商贸业、旅店观光业、物流业极度发达。

对塔坡和普君墟来说，唐宋时期，塔坡是佛山乡村空间的重心。“庐橘杨梅，三墟竞卖。荔枝龙目，六市争光。”可以清楚地说明当时塔坡一带的繁盛程度。普君墟作为三墟之首，在商贸市场中占据一定的社会经济地位。宋元时期，佛山乡村的空间结构依然维持，塔坡墟作为镇内仅有的大型墟市，仍是人口集聚和市场贸易的主要场所，塔坡墟控制着当时整个市场的生产资料分配，是当时乡镇的商贸经济重心。宋元之后，随着移民人口的增加和陆地的凸显，村民逐渐扩大自己的居住版图，从塔坡初地往北面迁移，形成大面积的人员分布。另外，商业意识和行为随着人口的转移而分布，商人往南往北开始星星点点地开展商业活动，南部拓延到栅下一带，而北部则到莲花片区。宋代时，佛山的手工业与铸造业崭露头角，到明清时盛极，此时，栅下、祖庙和汾江一带已经发展起来，并十分繁荣，普君墟此时不再是城镇的商贸重心，但仍然是塔坡片区最繁华的墟场，从以前的市级中心降为区级中心。

第四节　普君墟作为佛山“商贸初地”的想象与建构

一　未有佛山，先有普君

施坚雅的“基本市集区”理论认为，一般来说，中国传统社会中的墟市总是同邻近15—20个乡村有着丝丝缕缕的牵连，这种带有交换因素而构成的有一定规模的单元就是“基本市集区”，是传统社会中最基本的组合体。在这种按期举行的墟市中，居民除可买卖商品外，还能参与社会活动，在此过程中会建立种种社会联系。另外，墟市带给居民的不只是交易经济，还有日常生活需求的实现，如人际交往、文化交流等。同时，除墟市的物品交易能够满足居民需求外，每年的神祇出巡诞会也强化了地区认知，使居民对于社区的认同感和依赖感更强。这样一个有着地缘性或者其他区域观念的市集区，使在这个市集区内的人们更加确定了自我与非我的区别，在贸易和生活中，更倾向于在市集区内活动。所以，普君墟基本市集区范围内的居民对于普君墟的认可度和依赖度赋予了普君墟“商贸初地”的符号。

在基本市集区的基础上，又延伸了中介市集区和中心市集区，它们是以更大、更广的地域范围去圈定单元。随着人口的增长、单位面积购买力的提高及经济的增长，逐渐形成不同市集区，并划分成一个个中介和中心市集区，它们与基本市集区一起构建为传统社会的阶梯性系统。从一定意义上讲，传统经济中的初级市场即上文说的基本市集区起到了在社区范围，甚至更大一些区域内优化资源配置及对农户行为的约束与导向作用。所以，对于普君墟所服务的人群来说，有且只有普君墟能够带来产品的实现价值和经济上的满足，进而农户也更加依赖普君墟的经济输出，以普君墟为纽带形成了一个相对稳定且有一定范围的经济贸易交流圈。

“未有佛山，先有普君。”在墟市和交易空间的想象和建构上，其阐发的主要是塔坡墟市之于佛山市场空间想象和建构的首重意义。通过这样的流传故事弘扬了当地人拥有崇高而圣洁的地望观念，塔坡墟的出现既是由于村落进步到相当规模的结果，又是招引更多村民前往定居的重要因素。由于普君墟是建立在这个居民聚落之中，于是便带有佛山商贸地望的想象和建构，再加上墟市是传统社会中最普遍的经济表征，提到佛山墟市必定提到普君墟，这相对隐含地反映了普君墟的历史地位，进而突出了普君墟之于佛山商贸空间建构的“首重意义”。

二　从墟市首重之地到城市日常生活市场空间

明代以前，普君墟一直是佛山商贸的中心，到明清时期佛山手工业迅速发展后，商业中心才逐渐从普君墟迁移到西北的祖庙和汾江一带，可见，普君墟在明清佛山繁盛发展之前的起步阶段，对佛山当地市场空间而言，具有重要的支配意义。

第一，普君墟是商品交易活动和社会文化活动的地方，到灯节时，铁匠等各色匠人会在墟市中用他们的技艺招徕客人，比如剪发、维修等业务。

第二，除这些服务外，据佛山街道略记载，清代时期，普君墟增设了许多茶楼、酒楼，这些设施提供给居民谈论商务、生活、姻缘、文学等，因此，墟市又为人们的社交活动提供了场所。

第三，普君墟是提供信息服务的场所。墟市中除附近居民外，还有从四面来的商客，这些人为居民通传了外乡动静、当局政策、市场需求等信息。

第四，商品经济发展到一定程度时，会有雇佣关系的资本主义出现，清代时期，普君墟成了劳动力买卖的场所。农忙工利用自己的劳动力帮雇主打理店铺或者搬运重物等工作来换取雇主的佣金，以满足资金的需求。

第五，普君墟又是人们拓宽眼界、排解忧愁的重要地点。墟市是天南海北集聚之处，每到开墟日，墟市上便是车水马龙，许多能人异士汇集在此大展拳脚，或耍大刀，或玩幻术等，若遇上诞会，则唱曲艺人还会举行才艺切磋，场面好生热闹，这种娱乐的呈现与精神上的满足展示了当时的社会形态与人们生活。

总之，普君墟在当时的作用，一是为村落间、城乡间的商品流通起到了桥梁作用；二是为当时人们的社交、物质和精神生活提供了多样化的保障。

从明清鼎盛时期到中华人民共和国成立之前普君墟经历的发展起伏，其核心表现在于其从地区的商贸空间跌落为城市空间内部的日常生活市场空间。普君墟演化成普君市场及周边其他市场，既反映了市场地位的下降，同时也说明普君墟以新的形式延续了其生机和活力，给普君墟带来新的延续。

第六章　琼花会馆：佛山“粤剧（艺文）初地”

第一节　会馆及琼花会馆

一　会馆

会馆是中国明清时期都市中由同乡或同业组成的封建性团体。始设于明代前期，“会馆之设，始自明代，或曰会馆，或曰试馆”。[①] 嘉靖、万历时期趋于兴盛，清代中期最多。它是帝制时期特定的社会自我管理组织。帝制晚期大量出现的工商业会馆，对于保护工商业者的自身利益起到了一定的作用。但是，会馆与乡土观念及封建势力的结合，也阻碍了商品交换的扩大和社会经济的发展。会馆最初主要是同乡会馆。明代初期，洪武帝朱元璋为维护其统治，加速了不同地域人群的空间迁移，加上因为科举制度离乡外出的人比较多，“离乡背井”和“恋乡之情”让有共同家乡的人群聚合在一起，逐渐形成了同乡会馆。同乡会馆就是同乡人的归属地。明中期以后，佛山工商业发展渐入佳境，不仅百业遍及，更有外来人口的源源迁入，大量的外来人口和工商业兴盛，使各地客商和乔寓人流有了组织会馆或行会的客观需要。“乡仕会馆”是佛山最早的同乡会馆，据现有碑刻资料考证，其设立于明天启年间（1621—1627 年）。佛山最早设立的工商业会馆则

---

① 李景铭：《闽中会馆志》卷首“陈宗蕃序”，转引自王熹、杨帆《会馆》，北京出版社 2006 年版，第 38 页。

是雍正二年（1724）的金箔行会馆。

二　琼花会馆

粤剧又称“大戏”或者“广东大戏”，发源于佛山。唐代以前，佛山的表演艺术已有较多类型，明初佛山已有“杂扮故事”“七月七之演戏”等戏剧表演记载。明嘉靖时期，粤剧开始出现，它是融合明清以来流入广东的海盐腔、弋阳腔、昆山腔、梆子等诸腔，并吸收珠江三角洲的民间音乐所形成的以梆子、二簧为主的我国南方一大剧种。粤剧的起源和发展，主要依赖城镇工商业发展、经济繁荣和大量闲散人口的聚居，当一个地方经济发展、人口集聚到一定规模，城镇的文化消闲需求有了较大缺口后，文化消闲类活动才有发展繁衍的社会经济基础。粤剧在佛山的起源、繁荣就充分说明了这一点。明代中期以后，佛山镇工商业发达，流寓人口众多，致使佛山民间演戏活动繁盛，本地戏班相继出现。嘉靖年间（1522—1566），佛山镇建立了戏行会馆，称为琼花会馆，馆址设在佛山大基尾，因供奉戏行祖师“华光”，故又称为琼花宫，为本地戏班艺伶排练、教习、切磋艺术之地，也是当时戏班管理的机构。作为粤剧的行会，琼花会馆有较为严格的管理制度，会馆内设慎和、兆和、庆和、福和、新和、永和、德和、普和八堂，分别统管所属会众。琼花会馆表面上是粤剧艺人练习、排练，演戏以及进行祭祀的场所，甚至有学者说它是天地会的“根据地”。实际上，琼花会馆是戏行的社会组织，对粤剧行业起规范监督作用，即相当于我们现在的“行业协会”，属于该行业的民间社会组织，同时兼有行业管理的地方治理者的身份，对行业有很大的管理权力。佛山琼花会馆是最早的粤剧行业组织，至今，粤剧行内仍有“未有八和，先有吉庆，未有吉庆，先有琼花”之说。琼花会馆的出现，说明佛山已成为当时粤剧发展的中心。

琼花会馆坐落于“优船聚于基头，酒肆盈于市畔”的大基铺（佛山市红强街区），其附近的水埗头边有一石碑，上刻“琼花水埗”四个字。艺伶在水埗上落戏箱，乘船到各地演出。会馆建筑方面，当时琼花会馆可算得上是佛山镇众多会馆之冠：根据《佛山忠义乡志》记载：“镇内有会馆凡三十七，琼花会馆建筑瑰丽，为会馆之最。”“梨园歌舞赛繁华，一带红船泊晚沙。但到年年天贶节，万人围住看琼花。”可见当时琼花会馆之华丽繁华。会馆门口有四根大柱，还有一个亭子，门口的牌匾是“会馆”两字，全馆面积比当时祖庙还大，共分三进：第一进是钟鼓、拜亭，左右有厢房，继后是一个十丈有余进深的大天井，继后有可拆可合的临时舞台，可容不少观众看戏；第二进是琼花宫大殿，大殿前是天阶；第三进是会所、会议室，传说曾经是天地会秘密集会活动据点。华光诞时，戏行中人会聚琼花宫大殿祭祀华光帝。当时，琼花会馆俱有泊戏船，并设有伶人报赛之所。每逢酬谢神恩时，七八个戏班合演，非常热闹。

咸丰四年（1854），粤剧艺人李文茂响应太平天国起义，在佛山经堂古寺率领梨园弟子，编成文虎、猛虎、飞虎三军。起义失败后，清政府对参与起义的佛山伶人、僧众等展开灭绝式屠杀，佛山粤剧也遭禁演，琼花会馆更被焚毁一空。同治七年（1868），两广总督瑞麟为母亲祝寿，选戏班演戏助兴，粤班名角武生邝新华、花旦何章（人称钩鼻章）等艺人应征入府演戏，大获成功，博得总督称赞，邝新华、何章趁机向总督请求解禁粤剧。同治八年（1869），兰云向清廷奏准粤剧解禁，粤剧戏班于是再次得获复业。其后，随着广州粤剧团的发展，邝新华等粤剧艺人倡议在广州建立八和会馆，取“和翕八方”之意，以代佛山琼花会馆，粤剧活动中心遂转至广州，而佛山也变为各戏班巡回转接的中心地点。

三　琼花会馆的建筑

琼花会馆是佛山历史上有名的建筑，但有关的乡志和历史文献对琼花会馆外形、规模大小、空间结构的记载语焉不详。现见最多的描述仅为对琼花会馆规模的说法：所谓“会馆之最”，然而其“最”在何处，以何为“最”等具体说明则非常匮乏。按现有文献记载，琼花会馆“门口有四根大柱”，属于标准的五开间建筑。其内部空间沿轴线依次布局是：钟鼓楼、戏台、琼花宫、会所，两旁还有厢房和巷子，主体建筑的平面布局就是三进院落四合院式。明清会馆建筑基本布局，一般来说，小型的会馆是由戏楼、正殿和厢房构成的普通四合院布局。中大型的会馆会按主、辅轴线进行布局，形成多进院落的布局，可见此一时期复建的民国时期琼花会馆，应属于中大性行业会馆。而佛山粤剧以及琼花会馆的巅峰是在明清时期，由于它的时代背景差异，可推出其格局规模的演变，明清时期的琼花会馆应该比民国时期规模还要庞大，所以，会有“会馆之最”之称。而“钟鼓楼”、供奉华光大帝的“琼花宫”的存在，告诉人们行业会馆并不是单一功能的建筑群，而是集戏台娱乐、庙宇祭拜、行业管理于一体的建筑综合体。同时，民国时期的琼花会馆“第一进至第二进之间相距十丈有余”。也就是33米以上，而祖庙灵应牌坊到三门的距离只有32米。以此类推，琼花会馆总体建筑规模应该稍巨于祖庙，这也从一个侧面反映了当时琼花会馆的繁华恢宏，足见其在佛山粤剧界的重要地位。

第二节　琼花会馆作为佛山“粤剧初地”的缘起与流变

一　琼花会馆作为佛山“粤剧初地”的缘起

（一）佛山粤剧的起源及得名

先有行业，才有行业组织；要研究琼花会馆作为佛山“粤剧初地”的缘起，就要对粤剧的发展和起源进行分析，而佛山粤剧的起源与佛山城市社会经济发展密不可分。王国维先生给戏剧的定义为“以歌舞演故事”①，故中国戏曲的起源，即为民间的歌舞活动，原始社会没有戏曲，但彼时已存有歌舞，《尚书·舜典》就有“典乐，教胄子，予击石附石，百兽率舞”。② 通过这段歌舞的描写，可以看出一幅原始社会时期猎人游猎山林、满载而归后的喜庆之景。“粤俗好歌，凡有喜庆，比唱歌以为欢乐。”③ 广东民间的原始歌舞，较为流行，但

---

① 王国维：《宋元戏曲史》，百花文艺出版社2002年版，第132—133页。

② 《尚书·舜典》。

③ （清）屈大均：《广东新语·乐语》。

带有较为明显的仪式性和宗教色彩，表达的是人与自然神灵沟通中的一种愿望和情愫，汉《礼乐志》载："武帝定郊祀之礼，乃立乐府，采诗夜诵，有赵、代、秦、楚之讴"，讴作为一种音乐题材，南越国即有"越讴"。西汉惠帝时，越人张贾因"能为越怄"①，而受到人们的喜爱。越讴就是广东地区的一种民间歌谣，唐刘禹锡在其《插田歌》中，写有"齐唱田中歌，嘤咛如竹枝"②，描绘的就是粤北连州地区农民劳作即兴解乏之歌。唐代，张九龄开大庾岭梅关古道，沟通了岭南与中原的交流渠道，中原华夏的衣冠习气渐之而入，唐宋两代，广州城北的将军庙"岁为神会作鱼龙百戏，共相赌戏，箫鼓管弦之声达昼夜"。③ 至明初，广州已成为岭南商贸巨城，其管弦歌舞盈日：

岭南富庶天下闻，四时风气长如春。
长城百雉白云里，城下一带春江水。
少年行乐随处佳，城南濠畔更繁华。
朱帘十里映杨柳，帘拢上下开户牖。
闵姬越女颜如花，蛮歌野曲声咿呀。
奇峨大舶映云日，贾客千家万家室。
春风列星艳神仙，夜月满江闻管弦。
良辰吉日天气好，翡翠明珠照烟岛。
乱鸣鼍鼓竞龙舟，争睹金钗斗百草。
游冶流连望所归，千门灯火烂相辉。
游人过处锦成阵，公子醉时花满堤。
扶留叶青蚬灰白，盆订槟榔邀上客。
丹荔枇杷火齐天，素馨茉莉天香国。
别来风物不堪论，寥落秋花对酒樽。
回首旧游歌舞地，西风斜日淡黄昏。④

① 张蓉芳、黄淼章：《南越国史》，广东人民出版社2008年版，第301—303页。

② （唐）刘禹锡：《刘宾客文集》卷二十七《插田歌》，《四库全书本》。

③ （清）史澄：（光绪）《广州府志》卷一六零《杂录》，光绪五年（1879）刊本。

④ （明）孙蕡：《南园前王先生诗》卷二《广州歌》，中山大学出版社1990年版，第48页。

可见，明代早期，广东已有专业的歌舞戏曲女艺人，其数量尚且不少，演戏也颇具规模，她们的聚居地为广州城南的“城南濠畔，朱帘十里”。这些艺人中，不仅有本地艺人，也有闽地等外省艺人。这表明东南沿海的歌舞戏曲也已传入广东，各省戏曲相互交流，逐渐培育了广东地方戏曲。

对于粤剧来说，在其来源上，其主要在融合弋阳腔和广东地方民间音乐的基础上，吸收了其他戏剧的唱腔和表演方式，并在发展中不断优化以适应地方观众的需求，从而形成了具备浓郁岭南特色的戏剧。这种具有岭南特色的南音之戏之所以在广州、佛山一带率先出现并渐次推广，与广佛地区的社会经济发展和人口流动密切关联。宋代以来，佛山逐步发展成为地区商贸墟市中心；明中叶以后，广东经济持续发展繁荣，南海县粮食产量高居全国首位，佛山是“两广铁货所都，七省需焉”。广州更是“番夷辐辏”“天下商贾聚焉”的港口大都会，富庶的广东，既为外省戏曲南下传演，提供了市场空间，也为本地戏曲的形成，提供了坚实的物质支撑。明中期以后，佛山渐成工商业、手工业茂盛的岭南重要市镇，景泰年间，佛山已经“几万余家”，四方商贩云至，使佛山市镇规模和空间快速增长，产业类别和商品门类繁多，成为岭南重要商贸中心。清代以后，佛山城市和产业继续繁荣，各地商贩涌入佛山者，如过江之鲫，这些外省客商，在佛山多建有会馆，如山陕会馆、江浙会馆、江西会馆、楚南会馆、莲峰会馆等，本省和外省商人的落户及寄居，增进了佛山镇的全面繁荣，以致当时佛镇规模，甚至可比肩京师：“冲天招牌，较京师尤大，万家灯火，百货充盈。”其工商业繁荣鼎盛时，有300多个行业行会、18省会馆和23家洋行。户数超3万家，尚不包括赤贫流民。这种城市人口的集中和增多，为地方戏曲的产生和发展提供了社会基础，加上官宦乔寓，商人行商和非农人口的空间集聚，使佛山戏剧班底的成长和发展得到了良好的社会经济基础支撑。清代佛山镇百业兴盛，演剧之风尤甚于会城，据《佛山忠义乡志》载：“三月三日，北帝神诞，乡人赴灵应祠肃拜，各坊结彩演剧，日重三会。鼓吹数十部，喧腾十余里。二十二日，天妃神诞，演剧以报。四月十七日，‘金花夫人神诞。五月初八日，龙舟夫人神诞。六月初六，普君神诞。演剧，凡一月乃毕。八月望日，会城喜春宵，于是征声选色，角色争奇，被妙童以霓裳，肖仙子于桂苑，或载以彩架，或徐徐步行，鼓乐轻敲，丝竹按节，此其最韵者也。'；九月二十八日，华光神诞。集伶人百余，分作十对，金股震动，艳丽照人。十月晚，谷收，乡人各演剧，以酬北帝，万福台中，鲜不歌舞之日欤。"《中国戏曲志·广东卷·佛山分卷》载："乾隆盛世，广东工商业发展，经济繁荣，为满足达官贵人享受之需，珠江河上花艇遍布，入夜之后，灯影闪烁，弦歌阵阵，盛况不减秦淮，佛山大基尾田边街，泊有紫洞艇十余艘，分成广州、潮州、扬州（后改为南词班）三班互相竞争，潮、扬二班'南词说唱古今书籍，编七字句，坐中开口弹弦子，打横者佐以扬琴'。这种有伴奏的说唱，比起广州帮唱木鱼，显得更为动人，为了招徕客户，广州帮便在木鱼、龙舟的基础上，吸收南词和潮曲的长处，合一炉而共冶，几经变化，创造了粤调新声南音。"[①] 这种南音的粤剧得名，争论日久。余勇认为，其可能与外洋演出有关："粤剧的称谓时间并不长，历史上，粤剧曾有许多称谓，如土戏、本地班、广腔班、广府戏、广东大戏、锣鼓大戏等，粤剧的得名，可能与粤剧班出洋演出有关，本地班在广东演出时，人民一般称为'广腔'或'广府戏''大戏'，但在国外，外国人与华侨把大戏或'广府戏'称作'Cantonnese Opera'，而'Cantonese'就是广州话，广府话的称谓，Opera意为戏曲剧，合起来即为'粤剧'。光绪二年（1876）广州成立'八和会馆'（粤剧同业公会），由此粤剧名衔开始流行起来。"

（二）琼花会馆作为佛山粤剧行业公会的确立

作为岭南地方戏剧的粤剧，其发生传承中，经历过几个大的波折期：粤剧的波折中，首先遇到的是本地班与外江班的竞争。在竞争初始阶段，外江班因为其丰富的展演技巧、知名度和人脉积累，占据着岭南上层社会的大雅之堂，外江班受当时统治阶级、上层社会的青睐

---

① 中国戏曲志编委会编：《中国曲艺志·广东分卷·佛山分卷》，中国 ISBN 中心 1993 年。

和呵护，能在城市登大雅之堂，各类官宴赛会“皆系外江班承值”①；而本地班则“久申厉禁，故仅许赴乡村搬演”。② 无论生存条件或活动环境，两者之间都存在天壤之别，但对岭南地区（尤其是广府地区）草根社会来说，地方看戏之风极为强烈。乾隆年间，新会知县王植《论禁纠钱演戏》一文说，“每见阳戏之家，多非安分之人，财物竭于倡优，子侄易于浮荡，亦何不从农工贸求本业，而甘为男优女倡之领袖乎？本署县每闻喧唱之声，即有靡财滋事之惧，触耳心恻，实不乐闻”。王植是清康熙进士，乾隆元年至六年新会知县，后调署香山县，此文作于乾隆三年，是时新会城里“锣鼓之声，无日不闻，街僻之巷，无地不有”。③ 可见演戏之盛。在草根社会强烈的观演戏曲的主体需求促动下，本地班一方面积极扎根乡野社会观演市场，积极深耕，并致力于在表演形式、戏剧内容等方面主动迎合草根社会的观戏心理：“其由粤中曲师所教，而多在郡邑乡落演剧者，谓之本地班，专攻乱弹、秦腔及角砥之戏，角色甚多，戏具衣饰极炫丽。伶人之有姿首声技者，每年工值多至数千金，逐日演戏，皆有整本，其情事串联，足演一日之长，然曲文说白，均极鄙俚，又不考事实，不讲关目，架虚梯空，全性臆造，或窃取演义小说中古人姓名，变异事迹，或袭其事迹，改换姓名，如开场首出，必系叛酋入寇，边将鏖战，继则议国是于大庭，党分牛李，设阴谋于私邸，迹类操温。”④ 以乡野草民所能理解的方式讲故事、演故事，使本地班逐渐掌握了竞争的主动权，并经过相持抗衡后取得全面的胜利，最终使外江班悄然离去，本地班从此在岭南大地扎下根来，枝繁叶茂，生生不息。

“未有八和，先有琼花”奠定了琼花会馆的重要地位，琼花会馆的出现象征着本地班的壮大以及佛山粤剧的成熟。明清时期，佛山经

---

① （清）俞洵庆：《荷廊笔记》卷二《清代广东梨园》，光绪十一年（1885）刻本，国家图书馆藏本。

② （清）杨懋建：《梦华琐簿》，收录于张次溪编撰《清代燕都梨园史料·正续编上》，中国戏剧出版社 1988 年版，第 350—352 页。

③ （清）王植：《崇德堂集》卷八，崇文书局清同治八年（1869）版。

④ （清）俞洵庆：《荷廊笔记》卷二《清代广东梨园》，光绪十一年（1885）刻本，国家图书馆藏本。

济繁荣，商贾云集，是全国“四大名镇”之一以及南北贸易中心的“四大聚”之一。至清乾隆时期，佛山的城市整体格局逐渐趋向完整，主要街铺基本出现，沿汾江商业区基本成熟。商贸繁荣和城镇的发展带来了更多的人流和文化消费需求，为佛山琼花会馆的出现奠定了坚实的经济和社会消费基础。明代中后期，随着本地班在地方戏剧展演上优势的进一步巩固，琼花会馆始建，其确切的修建年代，目前仍有多种说法，按香港胡振先生的研究，琼花会馆最早应该修建于明嘉靖时期，在其著作《广东戏剧史略·红伶篇》第三卷中，有这样的记录文字：“我曾看过康熙版的《佛山忠义乡志》，志中写着‘琼花会馆，为佛山会馆之冠（当时佛山有一三十七间各省市在佛山设立之会馆），属于戏行会馆，建筑瑰丽’，该志书中还写道：‘该馆建于明嘉靖年间（1522—1566年）。’[①] 乾隆《佛山忠义乡志》的佛山地图上标注了琼花会馆。”这对当时会馆林立的佛山镇来说，具有强烈的地标意义。首先，从位置上说，琼花会馆修建之地位于汾水铺大基尾，其门楼正面正对汾水渡码头，在当时以风帆及人力资源为主要动力的年代，水运对于城市来说，极为重要，而琼花会馆矗立于城市最重要码头的当面，“优船聚于基头，酒肆盈于市畔”[②]，足见其是作为当时佛山镇城市地标之物而出现和存在的。其次，众多大小会馆中《佛山忠义乡志》唯独标注了琼花会馆，可见其繁华之盛、名头之亮。最后，通过比较清代工商业会馆与固定戏台空间分布，可以发现，沿汾江河岸沿线，工商业会馆和固定戏台之间存在较高的空间重合现象。

这种高度重合的原因，首先，由大基尾在佛山城镇交通勾连上的重要位置所决定。工商业货运依托河流而布局，戏台布局则主要依人流密集性而展开，并兼顾佛山剧班经由水运而四处巡演的特征。由此就形成了戏台和工商会馆相依相存的关系。正是大基铺交通方便。水运发达，琼花会馆才会起源于此。其次，工商业会馆密度高的地方除

---

① 胡振：《广东戏剧史略·红伶篇》第三卷，广东人民出版社1987年版。

② （清）陈炎宗：（乾隆）《佛山忠义乡志》卷十二《习尚》，广东人民出版社2005年版。

了说明经济繁荣，也透露着这里人口众多的信息，只有人流量大，才能带动商业的发展。而粤剧的发展、固定戏台的建立也需要人口做支撑，只有人口众多，他们对娱乐的需求才会多，进而对戏台的需求增多，粤剧表演时才会有“万人围观”的景象。最后，会馆是一座综合体建筑，会馆、戏台和庙宇三者相互依存。很多工商业会馆内也有戏台存在。例如，位于汾水铺的颜料行会馆就有戏台存在，清乾隆三十二年，“会馆演戏失火，毙数百人”。琼花会馆的修建既是粤剧繁荣所致，也是行业在经历高速发展后，要求必须有统一的公会来进行综合管理的客观情况所决定的。据《佛山忠义乡志》载，“三月三日”的“北帝神诞”、“二十二日”的“天妃神诞”、“四月十七日”的“金华夫人神诞”、“五月初八日”的“龙舟夫人神诞”、“六月初六”的“普君神诞”以及“九月二十八日”的“华光神诞”① 都是金鼓震动，伶人会聚演戏，可见，佛山镇的大小节日期间，人们除了祭拜，就是看戏，看戏已经成为人们不可或缺的活动。这种粤剧的高速发展，使琼花会馆的出现成为必然。

就琼花会馆的功能意义来说，其始建之初，就体现了其与其他会馆功能相异的特征。一方面，琼花会馆成为伶人值祭的重要场所：每年的华光诞，戏行伶人集中在琼花会馆里面的琼花宫大殿祭祀华光帝。杨懋建的《梦华琐簿》云：“广东佛山镇琼花会馆，为伶人报赛之所，香火极盛。每岁祀神时，各班中共推生脚一人，生平演剧未厮役下贱者，捧像出盒入彩亭。数十年来，唯武小生阿华一人捧像，至今无以易之。阿华声容技击，并皆佳妙，左部岁中岁体盖千金云。”② 由此可见，当时琼花会馆的影响非同一般会馆。另一方面，琼花会馆地处佛山东北角，是东面船只进入佛山的必经之路，不到几百米，就到佛山著名的商业区——汾水铺，形成了南有祖庙、东有琼花会馆的标志性建筑，凸显了琼花会馆作为城市地标和行业管理公会等的多重功能。

---

①（清）吴荣光：（道光）《佛山忠义乡志》卷五《乡俗志》，岳麓书社 2017 年版。

②（清）杨懋建：《梦华琐簿》，收录于张次溪编撰《清代燕都梨园史料·正续编上》，中国戏剧出版社 1988 年版，第 245 页。

二 琼花会馆作为佛山“粤剧初地”的流变

(一) 从行业公会到“叛乱源地”

琼花会馆作为清末天地会起义的佛山策源地，跟其修建似有渊源。对琼花会馆的起源，麦啸霞在《广东戏剧史略》中写道：“雍正继位为时甚暂……时北京名伶张五号摊手五……易服化装，逃亡来粤，寄居于佛山镇大基尾……以京戏昆曲授诸红船子弟，变其组织，张其规模。创立琼花会馆。”① 张五其人，传闻是京城地区红花会乱匪的重要头目，因在京城遭受通缉甚紧，不得已才私下佛山，其在佛山盘踞期间，利用自己精通京剧等北方戏剧的优势，广为收徒，传道授教，创立琼花会馆。对此一说法，也有研究者认为不实。② 不管此一说法是否属实，琼花会馆自其创建伊始，由于其立足于地方草根阶层的天然属性，其领导的行业公会和伶人团队有天然的革命和反叛精神，李文茂长期饰演历史上的义士、豪杰等角色，戏剧中历史人物的英雄气概、路见不平、拔刀相助的江湖义气，对于激发他反对异族统治的思想，起到了潜移默化的作用。这种思想在他的行动中也充分地体现出来，他利用粤剧这个表演阵地，表现他反对清廷及其屈辱的卖国行径的思想，曾经编演了一批反映现实生活和革命斗争的剧目，如他编演的歌颂三元里人民英勇抗英的《三元里打番鬼》等剧目，他还将官吏等角色由俊扮改为丑扮等，既是李文茂革命思想的具体表现，也是对封建统治者极为憎恨的思想流露。也正是在这种革命思想和对压迫体制的不服从意识，使琼花会馆自其成立之初，就站在了官方朝廷的对立面，这种对立在李文茂主理琼花会馆事务时到达顶峰，并直接导致了琼花会馆的毁弃和消灭。在戏剧的发展过程中，粤剧曾两次遭禁，一次是自嘉庆以来，湖北、四川、陕西及河南诸省交界地区，连年爆发白莲教起义，农民斗争的烽火不断燃烧，于是清政府出于巩固其统治的需要，在嘉庆三年（1798）、四年（1799）连年发布禁演

---

① 麦啸霞：《广东戏剧史略·红伶篇》第三卷，广东人民出版社 1987 年版。

② 胡振（吉冈先生）：《广东戏剧史·红伶篇之二》，广东省广州市戏曲改革委员会馆藏 1995 年版。

花部诸腔的通令，在嘉庆三年（1798）的禁令中，指明“起自勤、皖，而各处辗转流传”的乱弹、梆子、秦腔、弦索等就是“严行禁止”的对象，规定，“嗣后除昆弋两腔照旧准其演唱，其外乱弹、梆子、弦索、秦腔等戏，概不准再行演唱”。① 粤剧也在被禁止之列。第二次是李文茂起义失败后，粤剧遭禁，粤剧艺人遭到“灭种”的屠杀。“会城罕京戏，所谓本地班者，院本以鏖战多者为最，犯上作乱，恬不知耻，李文茂者，优人也，咸丰四年，竟率其党倡乱，及败，乃潴其馆曰梨园者，严禁本地班，不许演唱。”② 李文茂起义失败，使琼花会馆从之前的城镇地标和行业管理公会地位，一下子跌出云端，琼花会馆作为佛山镇天地会起义的策源地而受到清廷的无情扫除：会馆被毁弃，会众伶人被通缉擒拿问斩，粤剧也从此遭到严厉禁演。这种局面导致佛山镇粤剧艺人要么流落他乡，要么从粤入京，转行从事京剧等北方戏剧的表演。

（二）从粤剧解禁到民国复建

粤剧遭禁后，粤剧艺人在逆境中奋起，同磨难进行了顽强的抗争，它“挂京演粤”“插掌子”、瞒上不瞒下，仍不断活动，以致“咸丰、同治年间，屡经有司张示申禁，乃官府之功令虽严，而优孟之衣冠如故”。③ 至同治七年（1868），两广总督瑞麟为母亲祝寿，选戏班演戏助兴，粤班邝新华、何章（人称钩鼻章）、大和、师爷伦、鬼马三等艺人应征入府演戏，博得称赞，邝新华、何章趁机向总督请求解禁粤剧。同治八年（1869），兰云向清廷奏准粤剧解禁，粤剧戏班获得复业。粤剧伶人经过数年的艰苦奋斗，合和八方，粤剧终于得以中兴，并以燎原之势，蓬勃发展。再次兴盛起来的粤剧，尽管其行业公会迁至广州，但佛山粤剧名伶和从业人员却以复建琼花会馆为追求，至民国初年，佛山琼花会馆复建落成，琼花会馆作为佛山本地伶

---

① 《苏州老郎庙碑记》，（嘉庆）《钦奉谕旨给示碑》，载江苏省博物馆编《江苏省明清以来碑刻资料选集》，三联书店 1959 年版。

② （清）俞洵庆：《荷廊笔记》卷二《清代广东梨园》，光绪十一年（1885）刻本，国家图书馆藏本。

③ 同上。

人的精神寄托和信仰空间被重新建构与确立。佛山琼花会馆复建成功之后，由于民国岭南地区社会经济状况和城镇空间结构的变化，随着粤剧剧团纷纷出走广州，佛山本地粤剧的影响力相对下降，琼花会馆也沦落为仅有局地意义的普通会馆。这种状态持续到中华人民共和国成立之初。

（三）从破除毁弃走向浴火重生

中华人民共和国成立之后，随着新生政权对传统文化的全方位改造政策的推行，佛山地方传统粤剧展开了以社会主义核心价值体系为内容的改造，组建了新的表演团体，该艺术团体也因为创新性剧目的推出和公演，获得了相对广泛的社会影响力。此一时期，琼花会馆所代表的传统公会势力和制度，受到全面抑制，琼花会馆也从建成之初的城镇地标和行业公会基地，彻底沦为普通破败且负面典型的旧世界的物件，并随着“破四旧”和“文化大革命”的冲击，彻底被毁弃。改革开放以后，随着思想认识的拨乱反正，传统文化受到了再次重视，并随着地区社会经济文化的逐步改善而愈益重视。进入 21 世纪以后，佛山市开始重拾旧日城市之光的历史城市重塑和再造之路，通过系统的“三旧”改造和街区保护，重建了琼花会馆。

第三节　琼花会馆作为佛山“粤剧初地”的想象与建构

一　琼花会馆作为佛山“粤剧初地”的想象

（一）城镇地标

粤剧的成熟促使琼花会馆的修建，而琼花会馆的修建则代表着佛山城镇社会文化发展进入了一个前所未有的繁华时期。“万人围住看琼花”“琼花会馆，俱泊戏船”“极甚兴闹”。这些极尽渲染的文字和描绘，足见当时琼花会馆繁华和粤剧影响之大，粤剧戏班红船如织，整个佛山镇呈现出一派歌舞升平的景象。在娱乐如此单一的帝制晚期，通过琼花会馆的牵引和带动，就可以做到使红船如织，汇聚大量的观演人群和观众，既可见当年粤剧行业的繁荣程度，也可见琼花会馆作为当时佛山人最喜欢的娱乐场所具备消费导引能力和消闲方式推广能力。乾隆年间，连当时官府的文书也对演戏风气之盛表示无奈并感叹，“城外河下，日有戏船”；且粤剧表演的锣鼓之声旦夕不止，日日喧嚣，也没有引起当时佛山镇居民的不适和抗议，足以昭示当时琼花会馆及其所展演的粤剧艺术形式，是佛山地方民众最主要的日常娱乐和消闲方式。说明当时人们对琼花会馆的想象和认知都是将琼花会馆作为城镇日常娱乐活动的主要源地、重要的观剧场所和佛山城镇首屈一指的城市地标景观。

琼花会馆作为明清时期佛山城镇地标景观的另一个标志，还和粤剧伶人四乡巡演所乘的红船码头有关。琼花会馆正对的汾江埠头，即现存的“琼花水埠”所在地，是当时佛山粤剧班出走四乡巡演的重要上下船埠头——琼花会馆坐落于现佛山市红强街区 152 号和 122 号的位置，坐北向南，会馆门口有河，河边有石阶，石阶用长约 1.5 米厘米、宽 50 厘米、高 70 厘米的红砂岩石块砌成。全长有二三十米。琼花会馆五开间、三进深，会馆临河左右侧均有码头，古时称为埗头，右侧码头为琼花会馆戏行专用，各个戏班上落戏船都使用这个码头。左侧码头是提供货品上落用和渡口横水渡，较右码头宽一些，“琼花水埗”石块就在水场的右侧。在当时，埗头是要用钱购买的，能有一个命名“琼花水埗”的埗头，应是相当了不起，这同时说明，佛山粤剧本地班发展规模大，琼花会馆昌盛。“琼花会馆，俱泊戏船。”“每逢天贶，各班集众酬愿，或三四班会同唱演，或七八班合演不等，极甚兴闹。”这种埠头景观与琼花会馆本身的结合，就使其成为当时佛山镇最为热闹、喧嚣的娱乐中心。

从当时佛山镇戏台的分布及空间位置，也可以看出琼花会馆作为镇域空间表演舞台的中心地位。据统计，清代佛山固定戏台就有 30 余座（见图 6－1 和表 6－1），戏台分布比较密集的地方就是沿着汾水河畔，也就是琼花会馆旁边的富民铺、汾水铺附近。这从一个侧面说明戏台及其班底的演唱必须与粤剧班的红船文化相结合，为适应红船随时下乡演出的客观需要，戏台必须邻近汾水河畔，故此，戏台多沿汾水河沿岸的几个铺集中分布。同时，戏台及其班底也始终必须以琼花会馆为中心来进行空间布置，作为佛山镇粤剧的行业公会所在地，琼花会馆很好地扮演着协调者、督导者和指引者的综合功能，佛山镇所有戏班的活动组织，尽管首先是自发行为，但其在事实上依然受到信息来源更为全面和权威的琼花会馆的建议及指导，红船巡游是粤剧传播和发展的动力之一，而沿江靠水就是为了方便红船到四乡巡游，所以戏台多建在水边。当不同戏班的业务活动或者其他民事纠纷需要行业公会进行协调处理时，行业公会的处理人，应该是以到达各戏班所在位置的空间距离最短为佳，这也使其他戏班在搭台唱戏时必须考虑要围绕着琼花会馆来进行合理布置。

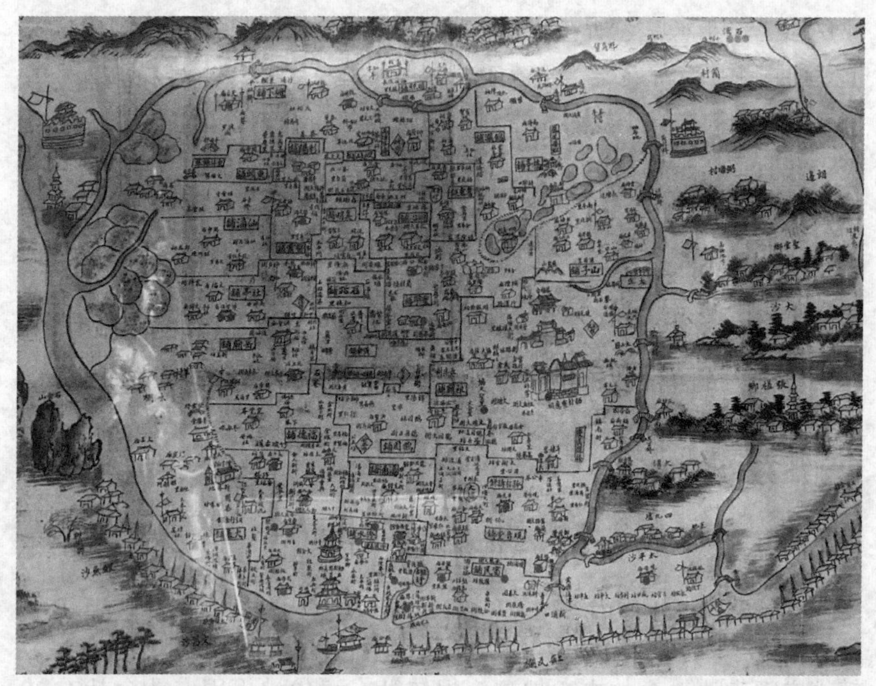

图 6－1　清乾隆年间佛山镇的主要戏台及其空间分布

资料来源：乾隆佛山忠义乡绘。

表 6－1　　清代佛山固定戏台不完全统计

序号	所在建筑物	地点	史料依据
1	琼花会馆	大基铺东胜街	乾隆十七年《佛山忠义乡志》地图中标有此会馆，1984 年文物普查记录，该馆内有戏台
2	祖庙	祖庙内	方志载始建于顺治十五年，原称华封台，康熙二十三年改名万福台
3	盘古庙	富民铺盘古街	始建年代不详，方志载乾隆三十三年重修后，已有戏台，碑记载有“舞榭歌台”
4	观音庙	上沙三宫坊	道光十年《佛山街略》有载
5	南擎观音庙	汾水铺善门街	道光十年《佛山街略》记载，庙前有戏台
6	华光新庙	观音堂铺富路坊口	道光十年《佛山街略》记载，庙前有戏台
7	国公古庙	丰宁铺新安直街	庙始建于明，康熙、乾隆、道光、同治及光绪等朝重修，同治年间重修碑记载，庙前有戏台
8	山峡会馆	富民铺升平街	始建于乾隆四十五年，道光三十年重修碑记载，有重修“歌台”等项
9	江西会馆	富民铺豆豉巷	会馆又称“万寿宫”，道光《佛山忠义乡志》有载，1984 年文物普查记录，该馆内有戏台
10	莲峰会馆	汾水铺长兴街	道光《佛山忠义乡志》有载，1984 年文物普查记录，该馆内有戏台
11	颜料行会馆	汾水铺南擎后街	该庙始建年代不详，内有戏台，乾隆三十二年“会馆演戏失火，毙数百人。”多为旅居客商，“即其地建旅食祠以妥之”
12	太上庙	汾水铺安宁里	该庙始建年代不详、内有戏台。方志载清嘉庆十年该庙因演戏失火，毙 22 人
13	洪圣庙	富民铺长庆坊	方志载建于清道光元年，1984 年文物普查记录，该庙前有戏台
14	花王庙	普君铺禒丰直街	方志载建于清道光六年，1984 年文物普查记录，该庙前有戏台
15	潮蓝会馆	汾水铺东庆街	又称“潮梅会馆”，道光《佛山忠义乡志》有载，1984 年文物普查记录，该会馆内有戏台
16	医灵庙	观音堂铺莲花池	该庙始建年代不详，清嘉庆六年重修，1984 年文物普查记录，该庙前有戏台

续表

序号	所在建筑物	地点	史料依据
17	三界圣庙	富民铺三界通衢	该庙始建年代不详，1984 年文物普查记录，该庙前有戏台
18	舍人庙	福德铺舍人大街	该庙始建年代不详，乾隆十七年《佛山忠义乡志》有载，1984 年文物普查记录，该庙前有戏台
19	药王庙	社亭铺接龙大街	该庙始建年代不详，道光四年重修，1984 年文物普查记录，该庙前有戏台
20	博望侯古庙	社亭铺接龙大街	该庙始道光《佛山忠义乡志》有载，1984 年文物普查记录，该庙前有戏台
21	博望侯古庙	社亭铺舒步街	据有关碑记、文献记载，该庙始建于道光九年，1984 年文物普查记录，该庙前有戏台
22	天后庙	栅下铺藕栏	据有关碑记记载，该庙始建于明，原称“天妃宫”，崇祯元年扩建，庙内院落中有戏台，每年三月神诞“歌舞累月而不绝”
23	油行关帝庙	汾水铺永兴街	方志载庙始建于顺治八年，《佛山街略》载，道光十年重修后做油行会馆及先师庙，1984 年文物普查记录，该庙内有戏台
24	医灵庙	医灵铺万寿坊	该庙始建年代不详，道光五年重修，1984 年文物普查记录，该庙前大地堂有戏台
25	龙母庙	栅下铺蟠龙街	该庙始建年代不详，同治十三年重修，1984 年文物普查记录，该庙前大地堂有戏台
26	关帝庙	祖庙铺协天胜里	该庙始建年代不详，乾隆五十八年重修，道光九年辟前堂，1984 年文物普查记录，该庙前有戏台
27	天后庙	丰宁铺平通胜街	该庙始建年代不详，1984 年文物普查记录，该庙前有戏台
28	陶师祖庙	石湾莲子坊	庙建于嘉靖七年，清代多次重修扩建，1984 年文物普查记录，该庙前有戏台
29	北帝庙	石湾镇岗坊	又名“富善祠”，始建于明，1984 年文物普查记录，该庙前有戏台
30	天后庙	石湾三丫涌目孚	该庙始建年代不详，1984 年文物普查记录，该庙前有戏台

（二）粤剧行业公会

琼花会馆作为明清时期佛山粤剧伶人的行业公会和管理机构，其运作机制与同一时期的外江班梨园会馆类同，故此，通过考察明清时期广州地区的外江班梨园会馆，就可以对当时琼花会馆的机构设置和管理职能有一个清晰的认识。行会是封建社会市民阶层的一个重要组成部分，具有特殊政治性质，会馆则是为流寓他乡的同行业或同乡里的商人或者技艺人建立的一种联谊组织。传统中国社会中，那些流寓外地的同乡人为保护生命财产，以同乡之谊组成团体，这种连接旅居同乡的组织团体，谓之同乡会馆。明清时期，旅居广佛，以唱戏歌舞为生的外乡人，一般被称为外江，其发展的行会组织通常也被称为“外江梨园会馆”。“外江梨园会馆”作为特殊的职业行会组织，其组织架构一般分为两级建制，即总会与分会堂。

总会，包括组织机构和规章制度，其中，总会之外分为若干分会，总会设有会首、看管人、住持、值事、首事簿公职人员等。道光七年（1827）《梨园箱上长佛会碑记》载：“盖闻梨园总会，向有长生、长庚、长庆、长聚等会，唯箱上原有福和会……”① 各戏班是总会的成员，每一个戏班有班主、管班、众信、子弟、箱主、管箱等。

在规章制度方面，总会的功能和重要性主要从以下三个方面得到体现：①上会与会费：“会馆是同乡或同业的行会，有事业独占的作用，因此，为保护原有戏班的利益计，不能不对新来戏班上会有所限制。”乾隆四十五年（1780）《外江梨园会馆碑记》订立的行会规条十六款，刻石示众。关于上会：“凡来粤新班俱要上会入公。如有充官班不上会，官戏任唱，民戏不挂。”限制新班要公宴和交会费若干金。但官戏可以例外，民戏若不公宴不能入会，不得任唱，这是戏班行会排他性的地方。戏班入会后，方准在会馆挂班牌。新班到广东，先交会费银100两，入会开台酒三席。但据乾隆五十年（1785）《梨园会馆上会碑记》，入会戏班题名四十三班，上会有出五十两者，也

① 广东省社会科学院：《明清佛山碑刻文献经济资料》，载道光七年《梨园箱上长佛会碑记》，广东人民出版社1987年版。

有少至十两者。②新班的管班，其活动也有限制。“凡新班到穗，管班先上会银十两，然后方可出名拜客投手本，如无不准。”③会费之外，又有公费。“各班下乡，每场提花钱一元，在城每本戏一钱，充入会馆以作公费，此项各班公派。”各戏班的关系，“各班邀请角色及场面人等，须凭会馆言明，两班各自情愿方可，不得私自刁唆，包者须一年，分者公议。还清公账，方可出班。如有本人私自投别班者公罚，各班不许收留”。还订立了戏班人员守则，以及会馆的管理“规条”等。如“两班合做赏公恐与各班另赏归与本班”。“官差误下定，听其定家另调别班。本班送往别班可也。”“班内有事，赴会馆理论，先备茶点，理亏者凭公处罚。”定戏。“各班招牌俱入会馆。凡赐顾者，必期至会馆指名某班，定戏付钱。”“各班不许私自上门揽戏，查处戏金充公，管班罚戏一本。”“各乡到城定戏，总以先后为主，价高者可做。如不依，查出，其银尽罚入会馆。”

分会堂。分会堂的性质是保障各班内场面各人的利益。在乾隆二十七年（1762）建造外江梨园会馆时的捐款名单上，就有协和堂、勤堂等名字，这两个堂有可能是戏班组织名称，也有可能是总会下面一个相对独立的组织。例如，①长庚会是戏班乐队人员的行会组织。“长庚会人接班以一年为期，如班主开发不用，其工银照一年算足。如自己未满辞班，其工银照一年赔还，方许搭别班……”“新来场面做班者，上会底银二元，身工银一月交清，方许进班。”“新来八音做班者，上会银四元，酒席银十元。”“年老不能做班者，帮助回乡盘费银四元。死亡者亦帮助银四元。”等等。这些条规，从戏班人员的工作信守、上缴会费到年老不能做工，甚至身后事的处理，都有具体规定。表明这个行会组织对所属人员既提出要求，加以约束，又有必要的福利照顾。②长佛会。这是管理戏班戏箱人员的行会组织，也就是箱主和管理戏箱人员的组织。戏箱内的戏服道具，是戏班的重要财产。戏服价值高，严防失窃。该会规定：“倘有归箱对象遗失，理应赔还。”“失漏服色对象，照例于开箱时间管戏箱人赔还。”“如有生面之人入戏房，招呼乱坐箱上者，一应箱上失去对象，问招呼之人赔还。”③财神会。财神会是梨园会馆的经济互助组织，供奉“福德财神”；以个人为单位入会，但会馆众人必须加入。道光三年（1823）还订立了会规八条：“但有本行朋友来粤，若搭那班，限半月上会。见十扣一，班主实问”；“但有本行红白喜事，送花银，公议。再者，本行有年老身衰，不能做班，众议”；“以五年为上或归家远近不一，本会再议为路费”；“本会之银，以四季头人管理，倘若失误，头人是问”等，足见财神会既是日常管理机构，也是救贫扶急的互助组织。

外乡梨园会馆的组织架构和行会职能，充分说明了与其相似的琼花会馆也具备相应的日常管理、救助和相互抱团的复合功能。琼花会馆也是当时佛山镇本地班的重要日常管理、议事机构。

（三）伶人精神信仰及权力空间

琼花会馆对粤剧艺人来说更多的是一个礼教场所和信仰权力机构。粤剧艺人在此祭拜行业神、聚会，切磋技艺，办理戏务，琼花会馆对他们来说是一个礼教神灵、洗涤心灵的场所，相当于我们现在的礼神场所和各种显在的权力整合及控制机构——粤剧艺人在出发去四乡演出前，都会在“琼花会馆聚头”，再分散到四乡演出。琼花会馆前的河道总是呈现着戏船如织、熙熙攘攘状态，琼花会馆则在控制和引导伶人精神信仰的同时，也在现实生活中，通过对外出四乡演出的规范和仪式化的处理，来强化和形塑着琼花会馆就是粤剧演出中心的形象，它的建立规范了粤剧行业管理以及戏班演出制度，促进了粤剧的发展。粤剧艺人对琼花会馆则充满了敬畏、崇拜和服从。

（四）会党聚首重地

有研究者认为，琼花会馆最早始建于北京人张五，由于张五天然的“反清复明”思想，故琼花会馆自其建成之初，可能就是当时岭南地区反帝秘密社团组织的集中场所。张五也通过琼花会馆这个公开机构，训练和培养了大量的“反清复明”义士。此一说法或有可能，但目前公开的研究信息似乎支持力度有限。琼花会馆之所以自其成立之初就具有较为明显的拥护下层劳苦大众、反帝思维，其思想的核心源泉可能还是在于其本地班的身份认同和群众基础。由于外江班“皆外来，妙选声色，伎艺并皆佳妙。宾延顾曲，倾耳赏心，录酒纠筋，多司其职。舞能垂手，锦每缠头”的艺术呈现风格，其更容易为当地权势阶层所拥护。故明清时期的很长一段时间，岭南地区的主流阶层中，外江班的表演成为主流。而本地班则因为艺术形式的相对下鄙："本地班则好唱乱臣反贼之戏，不顾伦常天理，徒逞豪强，终日跌打百本，一律而愚民无知。反同声叫好，是教人以乱也。着地方官严行禁止，传到各班长，谕令以后止。准唱劝化人之戏，不准唱淫邪叛乱之戏，如有不遵，枷责示众，并遍查坊市肆，将淫词小说及山贼反叛犯上作乱之书连板起出，当众烧毁。如敢匿留售卖，严拿重处。"① 其服务对象和娱乐人群主要以乡里贫贱的下层劳动人民为主，故本地班具有天然的草根性。可见，本地班竞争能力相对较小，其主流市场为四野乡村，主流观剧人群则以乡野鄙夫居多。杨懋建在其著作中指出："本地班但工技击，以人为戏。所演故事，类多不可究诘，言既无文，事尤不经。又每日爆竹烟火，埃尘障天，城市比屋，回禄可虞。贤宰官视民如伤，久申厉禁，故仅许赴乡村般演。鸣金吹角，目眩耳聋。然其服饰豪侈，每登台金翠迷离，如七宝楼台，令人不可逼视，虽京师歌楼无其华靡。又其向例，生旦皆不任佑酒。其中不少可儿，然望之俨如纪浩木鸡，令人意兴索然，有自崖而返之想。间有强致之使来前者，其师辄以不习礼节为辞，靳勿遗，故人也不强召之，召之主亦不易致也。"② 这种以乡野鄙夫为服务对象的剧种，其在创立之初具有相对草根性的阶层身份也就容易理解了。

佛山粤剧的这种"草根性"发展至李文茂时期，外部的环境条件加上李文茂个人的世界观认知，逐渐使琼花会馆成为当时会党教徒的"聚首之地"。其主要的聚集人群也以粤剧从业人员为主，天地会起义后，佛山起事队伍中，主要以伶人和僧众为主——数千粤剧艺人参加起义，他们高举反清复明旗帜，在激流中与清政府做抗争。也由此开始，琼花会馆作为"佛山初地"的想象，主要体现在其粤剧祖地身份和反帝反封建的倡导。佛山地方草根社会勇敢反对强权，致力抗争的

---

① （清）程含章：《岭南续集》，清道光元年（1821）刻本。

② （清）杨懋建：《梦华琐簿》，收录于张次溪编撰《清代燕都梨园史料·正续编上》，中国戏剧出版社 1988 年版，第 212 页。

典型代表，是具有革命悲情主义的“英雄”，不再仅仅只是个下九流的“戏子”。尽管也因为这层原因，琼花会馆受到毁灭性打击，但其自身所体现出来的地方文化精神和力量，则在佛山及广府大地上持续绵延传承，并逐渐体现为广府文化的力量，佛山地方文化的力量。

（五）权贵（仕人）的游宴场所

对粤剧艺术表演形式，历代统治阶级在享受其艺术成果的同时，对其演艺者身份多有鄙视，中国传统的各阶层身份认知中，唱戏者身份历来居于下九流的末端，属于“贱业”之一。“唱戏本属浮靡，然忠孝廉节及作善降祥，作恶降殃之戏，观之亦足以感发人之善心，儆戒人之恶念。乃粤东之戏，外江班则好唱淫戏，令无知之幼少女神魂飘荡，遂致钻穴踰墙，是教人以淫也。”① 道光年间（1821—1850年），广东梅县人杨懋建在论述外江班和本地班演唱特色时，对两者的描述，用词以贬义为主：“广州乐部分为二，曰‘外江班’，曰‘本地班’。外江班皆外来妙选，声色伎艺并皆佳妙。宾延顾曲，倾耳赏心；录酒纠觞，各司其职。舞能垂手，锦满缠头。本地班但工技击，以人为戏。所演故事，类多不可究诘，言既无文，事尤不经。又每日爆竹烟火，埃尘障天，城市比屋，回禄可虞。贤宰官视民如伤，久申厉禁，故仅许赴乡村般演。鸣金吹角，目眩耳聋。然其服饰豪侈，每登台金翠迷离，如七宝楼台，令人不可逼视，虽京师歌楼无其华靡。又其向例，生旦皆不任侑酒。其中不少可儿，然望之俨如纪浩木鸡，令人意兴索然，有自崖而返之想。间有强致之使来前者，其师辄以不习礼节为辞，靳勿遗，故人也不强召之，召之主亦不易致也。……虽有东施，并乃无孽可效，不亦惜哉。”② 可见，以读书人和官宦为主体的权贵阶层，思想认知中是鄙视粤剧及其从业者的社会地位和价值的。

然而，尽管主观鄙视粤剧及其从业者低下的社会地位，但由于演艺形式的喜庆及开放性，粤剧还是成为地方权贵阶层庆典游宴的主要

---

① （清）程含章：《岭南续集》，道光元年（1821）刻本。

② （清）杨懋建：《梦华琐簿》，收录于张次溪编撰《清代燕都梨园史料·正续编上》，中国戏剧出版社1988年版，第212页。

形式。一方面，他们认为，“良家子弟不宜学习其事”和“一入散诞，必淫荡其性”。他们不愿与“戏子”为伍，甚至把禁止唱戏写进家规，让子子孙孙遵守，以此为戒。另一方面，交际、庆典等的客观需要又使他们离不开粤剧这种艺术形式，但凡有喜事或祭祀，都会请艺人来唱戏助兴。所以，琼花会馆对他们来说，就是“伶人报赛之所”和游宴的重要场所。

二　琼花会馆作为佛山“粤剧初地”的建构

琼花会馆的社会文化价值产生地理想象，进而催生了地方认同，让群体把琼花会馆想象成佛山“粤剧初地”。虽然佛山是先有本地班，再有琼花会馆，但琼花会馆却是佛山粤剧精神的载体。琼花会馆维护了粤剧群体的利益，规范粤剧组织的运作，从而成为平衡各方利益关系、增强粤剧凝聚力、丰富群众文化生活的重要场所。琼花会馆存在期间，佛山粤剧逐渐成熟并且得到发展，所以，把琼花会馆称作佛山“粤剧初地”并不为过。

（一）未有八和，先有琼花：“粤剧初地”的确立

凡有粤人的地方，就有粤剧，凡有粤剧的地方就建有“八和会馆”。这一说法虽有夸大之嫌，但在世界的许多地方建有“八和会馆”却是不争的事实，尤其是新加坡等南洋国家和中国香港、中国澳门等地都有历史较长的“八和会馆”，可见“八和会馆”对于粤剧的重要性。然而，粤剧行内也有“未有八和，先有吉庆；未有吉庆，先有琼花”之说。八和、吉庆和琼花会馆都是本地戏班的行业组织，虽然吉庆公所和琼花会馆都已经不存在，现在各地较多的只有八和会馆也是不争的事实。但这句流传已久的话，也佐证了琼花会馆对于粤剧在初地起源意义上的重要性。粤剧艺人黄君武就曾说过：“琼花会馆是粤剧界最早的戏行会馆。”这进一步说明了琼花会馆在粤剧起源和发展中的“初地”意义。粤剧行中人常说“未有八和，先有吉庆”①，其故事的源头始自佛山粤剧名伶李文茂：李文茂起义失败后，粤剧艺

---

① 黄君武口述，梁元芳整理：《八和会馆史》，广州文史资料、广东省社会科学院馆藏资料。

人遭到官府的迫害，过着颠沛流离的生活，当时有一位叫李从善的先生，同情粤剧艺人的遭遇，把自己原已租给米埠的房屋（原在广州府城黄沙同吉大街即现在的大同路口）收回，作为粤剧艺人活动之用，并命名“吉庆公所”，戏班后人为了纪念他，就在吉庆公所设立了“皇清李从善先生神位”① 的龙牌。香港的胡振（古冈先生）称：“吉庆公所是广州市明清时期承接外江班来广州演出，同时也代理粤剧的接戏、订立合同等。……同治六年，在广州长堤承祥坊同德大街，购置空地一块，面积共有三百八十余亩，兴建规模宏大的吉庆公所，直至光绪十年，才全部落成。‘吉庆公所’除承办外江班来广州演出外，还接洽各县主会与粤剧演出抽取佣金作公证人。”② 已故老艺人李少卓说，吉庆公所是“为红船班与主会办理订戏签约的专门机构”，“既有点像现在的演出公司，又有点像现在的公证处。也就是说，吉庆公所既起安排演出日程的作用，又起监护合同执行的作用，是主会与红船班联系的桥梁。”③

已故粤剧老艺人豆皮元在其回忆文中说：“八和会馆建成前，戏行曾在同德街设有一个同善堂，作为全行公众活动对外营业的场所，后来改为吉庆公所，吉庆公所只供各班与各乡主会定戏之用。举凡戏行的营业活动，如艺人的接班、各乡庙会的订戏及艺人的收徒传艺等，都须在这里签约，订合同。八和会馆筹建期间的筹款事务，亦统由它负责。”④

这些都说明了吉庆公所、八和会馆在粤剧发展史上具有至为关键的里程碑意义，而“未有八和，先有吉庆；未有吉庆，先有琼花”的说法，则在起源说的层面，树立了琼花会馆作为粤剧创始会馆和“行业初地”的重要形象。也正是通过这句口口相传的说法，琼花会馆才

① 麦啸霞：《广东戏剧史略·红伶篇》第三卷，广东人民出版社1987年版。

② 胡振（吉冈先生）：《广东戏剧史·红伶篇之四》，广东省广州市戏曲改革委员会馆藏1995年版。

③ 谢醒伯、李少卓口述，彭芳记录整理：《清末民初粤剧史话》，《粤剧研究》1987年第3期。

④ 刘兴国：《八和会馆套回忆》，《戏剧研究资料》1998年第5期。

牢牢地确立了其作为岭南地方文化艺术形式——粤剧的创始“初地”形象。其与粤剧的“红船”及伶人子弟一起，形塑和建构了佛山本地班为根基的粤剧艺术起源“初地”形象。

(二) 从琼花会馆到万福台：佛山粤剧地标的确立

琼花会馆自其建立之后，在佛山和广府地区逐步树立了本地班“首重之地”的地位，其在承担佛山城镇繁荣昌盛身份诉说的门户标志的基础上，一方面，成为佛山地方展演粤剧的重要窗口；另一方面，型构了琼花会馆作为佛山粤剧本地班的行业管理者、协调者和精神信仰空间的重要形象，发挥着其在日常休闲空间中地方文化艺术展演大平台的作用。然而，明清时期的佛山镇，在日常社会生活空间之外，节俗和祀神庆典也是地方社会重要的活动之一，佛山地方社会一年之中，各种庆典连绵不绝：“三月三日，北帝神诞，乡人赴灵应祠肃拜，各坊结彩演剧，日重三会，鼓吹数十部，喧腾十余里；二十二日，天妃神诞，演剧以报；四月十七日，金花夫人神诞，五月初八日，龙舟夫人神诞；六月初六，普君神诞，演剧，凡一月乃毕；八月望日，会城喜春宵，于是征声选色，角色争奇，被妙童以霓裳，肖仙子于桂苑，或载以彩架，或徐徐步行，鼓乐轻敲，丝竹按节，此其最韵者也；九月二十八日，华光神诞，集伶人百余，分作十对，金股震动，艳丽照人；十月晚，谷收，乡人各演剧以酬北帝，万福台中，鲜不歌舞之日欤。”①

如此密集的庆典和祀神活动，其重要的活动场所则以佛山镇最重要的地标性建筑——祖庙而展开，祖庙的万福台也由此成为佛山镇最重要的地方庆典和祀神应酬时开演粤剧的欢庆之地，明清以来的各种文献记载中，有不少关于万福台演剧导致的火灾、踩踏等群死群伤式事故，这充分说明了祖庙万福台观剧风气之盛、节俗庆典之密。在佛山地方社会空间上，粤剧展演的这种从北部门户地区琼花会馆的门户式展演（主要面向外来客商、官宦等），与佛山镇最重要地标性建筑——祖庙万福台的日常空间粤剧展演相组合，共同形塑了粤剧艺术

① （清）吴宋光：（道光）《佛山忠义乡志》卷五《乡俗表》，岳麓书社 2017 年版。

在佛山镇展演的独占性地位和空间意义，并进一步强化了琼花会馆—万福台组合在佛山地方社会艺文空间的“初地”形象。

（三）重建的地标：文化重构下的城市文化新地标

作为佛山镇粤剧行业的公会组织，琼花会馆建构其之于佛山粤剧起源和传承上的“初地”形象，主要通过以下途径进行：

其一，通过将其塑造成佛山镇及其周边区域粤剧伶人的精神家园和信仰空间的形式来进行引导及强化，琼花会馆通过年节拜祭华光大帝等祭祀活动，将行业神灵的神性空间和伶人现实及精神诉求进行一体化，进而使粤剧伶人将行业神想象成为自己从业和日常生活起居的保护主神，将粤剧伶人会聚在琼花会馆的统一管控之下，并完成其作为粤剧行业从业者最终心灵和精神旨归的“初地”塑造和建构。

其二，通过琼花会馆的日常事务和俗务的管理，对粤剧伶人在碰到困难、问题处理和帮助，通过特定的“家”空间的塑造和建构，树立琼花会馆之于伶人的“家园”归属感。

其三，通过不同时期地方权力主导者对琼花会馆和粤剧艺术在当地社会艺文享受与消费中，引导性建构与其主流精神、文化诉求相一致的“初地”形象来达到地方文化形塑的目标。

不同历史时期，统治阶级对于文化艺术形式所要求的内在诉求存在明显的差异性，而不管这种差异性如何，琼花会馆只要能与其友好相融，就能较好地融入当时政权的文化艺术建构体系中，而一旦琼花会馆所代表的文化思想意识与政权需要的主流思想不同，则就会受到严厉打击。李文茂时期琼花会馆的遭遇即是明证。同时，统治阶层对琼花会馆所代表的地方“艺文初地”形象，也不是一个僵化的概念，在更大多数的时间阶段内，其更是统治阶层主动塑造和建构的产物。其所显示的佛山城市“艺文初地”地标，也是在与佛山城市艺文发展和思想形态主流价值观相互契合的前提下，经过复杂的加工和杂糅而逐步建构的。这也提示我们，对于当下琼花会馆的复建及其在思想文化和意识形态领域的形象建构，一定要以城市未来发展导向为前提来综合建构。

下　篇

街巷背后

第七章　二十八铺：回头顾影背斜阳

第一节　铺及二十八铺概述

一　铺

铺属明代政治制度，是明代地方行政管理体制的基层单位，其发端于洪武以后在全国推行的“编户齐民”制度，又具有粤省地方政务的自身特性。其核心要点是县辖乡、乡辖堡、堡辖铺、铺辖里、里辖社（一里一社）。以往的“铺”是卒伍戍宿之所，而佛山在此时立铺则是兼取营戍里舍之意。

对于“铺”的定义，《佛山忠义乡志》中解释为：“铺本作铺，列肆之名，讹作铺，而卒伍戍宿处亦曰铺，邮卒曰铺兵。又计程以十里为铺，盖取次舍之义。当日御贼分为二十四处，以战以守，故兼取营戍里舍之意。而目之曰铺。”① 明正统十四年（1449），南海县人黄萧养带兵进攻季华乡，季华乡乡长冼灏通与当地耆绅梁广等组织乡勇进行防御，将堡内各铺缩编为二十四铺，分别为以铸造业作坊为集中的山紫、锦澜、桥亭、明照和栅下五铺，以炒铁、打铁行业为集中的丰宁、明心、耆老、真明、突岐、医灵、东头和彩阳堂八铺，以丝织行业为集中的岳庙、社亭和仙涌三铺，以商业聚集的汾水、大基和富民三铺，以工商民居聚集的福德、潘涌、鹤园、石路头、纪纲、黄伞、观音堂和祖庙八铺。清末再增设沙洛一铺共同构成二十八铺。

---

① （清）吴荣光：（道光）《佛山忠义乡志》卷五《乡俗志》，岳麓书社2017年版。

二　佛山二十八铺

佛山堡二十八铺的取名，按乾隆《佛山忠义乡志》所说："在各铺有以庙名者，祖庙、岳庙、观音堂、医灵庙是也。有以水为名者，汾水、锦澜、潘涌、仙涌是也。社亭、桥亭，因亭纪胜。东头、石路，就衢着声。㙟岐，兀起于平阳高甲。西里（西街高巷）山紫（俗讹作子）映带夫远，岫拱属北原（拱北里）。地固市镇也，欲货集而商安，遂拟丰宁。继之纪纲，盖取市司平价之意。人多寿考也，喜年高而擅长，爰尊耆老。缀之以黄伞，迺明积善余庆之符。佛山，一名福山，本堪舆有永无劫煞之说，惟抱德者宜居福地，曰福德莲土，亦称凤土。缘相度有彩凤朝阳之形，常议筑堂以挹其秀，曰彩阳堂。至明心、明照、真明堂三铺，则以当时御寇，人同一心，肝胆如照，是真明于大义，可共一堂者也，而俗猥以明灯古迹明心古社当之，失其旨矣。若栅下，以捍境之闸名。大基，以捍水之堤名。大约从田里起见，长愿巩固无虞云尔。"①

明代佛山堡被佛山涌和新涌所包围，四周皆可起舟驳岸。佛山涌有许多支流伸入堡内，其中有三条最重要。一是新涌南段。新涌在茶亭处分为两支：一支向北伸入堡内，再从栅下龙母庙出海。此为佛山旧八景"南浦客舟"所在。这支新涌南段水，在龙母庙附近又有一支伸入堡内，叫大塘涌，伸入白勘头。二是西边旗带水，系从山紫村附近分支经过祖庙前，伸入莺冈脚的新涌支流。"长四百六十余丈，迂回袤袅，九折而达于海。"三是北边潘涌，系从背面的汾水伸入大墟附近的支流。此几条支流两岸，依次成为佛山社区发展的最早核心地点，明代堡民依涌建房，安居乐业。使当时几个主要内涌的两岸成为佛山最早的核心区，从南到北分别是栅下、祖庙和汾水。这样的划分不仅定位了佛山镇的区域功能，也对其后来成为"四大聚"之一和"四大名镇"之首产生了重大影响。清初，佛山部分河涌已经淤平或者近于淤平。明代深入镇内的潘涌、仙涌已经完全淤平，大塘涌也成一线余脉。还留存的内涌主要在位于东南的栅下铺、彩阳堂铺、社亭

① （清）陈炎宗：（乾隆）《佛山忠文乡志》卷一《乡域志》。

铺和山紫铺。内涌的淤浅和岗地的夷平，为佛山的发展提供了更多的土地，也有助于商业或者手工业成片区的形成，镇内淤平的内涌皆被用来建立铺屋，扩大了镇内面积和范围。岗地多被削平建房屋，或者开辟为市场。因此，在明代基础上，清代佛山形成了功能更为明显的三大功能区。即南部和东南部的手工业区、北部的商业中心区和中西部的工商、居民混合区。二十八铺与三大城市功能区空间上二位一体，型构了明清时期佛山城镇空间的核心架构。

然而，时代变迁之下，二十八铺已经消失，对佛山历史文化名城而言，总结、探寻、提炼二十八铺的本来样貌、地理、产业特征，对丰富和完善佛山老城历史文化特色，意义重大。本章对明清时期的二十八铺进行挖掘整理，以期为后续文化保护提供支撑和帮助。

第二节　佛山镇二十八铺的前世今生

一　二十八铺的演化过程

明代政制，是县辖乡，乡辖堡，堡辖铺，铺辖里，里辖社（一里一社）。据考证，佛山堡在明正统前有三十余铺，至己巳年（1449）因黄萧养反明，围攻广州城未果，转而进攻佛山，当时佛山豪绅为防御黄兵袭击佛山堡，缩编为二十四铺，便利乡勇驻守。当时将南部地方划分为栅下、东头、明照、埃岐、桥亭、锦澜、耆老、彩阳堂和医灵九铺。中部地方划分为仙涌、社亭、真明、明心、丰宁、山紫、祖庙、鹤园、黄伞、纪纲、石路头、岳庙、福德、潘涌和观音堂十五铺，合计共二十四铺。黄萧养进攻佛山事件，从外部迫使佛山加强了内部凝聚力。战时佛山堡为军事目的而建立的铺区制度，打破了佛山原来以自然村落为基础的地理状况，把各个分散的村落相连成片，使各铺内部联系更加紧密。而沿着佛山河涌沿线，沿涌建立的木栅犹如一堵城墙，为佛山镇由农村社区转为城镇空间提供了基础条件。铺区建立进一步打破了原来以同一血缘群体为主要居民的相对封闭聚居村落，原来以某些姓氏独擅并引以为豪的地方，如东头、鹤园等已扩大成为一铺之名。原来血缘群体的聚居区成为铺中的一个街坊或里社，这种关系与过去村与村之间的相对封闭关系大相径庭。它用“铺”的地理范围和行政区划把人们的社区认同意识提高了一个层次，这就是从“乡里”到“铺民”意识的转变。铺区制度的建立，是佛山发展史上的农村—城市续谱的重要阶段，它宣告了明初佛山乡村墟镇状态的结束，标志着佛山城市雏形的形成。至明末清初，北部汾江河先后成为陆地，首设大基铺，再设汾水铺，后设富民铺，光绪己亥年(1899）后再增沙洛铺，至此才形成佛山二十八铺名称。民国十年(1921)，二十八铺和四沙共有街道1695条，56513户，人口342354人（见表7－1)。

表7－1　　民国十年（1921）佛山镇街道、铺屋和人口统计

序号	铺	街道数量（条）	铺屋数量（户）	总人口（人）	每户平均人数（人）
1	汾水铺	84	4794	42876	8. 94
2	潘涌铺	43	850	4768	5. 61
3	观音堂铺	190	4756	28465	5. 98
4	福德铺	111	4157	21325	5. 13
5	岳庙铺	94	3465	16785	4. 84
6	祖庙铺	84	3854	12653	3. 28
7	山紫铺	64	2267	10558	4. 66
8	丰宁铺	62	2567	9686	3. 77
9	纪纲铺	3	54	470	8. 70
10	石路头铺	24	476	2654	5. 57
11	真明铺	45	765	3647	4. 77
12	社亭铺	40	1356	7462	5/48
13	仙涌铺	46	956	7435	7. 78
14	医灵铺	34	567	4325	7. 63
15	埃岐铺	36	657	4856	7. 39
16	耆老铺	32	815	5436	6. 67
17	明心铺	25	573	3425	5. 98
18	彩阳堂铺	18	495	3765	7. 61
19	锦澜铺	55	2114	8675	4. 10
20	黄伞铺	48	817	5918	6. 05

续表

序号	铺	街道数量（条）	铺屋数量（户）	总人口（人）	每户平均人数（人）
21	桥亭铺	43	863	6325	7.33
22	明照铺	26	549	4834	8.81
23	栅下铺	64	2115	9206	4.35
24	东头铺	12	834	3415	4.09
25	大基铺	99	3256	21436	6.58
26	鹤园铺	29	847	3684	4.35
27	富民铺	129	5768	47580	8.28
28	沙洛铺	32	783	5643	7.21
29	文昌沙	55	2145	14364	6.70
30	鹰嘴沙	25	1128	7756	6.88
31	太平沙	32	1305	9035	6.92
32	聚龙沙	11	556	3892	7.00

资料来源：根据民国《佛山忠义乡志》卷一《舆地·街道》整理统计。

咸丰四年（1854），佛山分铺设局，户口较少者，合三两铺为一局，共十六分局，分别是绥字局汾水铺，安字局福德铺，联字局富民铺，守字局观音堂铺，果字局彩阳堂、仙涌、医灵铺，靖字局大基铺，辑字局社亭、岳庙、真明铺，合字局沙洛铺，御字局潘涌、鹤园铺，力字局埃歧、明心、耆老铺，稽字局纪纲、石路头、黄伞、丰宁铺，永字局祖庙、山紫铺，平字局鹰嘴沙，巡字局栅下、东头铺，远字局桥亭、明照、锦澜铺，定字局文昌沙。[①] 值得指出的是，对佛山地方行政机构的设置和升级，本地乡绅曾大力呼吁：设置“佛山直隶厅”，“倘能仿连山升厅、佛山增设之成法，析南海、番禺、顺德、三水四县分界之地，改分驻为直隶厅，俾之建城池、备仓库、添兵卫、立学校、设监狱，庶几常有防守，急有军储，绝盗贼觊觎之奸，重省会咽喉之寄，是所望于当轴者”。[②] 但这一建议一直未能得到政府采

① （民国）冼宝干：《佛山忠义乡志》卷一《舆地志》。

② （民国）冼宝干：《佛山忠义乡志》卷三《建置志》，岳麓书社2017年版。

纳。直到民国南海县从广州分出，迁至佛山镇，此时，由于行政机制的现代化改造，二十八铺乃至合局之后的设置，全部被新的管理系统所替代。二十八铺最终消失在历史的长河之中。

二 二十八铺的地方意义

（一）型构了佛山城镇的基础空间格局

从佛山堡八图共治到二十八铺总领佛山城镇空间的过程，既是佛山地方实现从乡村社会向城镇空间转型发展的关键时间节点，也从空间和产业发展层面，为佛山城镇的未来走向，提供了基础的支撑和方向。二十八铺所建立的城镇空间基础骨架，在此后的数百年间维持了高度的一致，佛山城镇的基础结构（主城区概念）始终保持着二十八铺初立时期的基本框架。在产业发展层面，尽管随着水网、交通、资源等因素的变化，产业空间几经迁演，但产城结合的城镇总体发展特征，则自明代二十八铺确立以来，从未中断。其主体空间组合关系，也保持了数百年来的基础面貌。

（二）形塑了佛山的基础文化基因图谱

一是二十八铺的基础架构，形塑了佛山城镇基础商贸空间，为佛山城镇的工商立市提供了空间和产业基础，而城镇铺区发展体系和城镇空间结构，则支持了其系统化、多样性、融通性的产业发展，随着产业经济发展，商业服务业也逐步完善，并持续保持各业互补通融发展，这给我们留下非常宝贵的财富——民营经济始终是佛山经济活动的主流。

二是二十八铺从源流上带来的、佛山镇自古以来养成的地方自治传统。这种以地方乡族、乡绅和士人阶层为主导，实现地方社会治理的自我管理与治理模式，一直传承、保持至今，并使佛山城镇和社会事务的管理上具有浓厚的“地方”在场和自我管理特征。这也成为佛山城镇典型的地方特征。

三是二十八铺的形成过程和产生机制，养成了佛山地方社会的通融、合作、团结品格，这种城市和地方品格是佛山地方社会持续保持了协商、共生的主流价值，使城市社会始终能保持不断融合、互相依存的发展特质，佛山这种对外来的、本土的优势相互吸引的特征，几百年来都在不断体现。对于外来者，本地人愿意将自己的土地和房屋与其共享，而外来商民积累的财富又“反哺”佛山的教育、经济。

四是高度的文化认同。完整的家国祭祀体系和对北帝的信仰坚持，一千多年来，一直影响着佛山，它代表的公正、忠义、和善，这些基础价值观为佛山人建立了精神上的价值体系。

（三）建构了佛山城镇的行政治理基础格局

从佛山堡八图到二十八铺的最终确立，地方空间的型构不仅仅体现在社会文化和基础地理空间意义之上，也体现在地方治理、行政管控和文化信仰等空间意义之上，从地方治理意义上说，二十八铺及其以后据此形成的多样化社区基层治理系统，尽管历经时代变迁而有所变化，但其核心治理和管控机理，却自始至终维持着大体的稳定和趋同。地方信仰体系方面也保持了类似的格局特征，从八图共治开始的祖庙及北帝信仰，发展传承至今，依然是佛山人神灵信仰世界中最高的坚守。

第三节　百业二十八铺

一　锦澜铺：炉火照天地，红星乱紫烟

（一）历史时期的锦澜铺

佛山二十八铺中，铸造业作坊集中在山紫、锦澜、桥亭、明照和栅下五铺，是故锦澜铺及其周边区域为佛山镇明清时期手工业，尤其是铸冶业集中的地区。锦澜铺位于佛山镇南部，邻近汾江河涌系统，其自然条件能较好地满足铸冶手工业所需要的便利运输，邻近水源，开敞空间广阔、远离镇区住房和人口生活密集区等要求，整体上看，明清时期，甚至到民国时期，锦澜铺人口数都相对较少，根据民国十年（1921）的调查统计，锦澜铺有街道55条，铺屋（户）2114户，大小人丁合计8675口，属合镇二十八铺中，人丁相对较少，但街道数量相对较多、铺区占地较大的区，再结合民国时期佛山镇的发展特征，可以看出，锦澜铺的手工铸造业、冶铁、炒铁等行业受外部世界的冲击较大，在产业

凋敝的整体态势下，导致锦澜铺整个铺区属于人口流失区。

（二）锦澜铺的铸造业发展

早期佛山铸造业是由中西部向东南部逐渐转移的。铸造业生产需要消耗大量原料，适应铁矿、沙粒、木炭的运输，它要伴涌而建。明代佛山镇内河涌尚多，但至清代时大多淤浅，造成运输困难。加之铸冶会产生大量泥模，污染环境。随着佛山都市化进程的发展、河涌的淤浅、人口的增长，冶铸业逐渐向镇郊转移。至清代，南部频涌的几个铺如山紫、锦澜、桥亭、明照和栅下五铺就成为铸造业作坊的集中地区。[①] 南部和东南部的手工业区主要包括十六个铺，其中第一个层次就是铸造业集中地，由最南部靠涌边的五个铺组成（栅下、山紫、明照、锦澜、桥亭），其中，又以栅下铺为集中代表。栅下涌水面宽阔，码头集中，历来是铸造业发展的理想地域。锦澜铺下方为桥亭铺，东南方为明照和栅下，这两个铺邻近佛山涌，形成了佛山铸造业以栅下作为中心区域向四周散开，锦澜铺作为"后台"作坊的空间发展格局。

作为栅下铺冶铁业的后台加工区，锦澜铺的产业发展主要作为加工作坊集中区而存在。即锦澜铺是作为一个铁器制作和加工的作坊集中地而与栅下铺等南部制铁、铸铁产业建立密切的分工和合作关系。根据文献资料记载，清代前期，世代以"铸冶车模"为业的黄氏就在山紫铺山紫村开设铸造炉房。江夏《黄氏族谱》载："高祖考沛庵太府君遗下炉房地一段，坐落山紫村口涌边水月宫之右边。"

清康熙至乾隆年间（1661—1795 年），佛山铁制农具的生产主要集中在南部锦澜和东南部桥亭铺等地区。这些地区农具生产也相当发达，呈现出一派"铸犁烟杂铸锅烟，达旦灯光四望悬"[②] 的景象。锦澜铺一带的街巷也大多与铁器产品有关，在地名上体现了非常明显的产业布局特征：乾隆年间（1736—1795 年），佛山锦澜铺出现了"铸

① 参见罗一星《明清佛山经济发展与社会变迁》（广东人民出版社 1994 年版）第四章第二节"二十七铺的区位功能与三大区划的形成"。

②（乾隆）《佛山忠义乡志》卷一一《艺文志》，何若龙《佛山竹枝词》。

犁嘴”[①] 等街名；道光年间（1821—1850 年）锦澜铺又出现“铸犁大街”[②] 的名称，其后又有“铸犁横街”之名。这些街道名称至少从一个侧面反映了清代前期锦澜铺一带铁制农具生产的产业集中情况和产业兴旺程度。[③] 从街巷地名的数量统计来看，南部锦澜铺铁器铸造业有关的街道名称在乾隆《佛山忠义乡志》中有两个（铸砧街、铸犁嘴）；道光年间也有两个（铸砧街、铸犁大街）；民国乡志中增加到 64 个，即铁廊巷、铁香炉街、铸砧街、铸砧上街、铸犁大街、铸犁横街等。表明锦澜铺铁器铸造业和专业化铁制农具产业的发展在民国初期达到高峰。[④]

（三）辉煌灿烂终不见：锦澜铺的衰落

佛山镇铸造业的发展，目前的考证最早可追溯到汉代，唐代佛山铸造、陶瓷和纺织三大手工业已初具规模，劳动密集型产业突出，对外贸易和运输业也有一定的发展。宋代以来，佛山镇一直是广东的冶铸业中心。宋代至明以前，佛山铸造业在历经战乱之后，重新聚集发展，由于有足够的基础和底子，佛山铸冶业及其产品很快在岭南周边地区颇具影响。进入明代以后，佛山铸冶业等铁器制造业继续发展，很快进入官督民办阶段，产业规模、产品门类、朝廷特供等都进入了一个全新的时期，以至于明朝景泰年间，佛山就以“工擅炉冶之巧”而著名。明清时期，佛山铸造业享誉全国，产品遍及海内外，有“佛山之冶遍天下”[⑤] 之称。

自明清至民国时代，佛山逐渐发展并享有“四大名镇”和“四大聚”之一的美誉。在产业发展方面，形成了包括铸造业、纺织业、陶瓷业、水运业、商贸业、手工业、中成药业等支撑的产业结构体系。此时，佛山有手工业 220 多行，商业及服务业 70 多行，有三四千种商品生产，有 3 万多家商店，街道 1500 多条，桥梁 20 多座，渡口 60

① （乾隆）《佛山忠义乡志》卷一《乡域志》。
② （道光）《佛山忠义乡志》卷一《乡域志》。
③ 鲍彦邦：《明清广东铁农具的生产》1997 年第 19 卷第 4 期。
④ 朴基水：《清代佛山镇的城市发展和手工业、商业行会》。
⑤ 屈大均：《广东新语》卷十六《器语》之《锡铁器》。

多处。佛山的专业街、市遍布二十八铺。外省客商蜂拥而至，并建立了自己的行业会馆和坐商行馆，有会馆 18 家和洋馆 22 家。清末民初以后，受到外国先进技术生产的质优价廉产品的全面冲击，加上国家经济贸易发展的重心从岭南转向东南，佛山镇城市和产业的发展进入严重停滞发展期。在新技术、新产品冲击下，锦澜铺传统的生产模式很快就土崩瓦解了，进入民国以后，除极少数手工制造业之外，锦澜铺基本沦为一个日常生活空间。

二　石路头铺：寓公煮茶听风云

（一）石路头铺

明代，随着国家政经政策的调整，佛山步入高速发展期，在外部资本、技术、劳动力、资源快速进入后，佛山城镇空间出现了分化和重整。突出表现在二十八铺的空间功能发生变化，形成了南部手工业制造区、北部商业中心区和中部工商、民居混合区的三大功能区。其中，佛山镇南部区域是铸造业集中地区，主要集中在山紫铺、锦澜铺、桥亭铺、明照铺和栅下五铺；除此之外，染料房和丝织业也集中在南部，其中山紫、栅下两铺以染料房为主，岳庙铺、社亭铺和仙涌铺的丝织业空间集聚明显。佛山北部商业中心区，则以汾水、大基、富文三铺为代表，这里也是全镇最繁荣的地方，其间会馆众多，店铺栉比鳞次，酒楼、妓馆和戏班云集。中部片区的福德、潘涌、鹤园、石路头、纪纲、黄伞、观音堂和祖庙八铺，是工商、民居的混合区。从建筑景观看，这片区域既有工商会馆，也有手工作坊；既有店铺，也有民居，尤其集中了佛山镇的富户、客商和大宗族集团。

从铺区的街道、铺户数量和人丁数来看，根据民国十年（1921）佛山镇人口统计数据，可以看出，石路头铺铺屋（户）总数为 476 户，人口总数为 2654 人，属于全镇二十八铺中比较小的铺区。其产业业态不多，以居民区为主。

清代佛山镇中部区域的产业和居住混合特征，使这一带的产业形式，主要以手工业生产为主，经营形式以前店后铺、自产自销为主要形态。其中，中部区域的中心区域，有黄伞、纪纲和石路头三铺，此间因为与佛山镇墟市空间地缘接近之故，历来也是商贸繁荣之地，各主要道路沿街面店铺鳞次栉比，招牌错落有致。其中，黄伞铺、纪纲铺由于更靠近商业墟市区域（普君墟），故商贸产业较多，而石路头铺由于位置相对内缩，位置更高，在抗水渍、洪水、通风等方面，位置更佳，故成为当时佛山镇主要的高档民居住宅区。

清代前期，石路头铺有石路头大街、石路里、兴隆里、新华坊、兴仁里、兴桂巷、崇德里、楼巷、和睦里、蔡巷、解元巷、兴桂巷、太和坊、和兮巷、和乐巷、烟皮巷、大地堂、生源巷、钟巷、旒秀巷、又旒坊、长乐里、梁巷、邓巷共街道 24 条，铺屋 476 户，男女丁共 2654 人。道光年间，石路头铺有简氏聚居的简园，有石路头陈氏聚居区，有水圳冯氏聚居区，有兴桂里霍氏聚居区，有和睦里何氏聚居区，有兴隆里蔡氏聚居区。其中，以冯氏聚居区最为著名，内建有冯大夫祠和敕命楼，子弟乡科颇盛。可见，石路头铺作为当时佛山镇中部核心区地理位置相对高点，在此聚居的里坊人户由佛山镇定居历史较早的乡老家族和流寓至此的富户宗族组成，里民综合文化教育状况较好，是当时佛山镇乡科成就鼎盛之地。

石路头铺大量的氏族聚居，在一定程度上反映了当时佛山宗族空间发展和分布的特征，石路头铺有石路头街的颍川宗祠，有为了祭祀霍氏八世祖的兴桂里思铭霍公祠，有在石路头的云峰蔡公祠，有在民国时建在石路铺水楼堂的兆祥黄公祠，其中，目前仍然存世的兆祥黄公祠兴建历时 15 年，1905 年动工，到 1920 年才建成。祠堂占地约 3000 平方米，兆祥黄公祠是为了纪念“黄祥华如意油”创始人黄大年。2003 年，宗祠在维持原有祠堂空间格局和建筑特色的基础上，对其使用功能进行了可持续利用，被改造为广东省粤剧博物馆，其中，重要展品超过 2000 多件，是目前广东省内粤剧专题博物馆中的佼佼者。

（二）石路头宗教祭祀空间特征

作为明清乃至民国时期佛山镇高端住宅云集之地，石路头铺一带乡祭的社坛和神庙较多，各种大型祭祀活动因为空间局促，约束较多，故较少举办，但乡民基于以家庭为基础的献祭活动则较为频繁。自明至清代，佛山有 40 余社。石路头铺的社坛有兴隆社和仁兴社，其中数兴隆社较为古老，建造于明代中叶之后，此后一直香火不断。

同时，明清时期佛山镇内最有名的第一忠义社，也在中部地区，该社内置有石麒麟图像，故有麒麟社之称。中华人民共和国成立后，尽管麒麟社坛不存，但以麒麟社为地名，形成了特定的城镇空间和社区。

神庙方面，明清时期，佛山镇建有神庙170座，所祭祀神明有五六十种，石路头铺与纪纲铺由于位于共同的祭祀圈，故两铺铺民主要祭祀花王庙和三官庙。花王庙位于燎原路弼头街38号，建于清乾隆五十七年（1792），又称妈庙，供奉花王女神，人们可以在花王庙求嗣保婴。从侧边看，花玉庙镬耳房，高檐梁，墙头的砖瓦经历风雨，上面精美的房檐木雕仍然保存完好，透露出古朴厚重的历史气息。三官庙一般祭祀道教神灵中主管天、地、水三界的天官、地官和水官，又称“三元”，为道教较早供祀的神灵。一说天官为唐尧，地官为虞舜，水官为大禹。道经称：天官赐福，地官赦罪，水官解厄。石路头铺祭祀花王和三官，主要祈福生活领域中的祈子、赐福和解厄。由此可见，此铺区以民居和日常生活为主。

（三）石路头铺文教氛围浓厚

作为明清时期佛山镇主要高姓大户的集中居住区，石路头一带文教昌盛，致仕甚多。清末民初以后，石路头铺一带也是佛山镇主要文教区，石路头铺有五个学校，分别是由基督教徒设立的伯特利女校，在和睦里的何氏书舍，以及由郭鉴冰、郭慕兰、郭淑贞在石路头兼办高等国民学校的季华女子学校等。值得一提的是，石路头铺的汾江第一楼，高四丈余，登上楼可以一眼尽收佛山全景，曾经的“懒圈四大才子”中的陈云麓曾于此读书，故命名为汾江第一楼。而季华女子学校则是当时佛山开女校风气第一家，其气标风尚为一时美谈。

明清时期的石路头铺虽不及栅下铺、山紫铺以及祖庙铺等产业优势明显，作为居住和文教区域，其在佛山镇商业鼎盛时期的名望有限，故过往基于手工业、商业发展的佛山镇历史梳理中，石路头铺因为不是其中的重点，而被有意无意地忽视，但从城镇发展的综合铺区功能来看，石路头铺在帝制时期的佛山镇铺区结构中，具有其非常值得纪念和书写的方面，尤其是其占尽地利的高地条件使其成为佛山镇土著乡老宗族和流寓富户的集中居住区及其附生的文教功能等，都非常值得深入挖掘、整理和书写。

（四）城市旧改中的石路头铺

作为明清时期富人的主要聚居区，石路头铺一带宅第较多，建筑布局合理，规整优美，是佛山历史文化名城重点和需要关注、重视的地区。然而长期以来，随着城市产业、空间的发展变迁，该区成为以老旧为主要特征的传统生活区，急需进行综合改造。2010 年 8 月，禅城区政府启动了规划面积 8848 亩、总投资预计 100 亿元的佛山名镇工程，希望以此来重现“明清四大聚”的辉煌。但其后因为各种原因，规划难以实施。近年来，佛山老城区在三旧改造的大旗下，进行全方位改造，对石路头铺区域来说，改造如何结合地方历史文化传统，适度体现传统和当下的结合，是其能否再现昔日辉煌的前提，但目前的改造，在一波三折之后，似乎又进入了大拆大建的老路数，石路头铺的石路头大街早在 2001 年已被拆迁，改建成了如今的兆祥路，石路头铺、纪纲铺和岳庙铺三铺也在其后的拆迁和三旧改造中，成为故地。随着新的房地产楼盘的冉冉升起，石路头铺、纪纲铺、岳庙铺等代表了帝制时期佛山辉煌和历史记忆的空间、人物、故事等，都在机器的轰鸣中消散不再，曾经的镇域核心区和人烟繁盛之地，在打桩机的轰鸣中，如何再续曾经的产业、经济、人口辉煌？新兴的城市房地产业，可能可以回答，但是，以单纯利益诉求为目标的地产开发，如何合理延续佛山镇的历史、文化和在地特征？目前少有人回答。我们入目可见的是，旧街区在机器的扫荡下，逐渐飘摇，杳杳远去。

三　彩阳堂铺：扎作传艺，教会惠人

（一）概述

彩阳堂铺位于佛山镇中偏南部位置，属明清时期佛山镇手工业相对集中区，其主要作为铸造业的外部承接和加工区，主要行业有炒铁、炼铁、制铁等。民国初年，彩阳堂铺有街道 18 条，铺户 495 户，大小人丁 3765 口，在佛山镇二十八铺中，其空间、面积、户口数量，人丁口数都相对较小，这可能与其位置偏居南部，在佛山镇地理开发过程中，属于后开发地区，故户口、人丁都相对偏小。

（二）彩阳堂铺的行业特征

1. 彩阳堂铺以炒铁业为其主业

明清时期，佛山铸造业发达，是佛山镇内首要的手工业产业。当时铸造业主要分布在南部河涌水运便利的锦澜铺、山紫铺等区域，在与锦澜铺相邻的桥亭铺和明照铺，因近涌边，也有冶炉开设，光绪年间，在桥亭铺水边和村尾共有7座冶炉，明照铺有4座冶炉。栅下铺涌水面宽阔，码头集中，历来都是铸造业发展的理想地域。明代的细巷李氏就世代在栅下以铸冶为业。除铸造业外，染房、靛房等污染大的作坊也设在南部涌边的山紫、栅下等铺。道光年间，在山紫村有人"开设土靛房，其矾水渗流，草木不能生长"。乾隆年间，海口庞氏有庞永律在佛山栅下开染房。其谱载："公平生调境，有大志，开创禅山栅下染房数载，无所获，遂交与季弟储士经理。"①

与铸造业集中区相毗邻的各铺，如丰宁铺、明心铺、耆老铺、真明铺、埃岐铺、医灵铺、东头铺和彩阳堂铺，则是炒铁、打铁，拉拔铁线等行业的集中地。相对于铸造业，炒炼业不需用大量泥模，污染环境较小，因此可设于镇内。在丰宁铺莺岗一带，就是炒铁炉集中之地。清代乾隆时期，丰宁铺、莺岗铺及周边一带，有炒铁炉近100条，史称"蟠岗银，莺岗铁"。道光年间，"福宁街，俱炒炼铁炉"，有文献认为，当时炒铁、炼铁的炉火高达300余座。新安街、公兴街一带，家家均以炒铁为业并有炒铁行会馆、国公古庙等冶铁业的公共设施。因此，以铸造业发展为基础，当时佛山镇内的相邻空间上，形成了以普君墟为中心，周围的街巷以打铁、打铜为主业的产业集群区，而彩阳堂铺刚好位于此。可见，明清时期，彩阳堂铺的冶铁、炒铁和炼铁业比较繁盛。

2. 彩阳堂铺是佛山狮头扎作文化的重地

佛山狮头扎作源于明代，兴起于清代乾隆年间。其扎作是基于广东石雕狮子的造型特点，以神似为基础，造型和装饰设计上均采用了夸张而浪漫的表现手法。清代前期，随着佛山城镇地位的提升，狮头

---

① 《海口庞氏族谱》。

扎作等手工业在佛山镇中部地区普君墟一带开始集中，并随着墟市规模的扩大，佛山城镇商业空间的扩张而呈现行业的整体扩张，至乾隆佛山鼎盛时期，彩阳堂铺一带已发展成为佛山镇比较知名的狮头扎作生产商业中心。

佛山狮头扎作是一项非常复杂的工艺，主要分为扎作、扑纸、写色和装配四道工序，四道工序分解为1300多个步骤。扎作，是用细细的竹篾扎出生动且结实的狮头型，用铁丝固定好每一个接头。造型要达到狮头饱满、线条流畅、口阔带笑、眼大明亮且能转动、杏鼻、明牙震齿的要求。扎作狮头的竹篾一般用清远竹，次一点的用广宁竹，清远的竹子带黄，非常柔韧结实。鸦片战争以后，随着佛山镇地位的下降，狮头扎作产业逐渐式微。民国以后，随着机器生产的普及，以前的手工扎作，逐渐被机器所替代，彩阳堂铺手工狮头扎作行业基本消失。只有极少数传承悠久的家族，尚在坚持，如佛山黎氏家族的狮头扎作工艺传承，目前已被认定为国家非物质文化遗产。

（三）民初以来，彩阳堂铺是重要的基督教传道中心

宗教是一个十分重要的社会文化体系，是人类文化系统的一个重要组成部分。宗教的本质是对超自然、超人间力量的信仰，它有自己的逻辑构成要素即宗教观念、宗教行为、宗教组织和宗教体制，从而组成了一个完备的社会文化体系。“粤人尚鬼，而佛山为甚”，说明佛山的宗教信仰十分发达。同时，作为平民社会的佛山，民间宗教相对发达，“粤人好淫祠”即为见证。

明中叶以后，天主教和基督教以广东为窗口，相继传入中国内地。鸦片战争以后，基督教开始传入佛山，循道公会是最早进入佛山的基督教公会。咸丰十年（1860），英国循道公会传教士俾士（George Piercy）来到佛山，在观音堂铺的古洞街租下一间小房间讲道。但是，由于传道中困难太多，他们都没有能坚持下去。同治九年（1870），另一位英国循道公会传教士司多马（Thomas G. Sellby）来到佛山，在永兴街租了一间烟叶仓库作为礼拜堂，这就是循道公会在佛山的第一间教堂——永兴堂。不久，他又在佛山城北的文昌沙河岸买下一块地，建立了惠师礼行（约翰·惠师礼为循道公会的创始人，

也译成“卫斯理”。为了避免佛山百姓的反教情绪，起名为“惠师礼行”，意思是“商行”，而非正式的教堂)，并逐渐发展成为循道公会在中国最大的一个布道场所。这样，循道公会在广东建立了除广州联区以外的第二个联区——佛山联区。随后，华南教区的机关办事处由广州增沙回龙里迁到佛山，佛山遂成为华南基督教重要的宣教中心。此后，循道公会在佛山兴旺发展起来，在佛山及其周围地区相继兴建一批教堂和布道所，至民国十二年（1923），循道公会在佛山已经建有永兴堂、大基尾堂、太平坊堂、文昌沙堂、广德里堂和中央堂（福贤堂）等教堂，还有一些外围的布道所，如叠滘、礌冈和大沥的福音堂等。民国十四年（1925），佛山循道公会各堂的信徒总数达到了500余人，成为基督教在佛山力量最大的公会。

天主教是最早进入佛山的西方宗教，但在佛山传播的程度要远远逊于基督教。据康熙四十二年（1703）耶稣会士 Jean de Fontaney 对佛山传教情况的记载：“耶稣会士在这里建立了美丽的教堂，而且有很多的信教者。”但在雍正时由于清王朝的禁止，“乡毁天主堂”，天主教陷入停顿。直到清咸丰八年（1858），才在佛山彩阳堂设立了天主教堂。同治三年（1864），佛山天主教会从澳门教区划归广州教区。清光绪十二年（1886），天主教会买下福宁路洪安里一处住宅，改建成新教堂，主教堂便从彩阳堂迁到洪安里。

随着基督教在佛山的发展，各教会除修建教堂外，还兴建了大量的教会学校、医院和慈善服务等设施，作为他们传播布道的重要辅助工具。因而，在基督教文化景观扩展过程中，还伴随大量教会学校、医院等附属文化景观的出现。各种附属文化景观仍以循道公会创办为主，其中最具代表性的是循道西医院和华英中学。佛山循道西医院以及附属的西医学校是广东近代首批先进的西医院之一，它对佛山乃至广东的医学事业发展都具有重要意义。华英中学是广东近代较早的从小学到高中系统完善的教育景观，在广东、港澳地区都有较大的影响。

佛山天主教的广泛传播与佛山发达的手工业关系密切，天主教和基督教在进入中国之初，由于主体宗教的排斥，其吸附人群以中下层劳动人民为主，通过开戒教化产业工人和其他体力劳动者，基督教和天主教才有了比较稳固的信众人群，佛山手工业、工商业发达，手工业中，又以铸铁、冶铁、炒铁、炼铁等重体力劳动者为主，这些都是社会的最底层人群，易被各种外来宗教所宣扬的教义所打动，再加上此部分产业工人的群体数量庞大，进一步为天主教和基督教在佛山的顺利传播，提供了人口学基础。作为商贸城市，佛山历来相对开放，优越的地理交通条件和开放的社会文化环境，使佛山对那些外来宗教的传播采取了自由放任主义态度，这客观上为基督教和天主教的顺利传播和生根发芽，提供了成长的沃土。

四　山紫铺：故老遗地，文教新址

（一）概述

山紫村的前身即为明清时期山紫铺的主体区域，位于佛山镇郊外，约开村于晋代，或唐前，属南海县，明代正统末属佛山季华乡，清代属佛山镇。中华人民共和国成立初属佛山市郊区公社，设立永红生产大队，1984 年改属佛山市石湾区环市镇，仍称山紫乡。山紫铺早期氏族，相传是岑、梁、谭、罗、杨氏，以后马、傅等氏前来落籍，其余是杂姓居民。乡人多务农，或外出做工，或为商贩。山紫铺古迹有南泉（绿瓦）观音庙、蜘蛛山（前有清初古榕树一株）、雷神庙、较杯、飞鼠等十八土墪，旗带水（石渠）、鹊歌、东岳、地藏、华光、玄坛、土庵等庙，田心书院和清代南海分府衙门、汾江义学（现市三中和傅家祠，此祠完整保留）。

山紫铺为佛山二十八铺之一，位于今天建新路两侧一带，包括黄巷、更馆巷、装色巷、豆腐巷、德兴巷、灰沙巷、大巷、邓巷、毓秀巷、花园巷、板帐巷、新巷、石巷、高巷、九间巷、余庆巷、石横巷、承恩巷、打灶巷、华兴巷、石榴巷等多处，城市的改造、道路的拓展使传统的街巷空间毁坏殆尽，如今几乎很难再找到传统的街巷印记。

（二）山紫铺的手工业

1. 铸冶业

古代佛山镇是广东的冶铸业中心。宋代至明以前，佛山铸造业初具规模，在珠江三洲角地区颇具影响。明景泰年间，就以“工擅炉冶之巧”而著名。明清时期，佛山铸造业享誉全国，产品遍及海内外，有“佛山之冶遍天下”之称。由于铸造业生产要消耗大量原料，需要依涌而建。早期佛山铸冶业就表现出中西部向东南部逐渐转移的特征，南部濒涌的山紫、锦澜、桥亭、明照和栅下五铺，是佛山镇铸冶业作坊的集中地区。

佛山最初从事铸冶业的以佛山堡八图（里）居民为主，而且多以家族经营，如鹤园冼氏、细巷李氏、东头冼氏、江阴黄氏、纲华陈氏等。据文献记载，世代以“铸冶车模”为业的江阴黄氏就在山紫铺山紫村开设铸造炉房。江夏黄氏祖籍福建邵武，到佛山后仍从事铸冶车模业。江夏《黄氏族谱》载：“高祖考沛庵太府君遗下炉房地一段，坐落山紫村口涌边水月宫之右边。”万历年间，黄龙文“勤务正业，以铸冶车模为生”。其子黄妙科“以下模为业，致积有千金，置大屋一间，小屋四间，四十八亩，亦无娇容奢华之心”。其子孙世代从事车模铸造业，直到清中叶时止。由此可见，佛山冶铁业乃是佛山宗族发展的重要经济基础，在佛山都市化过程中起了特别重要的作用。

2. 织造业

三国时，佛山已是蚕丝和棉花的生产基地。郦道元的《水经注》说，这里“高则桑土，下则沃衍”。当时这里的桑蚕种养已相当兴盛。南宋时，佛山的纺织业兴起，附近乡村的生产者把产品集中到佛山来交易，出现了蚕种市、茧市、布市等专业市场。明代，纺织机户遍布佛山及四乡，佛山成为省内纺织品的主要产地，纺织品在国内外市场上占有重要地位。随着珠江三角洲“桑基鱼塘”的大面积扩展，佛山丝织业在清初时发展为十八行。当时佛山的丝织品大量出口海外，为“东西二洋所贵”。清光绪中叶，兴宁人来佛山开设布庄，织客家土布，最初工厂设在文昌沙，厂家有黄茂华、彭金记等，后来发展到山紫铺、叠滘、金鱼塘、村尾及各内街。土布在此染成广东人最喜爱的“长青布”，然后大量地向新加坡及广东人常到的海外各地输出。染坊、靛坊等污染大的作坊也设在南部涌边的山紫、栅下等铺。

3. 泥水（瓦工）业、打石业

泥水（瓦工）业的行址（会馆）设在山紫村，叫荣成堂。打石业以凿石碑、拜台、门楼石牌为主，兼造石磨、石坎。少数精巧艺人，可凿石龙柱、石狮等物。大小店号10余家，多在山紫村、城门头附近。

（三）山紫铺的宗教、民俗

佛教自东晋传入佛山后，一直没有大的发展。唐贞观年间，在塔坡冈得佛像并改地名后，佛教才真正在民间流传开来。佛山佛教的兴盛期是在清代和民国初年，时寺庵较多，布及市内。有文字可查的设在山紫铺的寺有：①湖峰寺。古刹之一，位于山紫铺山紫村涌基坊，清康熙八年（1669），由僧人际端所建。寺枕高基，腰环带水，树木高耸，百鸟齐鸣，风景怡人，可称净乐土地，民国时湮没无存。②西庵。清康熙辛未年，罗定长春寺僧人济溥建于山紫铺高基坊。③莲子庵。清康熙四十一年，建于山紫铺莲子坊。

“顺德祠堂南海庙”说的就是南海顺德一带神庙祠堂的繁荣，中华人民共和国成立前，佛山神庙祠堂很多，据《佛山忠义乡志》记载，民国时期，山紫铺有以下庙堂：天后庙（中和里）、观音庙（山紫铺涌边、田边）、圣亲宫（山紫铺田边）、东岳庙（社地）、鹊歌庙（祀炎帝、关云长和伏波将军）、地藏庙（杉地侧，祀地藏菩萨）、谭仙庙（南泉石道，祀谭子化）、二仙庙（和合街，祀樟柳二神）、华光庙（山紫村口，祀火神）、花王庙（地藏庙右，祀花神）等。其中，南泉观音庙是山紫铺的主庙，建于明代，在山紫村外，是山紫铺人的香火庙。庙四周古树翠竹参天，庙前建有大莲池。庙周围还有古迹十八个土墩，分别是蜘蛛、较杯墩、将军、亚婆、大塘、飞鼠、雷公、高家、石榴沥、罗家、蒲鱼、香花、宝鸭、金鼠、石马、白马、梁家和光墩。分布南泉庙道、田心书院—铸犁嘴、杉街一带，各墩环绕南泉观音庙四周，人们称为“十八罗汉朝观音”。中华人民共和国成立后被拆毁。

旧时佛山人每年都会举行观音诞。观音诞期每年有4次，二月十九日、六月十九日、九月十九日、十一月十九日都是观音诞，以六月十九日山紫铺南泉观音庙的活动最为隆重。佛山向来有迎神赛会的会景巡游或者举行民间传统习俗的秋色游行习俗，而其中必有舞龙队伍参加。佛山诞会所舞之龙，共有火龙、金龙、银龙、纱龙、旱龙和龙船六种类型。而龙船就是由山紫铺人所创制，这种龙船，不是每年端午节在河海中竞赛的龙船，而是在民国时期佛山举行秋色会景产物，人们称为“陆地行舟”。龙船长约丈许，扎作简单，龙船身只用白布两幅，分用颜色，上面绘成船状，下面绘成水波纹起伏之形。再将两幅布分缝于两条长大竹竿上，再加上扎成的龙头、龙尾便成。游行时由四个人分在左右两侧，各手执竹竿的头尾挽着前进，船身左右要离开数尺，以便两旁划手起立作势划桨，以及船中央步行之人，沿途或举或舞手中帅牌、罗伞、大小旗帜和锣鼓敲击动作。后被栅下铺人改为“纱龙”，别具一格，深受观众喜欢。

（四）山紫铺的文化教育事业

明清时期，佛山的地方教育，以开办书院为主。山紫铺因为其较好的位置和交通条件，成为当时佛山镇文教重心，书院众多，其中最有名者为田心书院。田心书院位于山紫铺南泉观音庙左边。书院地处蜘蛛山较杯墩中央，是田地的中心，所以名为田心书院。康熙十二年（1673），佛山士绅请准两广总督建立田心书院，为官绅文士定期举行会文，以推动封建文化的开展和培养后继人才。最盛的时候，会文的成员达 500 多人。书院建立后，历康乾嘉道四朝四次重修。民国时期，书院荒芜，中华人民共和国成立后已无存，遗址在现在的普澜路普澜二街内，现已毁弃。

田心书院的出现与侨寓人士想要获得社区地位有关。相比于佛山土著汇聚于具有议决公事和教育子弟双重组织功能的崇正社学，侨寓人士在佛山没有土地，也没有正式户籍。他们不仅没有在南海县参加考试的资格，甚至没有在佛山社学获得教育的权利。乔寓阶层为改变受排斥的局面，维护本集团利益，同时也为了培育人才，创立了田心书院。它依照崇正社学的形式组织，因此，田心书院具有集合侨寓人士中的精英和教育子弟的双重组织功能。其组织目标是维护侨寓集团的现有利益，并谋求更大利益。

作为教育中心，田心书院是侨寓人士宴请名师、督课子弟的主要场所。田心书院本无课文经费，嘉庆四年，始由总督吉庆以煤场充公银 2000 两，交发侨寓置铺收租以支课文经费。道光十年，吴荣光再请总督李鸿宾将佛山赌博业入官房产五所拨给田心书院，李鸿宾另捐银1000两，加上侨寓所捐1200两，置铺收租作课文经费。这样，以田心书院为纽带，把侨寓人士组织起来，加强了相互联系，并使他们在佛山形成团体力量。通过田心书院的课文和教育，使更多侨寓子弟走上仕途，为将来侨寓集团谋求更大利益。

（五）山紫铺鸿胜馆与近代革命

佛山武术之所以在中国武术发展史占有重要位置，主要是清末民初武术的繁荣达到了空前的地步，其中与鸿胜馆繁荣和发展是分不开的。而鸿胜馆能够得到繁荣又与馆主陈盛从严治馆，在武术界有较高地位有密切联系。咸丰元年（1851），张炎在佛山开设鸿胜馆。鸿胜馆首徒陈盛继任掌门，设馆于衙旁街，世人称“鸿胜祖馆”。陈盛为发展鸿胜馆，制定了严格的馆规，徒弟入门前，要有馆内人介绍，经过调查，有正当职业，品行端正，没有触犯“三不教”的戒条，才能拜师。平时，陈盛强调“强不犯弱、众不暴寡”，如有徒弟无端闹事、与人争斗、必叫回馆中告诫、惩处。

1921年，鸿胜馆进入鼎盛时期，全佛山共有鸿胜馆13间，其中山紫铺就有一间。整个鸿胜系统成员万人左右。陈盛去世后，首徒钱维方继任馆主。当时，钱维方是中共党员，佛山工人代表大会主席。鸿胜馆还有一批骨干担任了工代会的领导，其成员也都加入了工代会。1927年，蒋介石发动政变，工代会受到镇压，一大批成员被杀害。到1937年，因钱维方和吴勤的回归，鸿胜馆才得以恢复运作。鸿胜馆的成员又继续投身于抗战，钱维方和吴勤在鸿胜馆内开设杀敌大刀教练班，并派人到一些学校教授武艺，举办防护团，由鸿胜馆内的一批名医教授紧急治伤法。钱维方还举办了一个技击深造班，组织一批鸿胜馆成员成立山紫村民众自卫队，后遭国民党查禁，钱维方被迫逃去香港，鸿胜馆由吴勤继续领导。1938年，吴勤将鸿胜馆成员组成抗日游击队，在南番顺一带多次重创日伪军。1942年，吴勤被国民党军杀害，鸿胜馆也遭到了严重的打压，各分馆陆续被查封，大量鸿胜馆的革命志士受到通缉，纷纷出走海外，蔡李佛拳走出了国门，从此，鸿胜馆扬名海外。

鸿胜馆的发展史不仅在佛山武术发展史中占有重要位置，也与佛山革命斗争史紧密相连。现在，中国香港、中国澳门、加拿大、新加坡等数十个国家和地区还设有鸿胜馆。近年来，经过调查考证，发现佛山仍有多个鸿胜馆遗址，包括位于衙旁街 15 号的鸿胜祖馆和 39 号陈盛故居等，吸引了海内外多个蔡李佛武术组织前来寻根。1998 年，佛山蔡李佛鸿胜馆成立，是佛山第一个正式开放的革命历史遗址。进入 21 世纪，鸿胜馆老一辈武术馆员依然授徒不倦，形成了武术和旅游产业相互结合、相互促进的新局面。

（六）中华人民共和国成立后的山紫铺

中华人民共和国成立后，山紫铺有了重大变化，据山紫市场附近居民介绍，中华人民共和国成立前的山紫铺由于战乱，早已成为废墟，改造前是一片烂泥地。中华人民共和国成立后，大部分土地（含村外）已改建为祖庙路（尾段）、卫国路（头段）、卫国西路、体育路和普澜路。现在各马路旁的新建建筑有：佛山宾馆、百花总汇市场、市体育馆、文苑酒家、农业银行、建设银行、山紫市场、华侨大厦等。此外，还有公司、商行、茶楼、餐厅及大小工商业店，也分布于各路，可谓一片繁荣景象。从“山紫市场”的名字中，还可以依稀找到山紫铺的影子。

山紫市场在城区卫国西路，是 20 世纪 80 年代城区规模较大的综合性市场。1984 年，在原山紫村建立 2400 平方米的简易农贸市场，称山紫市场。1988 年 2 月建成开业。当时规划 1—3 层为商场，场地面积 7800 平方米。场内设大小铺位、摊档 500 多个，安排给国营、集体商业网点及个体户经营。首层为副食品市场，出售蔬果、肉类、水产品、禽蛋、干货、调味料等，并有配套设施。2—3 层为日用工业品市场。4 层以上是市工商行政局办公室。如今，山紫市场整体建筑较为残旧，国营商场和市工商行政管理局办公室也已撤走，只剩下首层的农贸市场和二层部分商铺以及一家“好好多”超市。从明清时期工商业繁荣的山紫铺到近代奋起抗战的山紫村，再到中华人民共和国成立后不复存在但被改造的新城区。山紫铺的历史，已不为太多人所了解和熟知，山紫铺成为文献里的文字，这对佛山来说，福耶幸耶？

五　黄伞铺：会馆嘈杂互市忙

（一）黄伞铺概述

明清时期，黄伞铺又名“黄缴铺”，位于当时佛山的中心地区（塔坡冈附近），西边邻近祖庙铺（大致在现在的祖庙片区），南边为佛山地名的起源地——塔坡冈。铺内三穴冈之上更有佛山旧八景之一的“冈心烟市”。唐宋以后，随着海洲范围的拓展，塔坡墟的市场中心地位使当地及周边村民频繁往来，有村民为便利市场交易，在冈上于五更前设夜市，摆卖日用品和粮食，由于火光冲天，远近可见，人们称为“冈心烟市”。黄伞铺位于中部的工商与居民混合区，由福德、潘涌、鹤园、石路头、纪纲、黄伞、观音堂和祖庙八铺组成，根据《佛山文史资料》第六辑记载，靠近商业中心区的潘涌、福德两铺店铺较密，可视为商业中心区的外围区或过渡区。中西部的鹤园、观音堂和祖庙三铺则是一个综合区。既有楚北会馆、山陕会馆和浙江会馆等会馆建筑，又有前店后厂的店铺；既有以祖庙为中心包括忠义流芳祠、崇正社学、义仓、八图祖祠等公共建筑群落，又有万元里曹氏聚居区、地官里庞氏聚居区、沙塘坊何氏聚居区、大树堂吴氏聚居区，隔塘大街霍氏聚居区、先锋古道和松桂里梁氏聚居区、莲花地黄氏聚居区和李氏聚居区。正中部的黄伞、纪纲、石路头三铺，主要道路铺店林立，在非主要道路的街巷，居民则十分稠密。石路头铺有简氏聚居的简园、石路头陈氏聚居区，水圳冯氏聚居区、兴桂里霍氏聚居区、和睦里何氏聚居区、兴隆里蔡氏聚居区。黄伞铺有黄巷、找钱巷、居仁里黄氏聚居区、东华里伍氏聚居区、刚正里黄氏聚居区、潘巷潘氏聚居区。纪纲铺有黄鹤基黄氏聚居区、更楼脚霍氏聚居区。可以看出，黄伞铺一带是当时佛山居住条件最好、土地和房产价值最高、居住人群以富商、流寓权贵和地方乡老宗族为主的地区。

（二）黄伞铺业态与文化

位于中部的黄伞铺，地处工商与民居混合区，直到民国时期，人口迅速膨胀，与其他铺相比，人口相对密集。根据民国十年（1921）的佛山人口分布统计，佛山镇二十八铺共计有街道 1552 条，铺屋

（户）51070户，人丁共305307人，其中，街巷数量最多的铺为观音堂铺，共计有街道190条，铺屋（户）4756户，人丁28456人；其次为富民铺和富德铺，铺屋（户）分别为6758户和4157户，两铺人丁数分别是47680人和21325人。佛镇二十八铺中，人口数仅次于富民铺的铺是汾水铺，其街道共84条，铺屋（户）4794户，人丁总数为42876人。可见，民国时期，黄伞铺在佛山镇二十八铺中，街道数量、铺屋数量和人丁人数，都居于中游水平。

从城镇景观和建筑物分布来看，黄伞铺区域既有工商会馆，也有手工作坊；既有店铺，也有民居，尤其是成片成围的宗族聚居地。清代这一区域的居民多在自家院内从事手工业生产，前店后铺，自产自销，产品多数是佛山传统的手工业品，以零售为主。这也符合工商民居混合区的功能特点。根据《佛山文史资料》第六辑记载，黄伞铺一带主要街道商铺所经营的商品种类分别如下：早市主要商品为成药、饮食；黄伞大街主要商品为成药、铁网、镶牙馆；白米街主要商品为粮食、布匹；长生树主要商品为租赁仪仗、马匹、八音大班（吹打）、生花、台凳、碗碟、丧服；黄巷的主要商品为机织土布等。

另外，处于混合区内的黄伞铺，在其民居住宅区内，男女老少共居，男女居民性别比率趋于平衡。尤其在佛山原生居民最早的定居区内，各族聚族而居，建有祠堂和成排成围的住宅。其内部有很强的凝聚力。有的大族如金鱼堂陈氏，在明代就子孙盘蜒，以聚族的形态生活，因此，有“聚族里许”的说法，直到清代依旧维持。这些氏族聚居地，自成一区，独立于工商街区之外。在文化观念上也自成一体。由于老人在这里占有重要地位，加上妇女和儿童占人口的优势比重，这些地区就成为民风民德的主要习传地区，在佛山这些隔绝的小社区里，鼓励符合规范的人发迹，而鄙视那些不符合传统观念的人，这种长期的隔绝居住，保持了传统道德规范的存续，它使居住于繁华闹市旁边的一个个相对隔绝的小社区保持着传统的生活习俗和事业追求。陈炎宗在《佛山忠义乡志》中的一段描述正是这种良俗最好的注脚：“佛山地广人稠，五方杂处，习尚盖歧出矣。故家巨族敦诗书，崇礼让。祠祭竭其财力，妇女罕出闺门。此其大较也。”①

（三）变迁中的黄伞铺

民国时期，黄伞铺共有街道40余条，这其中包含福贤里、金线街、楼安里、黄伞巷、早市等，是当时比较繁华的商业区之一。根据《广东省佛山地名志》的记载，直到1930年，佛山兴建公路，黄伞铺部分街巷裁弯取直，修建公路，这一带才因为福贤里而被命名为福贤路。如今的福贤路在城区偏东部，南连福宁路，北接福禄路，长600米，宽包括机动车道9.6米，人行道各2.5米。混凝土路面。1979年，路西北一小段划入莲花路。

福贤路及其西面的祖庙，东侧的清代民居街巷东华里，是佛山历史风貌和地方特色的核心区（见图7－1）。近代以来，福贤路在较长的时间内都是佛山镇的商贸繁盛之地，福贤路上的红星戏院，更成了几代人关于佛山镇城市印象的印记。由于佛山商业中心北移，福贤路街市渐渐衰落，沿街商业逐渐失去区域级服务能力，转而主要为本地居民服务。同时，由于福贤路一带传统街区交通不畅，公路建设、市政设施及绿地面积严重不足，而且尚存有一些污染、噪声较大的工厂，使这里的街区环境及景观不佳，居住条件差。2010年，佛山老城区旧城改造之前的福贤路，两侧共存有96间建筑和6处坊巷口和门楼。

未改造前的福贤路沿街建筑多为商铺，大部分为两层，前店后仓，下店上宅，从平面图上看，形状多为不规则四边形，面宽3—6米、进深5—20米不等，砖、木、混凝土混合结构。约有一半建筑的进深在10米以上，内部采光、通风条件较差，户内楼梯年久失修，强度和安全性不足，厨厕卫生条件差，部分建筑没有厕所，墙体斑驳陈旧，多有损毁，建筑内部的木结构构件质量不高，年久失修，安全性和防火性能较差。屋顶搭棚加盖、封堵阳台、空调机、防盗网、管线等杂乱无章，底层店面装修与原有风貌极不协调，某些商铺的经营项目与历史风貌不符。

---

①（清）陈炎宗：（乾隆）《佛山忠义乡志》卷十《艺文志》，广东人民出版社2005年版。

图7-1 崔国贤、崔衡晋:《印象·福贤》

图片来源：转引自佛山市艺术创作院。

福贤路及其周边地区自2007年佛山市启动“三旧”改造工程以来，即进入整体改造阶段（项目为岭南天地），至今，岭南天地项目基本完成了福贤路片区的改造工作，其改造的整体效果，尽管各方意见不一，争议之声不绝，但客观地说，改造后的岭南天地，无论在环境塑造、业态重构还是街区更新方面，可取之处较多，这也是佛山地方政府至今比较硬气的凭依所在。就福贤路一带的建筑和社区环境而言，现今的改造方案，可能不是最优方案，但事实上它的确促进了佛山老城区的整体优化提升。只是以岭南文化打造为区域改造核心文化旨归的建设方向，可能与佛山本地文化之间存在差异，也不符合历史街区改造保持在地原真性的理论认知，但从更为宽广的层面来看，佛山本地文化也是岭南文化的分支和组成部分，在全球化、城市化、现代化、多样化发展的今天，历史街区改造中的文化导向，适当去除本地性而以更宏大的区域文化特征进行“再植入”，也有一定的可取之处。只是如何维持街区改造中文化的“变与不变”，的确需要更加审慎的态度和思路。

第八章　街巷：一城繁华半城烟

第一节　从佛山堡到佛山镇

明初以前，佛山一带主要为珠江三角洲地区的典型乡村所充斥，当时佛山堡属广东行省南海县管辖，佛山堡有十四村，分别是佛山村、汾水村、村尾村、栅下村、朝市村、禄丰社村、大塘涌村、牛路村、隔塘冈村、观音堂村、细晚市村、石路头村、忠义社村和滘边社村。[①] 此时，佛山堡十四村在商贸、墟市和手工产业发展方面，为周边地区翘楚，其市场发达程度、宗族和村民富庶程度应该可比肩下游的广州。[②] 明景泰三年（1452），黄萧养率众攻击佛山，佛山堡当地乡老（八图族老）召集十四村联合抗敌，为战时需要，十四村被分为二十四铺，形成以汾江河涌环形水道相互补充的防守阵地，这种防守阵型使佛山堡乡民最终打退了黄萧养乱匪的攻击，保住了佛山。由村分铺的建制改变，加上当时来自朝廷嘉奖等外部力量的促使，最终完成了佛山堡向佛山镇的发展转型，使传统农村社区的村落发展成为街巷里坊，佛山城镇也以此为依托，在商贸和手工业的共同带动下，开始了明清时期走向鼎盛的发展之路，铺区制度的形成，成为影响佛山从村落转变成城镇的重要因素。

---

① （清）冼国干等纂修：（康熙）《南海县志》卷一《舆地》。

② 持此说法最重要的证据支持在于黄萧养犯佛山的动力：黄萧养暴乱首先攻击的是广州城，在攻城几经受挫之后，转而才进攻佛山，可见当时佛山在经济水平、粮草充裕程度上，是符合黄萧养攻城劫掠要求的，也足见佛山堡当时综合经济实力发展到了一个相当的高度。

经历了佛山堡到佛山镇的转型，佛山城镇留下了大量的城镇物质空间载体，如街、坊、里、巷，道路、阡陌，楼、堂、馆、所、亭、台、水榭以及社坛、神庙、书院、民居等，这些城市的物化遗产通过街巷网络的网格化牵引，最终动态地型构了佛山城镇的空间立体画卷。街巷空间是城市的血管体系，街巷通达与否是决定城市能否良性运转的基本前提。对历史文化特性鲜明的城市来说，不同的街巷空间及其地名传说，蕴含着复杂的城市社会、文化、历史和在地特征，是诠释和认识城市的密码及符号。因此，正确认识、理解和传承城市的街巷体系所表达的含义，对城市的持续保护、利用至为关键。佛山肇迹于唐，成市于宋，显贵于明清，产业基础和民间自我治理及修复，一直是这个城市引以为豪的特性和符号。佛山街巷地名的发展迁演，既是这个城市在漫长历史进程中自我演化和修复的见证，更是基于产业发展、墟市空间和特色产品的自我标签，铸砧街、铁线街、皮箱街，铁梨巷、布巷、花衫巷、绒香巷等，显示了这些街巷曾经的产业风华。而长生树、亲仁里、教善坊等，则于美好的愿景中提示着教化的荣光。

然而，岁月的繁华中，由于战乱、动荡等的作用，佛山镇核心区域的传统街巷要素和空间目前堪危。年久失修和苟延残喘之下，传统老城区街巷几多飘摇，残垣断壁多处可见，更有甚者，生活于斯的先民后裔，因为历史问题、教育、社保、就业能力等方面的局限，已然成为这个城市中最需要关怀的群体之一，尤其是那些为国有企业奉献了毕生年华，却因为企业改制下岗的职工。据本书研究团队长期持续的观察发现，南堤路、莲花路一带的社区菜市场，其综合菜品市价在过去十年中一直是这个城市的价格“洼地”，占据着全城所有市场中价格最低者，在分析其背后的原因后，不禁令人唏嘘不已：其市场价格最低的最主要原因，不在于市场的供应机制存在供大于求的问题，而主要是生活在这个片区的是周边国有企业的下岗工人和街区无业劳动者为主，这些人的生活消费能力相对有限，久而久之，使南堤路一带成为佛山城区各市场中菜品价格的“洼地”。这些片区也是整个城区综合环境和基础设施条件最差的地区之一，街巷狭窄、电线乱搭、建筑破败等随处可见。在这样的条件下，使这些问题街区到了迫在眉睫的改造关口，然而，面对着这些曾经代表着佛山城市繁华和产业兴盛的区域，改造中如何保持地方特色，对这些代表着佛山城镇发展本地原真性的要素，现代化、高端化的改造中如何友好兼容，都是迫切需要思考和处理的问题。

保护佛山历史文化名城，要从城市的细节入手，系统整理，深入挖掘，探寻隐藏于历史、文化、地方背后有关这个城市的一切芳华。本章研究的着眼点即在于此，通过对佛山老城传统街巷、地名的系统整理和分析，挖掘蕴藏于街巷背后的社会、人文和历史故事，厘清并讲好佛山老城区之于砖石、巷路、街道上的传闻、故事。

第二节　佛山镇街巷变迁

一　帝制晚期（明景泰以后至清廷灭亡）的佛山镇街巷

景泰之后，随着佛山镇逐步发展，佛山城镇在清初康雍乾时期步入发展顶峰。此时，佛山作为全国“四大聚”和中国“四大名镇”之一，其区域声望直追广州，甚至有人认为超过了广州。在这样的声誉之下，佛山城镇的街巷也全面超越前代，达到了前所未有的规模。就具体数量来说，乾隆《佛山忠义乡志》载，当时佛山25个铺（新增大基铺）共有里巷234条，墟市13个，其中，汾水铺有里巷37条，墟市2个；大基铺有里巷14条，墟市1个；潘涌铺有里巷14条，墟市2个；观音堂铺有里巷11条，墟市1个；福德铺有里巷15条；岳庙铺有里巷8条；祖庙铺有里巷17条，墟市1个；山紫铺有里巷10条；丰宁铺有里巷7条；黄伞铺有里巷8条，墟市1个；纪纲铺有里巷5条；石路头铺有里巷4条；真明铺有里巷10条；社亭铺有里巷5条，墟市1个；仙涌铺有里巷5条；医灵庙铺有里巷5条；埃岐铺有里巷8条；耆老铺有里巷8条，墟市1个；明心铺有里巷5条，墟市1个；彩阳堂铺有里巷4条；锦澜铺有里巷8条，墟市1个；桥亭铺有里巷7条；明照铺有里巷4条，栅下铺有里巷10条，墟市1

个；东头铺有里巷4条（见表8-1）。其中，13个墟市分别为汾水铺的官听市和盘古墟、潘涌铺的三角市和公正市、观音堂铺的表冈墟（大墟）、耆老铺的普君墟（塔坡墟）、黄伞铺的早市（冈心市）、社亭铺的朱紫市（朝市）、祖庙铺的三元市、锦澜铺的晚市、大基铺的大基头市、栅下铺的细桥头市、明心铺的新墟。

表8-1　乾隆时期佛山镇街巷数量统计

铺（街巷数）	街、巷、里
汾水铺（37）	正埠、官听脚、汾流大街、旧槟榔街、源头街、朝观里、豆豉巷、长兴街、升平街、松桂里、白米街、太平街、镇北街、盐仓街、西边街、富文里、汾阳里、筷子街、朝阳里、北胜街、盘古墟、新宁街、西竹街、会龙街、腾龙街、西胜坊、新涌口、排草街、龙聚街、安福街、东宁街、东庆街、天成街、观音庙、善门街、安宁里、瓦巷
大基铺（14）	板坊街、天妃庙、咸鱼街、天庆街、聚龙社、聚龙巷、华封街、汇源街、康宁社、粥头汎、华康街、猪栏、琼芝社、整船栏
潘涌铺（14）	源会里、杉后宝、万元里、潘涌里、大新街、青云坊、地官里、三角市、公正市、行仁里、马廊坊、鹤园社、教善坊、潘巷
观音堂铺（11）	富路直街、大湾坊、新庙桥头、三官庙、沙塘坊、大墟、大巷、美里、表冈里、田心巷、高闸门
福德铺（15）	畸令街、白鹤洞、绒线街、皮箱街、旧衙前、福禄里、福新街、金线街、福贤里、福寿里、水巷、舍人庙、西园、高地、锦里
岳庙铺（8）	新丰里、禄丰社、翀天坊、六村社、冈边头、道姑园、粥头、三门楼
祖庙铺（17）	古洛社、文明里、大塘头、祖庙大街、高第坊、天衢坊、余庆里、秋官坊、臣总里、文会里、协天胜里、麒麟社、甘紫坊、隔塘坊、三元市、磐石街、胜门头
山紫铺（10）	拱北里、梓里、社地、长塘坊、西平里、南馨里、观音庙、莲子坊、东升里、石塘坊
丰宁铺（7）	福宁里、走马路、新安街、十字路、莺冈、华光庙、丰胜街
黄伞铺（8）	黄伞巷、东华里、富里社、长生树、黄巷、黄鹤基、早市、江夏里

续表

铺（街巷数）	街、巷、里
纪纲铺（5）	纪纲街、洁净巷、居仁里、兴麟里、南边巷
石路头铺（4）	繁露社、石路头、兴隆街、任睦巷
真明铺(10)	白云坊、水圳、石桥街、乐仁里、清安里、青云社、南头园、白磡头、石园、线香街
社亭铺（5）	朱紫市、柴栏、朝市直街、饼料街、舒步街
仙涌铺（5）	大塘前、郡马祠、牛栏头、仙涌社、石角坊
医灵庙铺（5）	海南塘、万寿坊、花楼巷、华村巷、司马坊
埃岐铺（8）	西街、高巷、细巷、巷心社、栏毫里、宁园坊、石龙街、乐平里
耆老铺（8）	登龙里、金华里、金鱼塘、珠玑里、银带巷、福庆里、普君墟、绿荫深处
明心铺（5）	胜地里、京果街、塔坡古迹、文昌书院、明心社
彩阳堂铺（4）	澳边坊、正人里、登阁社、大塘坊
锦澜铺（8）	铸犁嘴、桄榔树、铸钻街、澳口、晚市直街、沙滘、纲华里、铁廊巷
桥亭铺（7）	冼巷、会真堂、石狮坊、通济桥、茶亭、砍尾、水便
明照铺（4）	厚俗里、明灯古迹、大桥头、南蚬
栅下铺（10）	崇庆里、广德里、尚书里、忠义里、二榕社、果栏、嘉贤里、龙母庙、细桥头、三元里
东头铺（4）	墺冈巷、第四社、东头、牛角塘

资料来源：（乾隆）《佛山忠义乡志》。

二　1840—1910 年的佛山镇街巷

1840 年以后，中国进入半殖民地半封建社会时期，随着西方列强的全面进入，以技术革命所带来的机器大生产的产品也开始大肆进入中国市场，在这种外部产品剧烈冲击之下，极大地改变了中国与世界其他国家之间的传统商贸关系和模式，对那些以外贸为主要增长动力的城市来说，影响巨大，佛山即经历了这样一个痛苦的过程，欧美列强的涌入，彻底改变了传承明清两朝的岭南对外贸易格局，传统以澳门外港、广州内港、佛山加工分包基地的贸易模式被彻底打破，香港完全取代澳门而成为列强在远东地区组织全球贸易的关键节点，广州转而取代了此前佛山城镇的分包加工职能，佛山城镇在新的全球贸易网络和流动网络中，逐步边缘化直至被完全排除在外，城镇传统手工业受到了来自技术的竞争压力，生存艰难，更为严重的是，全球贸易分工机制的变迁，使佛山传统产业失去了生存根基，佛山城镇产业迅速瓦解，失去职业的产业工人逐渐成为城市流民和无产流氓分子。佛山城市发展的根本原动力被削弱，陷入了全面的发展停顿。鸦片战争后，佛山城镇迅速从之前的岭南“二元中心城市”沦为局地意义上的小镇（1911 年后，成为南海县衙署所在地）。这种地位身份的落差，使佛山镇街巷的发展也稍后逐渐停滞。

因此，此一时期的佛山城镇街巷的总体数量依然保持了一定发展和增长，其街巷总数量从乾隆时期的 233 条增长到 581 条，增长 150%。墟市“四墟九市”则大致维持原貌，“四墟”指的是富文铺的盘古墟、耆老铺的普君墟（又名塔坡墟）、观音堂铺的表冈墟（又名大墟）和明心铺的新墟；“九市”指的是汾水铺的官厅脚、潘涌铺的三角市和公正市、黄伞铺的早市、锦澜铺的晚市、社亭铺的朱紫市、祖庙铺的三元市、大基铺的大基头市以及栅下铺的细桥头市。

三　1911—1949 年的佛山街巷

民国十二年（1923）《佛山忠义乡志》记载，当时佛山人口有 34.2 万，铺户 56513 户，街道 1695 条。而清道光时只 595 条，前后相隔 93 年，就增加 1100 条。墟市有 6 墟 12 市。从数量统计视角来看，清代佛山镇的街巷，乾隆时期，铺的数量从 23 个增加到 25 个，至道光年间，铺的数量达到 27 个，民国时期是 28 个。加上随后设立的四沙（文昌沙、鹰嘴沙、太平沙和聚龙沙），佛山城镇的二十八铺四沙的基础格局最终形成。街巷方面，乾隆年间，有街、巷、里、口、路、坊等 234 个，道光年间增加到 594 个，民国时期为 1590 个，分别增加了 1.5 倍、5.8 倍。民国计划大规模建设，分期开辟升平路、中山路等 16 条马路。升平路、汾宁路、永安路、福贤路等 11 条骑楼街相继开辟马路。1929 年前后，佛山修建中山公园和中山桥，并开始扩建升平、筷子、中山等多条马路，其中，旧槟榔街、汾宁里与石柱街一线，连接成汾宁路，两旁的仿西式骑楼商业街，均为此后所建。抗战时期，日本侵略军为了方便运输车辆行驶，在市区东部强迫沿线居民自行拆屋，分两期开辟了市东路。随后，日本侵略者纠集各区地痞，成立“自卫队”，拆毁中山路、大基尾、文昌沙、存院围、兰桂里、厚俗里、栅下到通济桥附近等地众多民房。抗战胜利后，由于战争摧毁了大量的建筑，战后的重建与修复掀起建筑业的一个小高峰。民国三十五年（1946）南海县政府成立马路修理委员会，以工代赈，开始修复马路，同时，清理日本侵略军留下的路障，清疏沟渠，修复开放中山公园。民国三十六年（1947），加固修复了中山桥，开辟衙前路（惠宁路）。至中华人民共和国成立前，由于经济未能恢复，市民生活困苦，市政维修经费欠缺，因此，市内街道垃圾堆积，沟渠淤塞，马路经修整依然破破烂烂。

此一时期，墟市共有 13 个，分别是富文铺的盘古墟、耆老铺的普君墟（原名塔坡墟）、观音堂铺的表冈墟（又名大墟）、明心铺的新墟、汾水铺的官厅脚、黄伞铺的早市（原名冈心墟）、锦澜铺的晚市、社亭铺的朱紫市（又名朝市）、祖庙铺的三元市、大基铺的大基头市、栅下铺的细桥头市、潘涌铺的三角市和公正市。

四　1950—1980 年的佛山街巷特征

1949 年 10 月 15 日佛山解放，随即进入社会主义改造和社会主义建设的新时期。从 1950 年 6 月到 1957 年，佛山市人民政府利用以工代赈，组织失业工人修复翻新升平、锦华等马路，修理街道，建汲水埠头和码头，清挖沟渠。1958 年是佛山城市建设的一个重要转折点。佛山市委针对佛山卫生存在的突出问题，把爱国卫生运动的主要内容定为：“臭涌变清河……烂地变花园……建设整洁美丽的佛山”。至 1965 年，佛山共新建住宅 8 万平方米，修铺街面，开辟了庆宁路东段、亲仁路、水巷路、松风路等。在此期间，佛山城市建设存在操之过急、速度过快、建筑质量低劣等问题。市区的原始面貌，也因路网的建设开始变得支离。1966 年开始的“文化大革命”使佛山规划建设陷入瘫痪。强行抢建、不按规划乱建，不办用地手续、不报建的违章建筑相当多。同时，城市管理混乱，乱占、乱摆、乱拆、乱堆现象严重。1972 年以后，市革命委员会逐步恢复对城市建设的管理。

佛山城镇的街巷改马路计划依然在持续推进，修复和重铺升平、锦华等马路。修筑一些公共资源场所，修建了体育场，对中山公园进行扩大。还修建了沙堤机场和粤中行署、街道，建汲水埠头和码头，清挖沟渠以及修筑防空壕等。此外，还加固修复了中山桥、文正桥、新涌桥等桥梁，新建镇北街市场和普君西市场，新开辟新堤、文沙、祖庙及富民等马路。该时期的建设多集中在佛山镇北部，到1956年后，城市建设的重心开始南移至祖庙一带。

截至1979年，佛山老城区共有4个片区：普君片区、祖庙片区、升平片区和永安片区。普君片区有马路11条，街巷113条；祖庙片区有马路7条，街巷121条；升平片区有马路9条，街巷132条；永安有马路6条，街巷120条。整个佛山镇共计马路33条，街巷486条。该时期有6个市场分别是白燕、通济、东升、南堤、普君、莲花。

五　1981—2017年佛山老城区街巷

党的十一届三中全会确定了把党的工作重心转移到社会主义现代化建设上来，佛山市的城市建设事业恢复了生机，出现了高潮。在20世纪90年代“冻结式”保护下，大量历史建筑在注重商业开发的“旧城改造”中得以保留，街巷肌理得以延续。与此同时，不少建筑缺乏维护。涵盖商铺、民居、祠堂、当铺在内的100多幢文物保护单位、历史建筑，分布在63.9公顷的地块中。有的老房子住了十几户人家，镬耳墙、青砖屋夹杂在新建建筑间，光彩日渐暗淡。传统城市、历史街区和建筑等都因为保护和开发如何平衡的问题，而普遍生活质量低下，城市景观得不到应有的保护，社区民众生活在脏、乱、差的环境之中，生活质量低，无法享受到社会经济和城市快速发展所带来的权利。

在整体保护的同时，佛山城镇的主要街区，如永安社区却因为过度房地产化和商业化，使这一片区保存完好的民国特征建筑群全部被拆毁一空。其他如松风路的江浙式格调的改造，也是置佛山地方文化特征和岭南风情于不顾，全盘照抄江浙特色，最终成为“三旧”改造的反面教材。2007年以后，在佛山市政府的全力倡导下，佛山开展了声势浩大的“三旧”改造工程，此一行动中，岭南天地的改建和运营，为城市旧改提供了鲜活的案例，佛山历史文化名城的保护和发展，也因为岭南天地项目的发展而得到了各方的赞誉和认同。

第三节 作为地方记忆的佛山传统街巷

一 莲花路：街巷繁华春正好

（一）莲花路概述

莲花路位于佛山市禅城区中心地段，全长大约600米，宽14米（见图8－1），东接福贤路，西连亲仁路。莲花路及其周边区域为佛山历史文化名城核心区，承载着佛山传统地方文化、历史和在地特征，是反映粤中广府民系典型佛山地方特征的街区。

图8－1 莲花路区位

近年来，以历史文化街区优化发展、“三旧”改造和城市升级为目标，禅城区地方政府启动了莲花路片区的整体改造，然而，改造方案的设计中，对莲花路片区的定位并非以佛山老城区的历史文化核心区的概念来整体对接，因此，物化改造方案和莲花路街巷发展的历史、文化和在地性的传承绵延方面，存在内在的冲突。为合理保存和记忆莲花路片区的地方传承及文化记忆，需要对莲花路过往和今昔进行全方位记录。

（二）历史时期的莲花路

明清时期，佛山的商品经济繁荣兴旺，莲花路片区因为更靠近镇域范围的北部片区，故在明清佛山鼎盛时期，该区域市场繁荣，商业发达，既是佛山城镇的商业繁华之地，也是富商巨贾豪宅聚居之地。民国以前，佛山城镇以街巷空间为骨架，缺乏机器动力为驱动的交通道路系统，莲花路一带的商行、药材铺、金铺、银号以及各种货栈、店铺，都设在街内，装饰不甚讲究。门面一般为木板门，门口一侧有一个“铺张墩”，曲尺形的木柜台和镶嵌在墙上的杂货架是营业的天地，门前有“门官土地福德财神”，室内摆放有历代祖先神位和井泉龙神、灶君神位。大多数店，以商号、作坊、住所三合一使用，下铺上居或前铺后居成为佛山典型传统店铺的形式和街景。民国二十二年(1933)，佛山开辟了莲花路，路边店铺重建，其形制与广州商铺风格类似，都是以具有岭南特色的骑楼为主要特征。店铺的门面有洗石米的，有水磨石米的，门面上方还用泥雕和浮雕、灰雕，雕上自己的字号以及装饰和标志。

在传统产业业态方面，民国以前的莲花路街区，工商业、金融业、手工铸造业、电影业、图书业和花市等都十分繁荣。其时莲花路街区一带多经营香烛扎作、烧腊、豆腐、大米、药材、餐饮等。1954年，佛山市手工业劳动者协会组织制香业户集中生产，设联产工场4个：普君、莲花、高基和都司各一，联产联销。当时莲花路个体业户永昌盛号已使用“老虎牌”商标，使用木头榨机，试生产单头治蚊塔香，委托江门土产公司出口。莲花街还有专营烧腊业的烧腊、卤味商店数间。莲花路的存昌记是豆腐业的代表，以制鲜豆腐为主，也制售油豆腐泡。同时，莲花路的生活副食品行业比较富集，当年的第二饮食公司在莲花路有 3 家分店，即美味香饭店、粤海饭店和莲花阁饭店。同时，就米业而言，20 世纪 50 年代，佛山米业店号有 200 多家，其中莲花路恒昌记具有很大的影响力。药材业有敬寿阁和万生堂药店等代表，敬寿阁以经营茶类成药风行一时，清末民初时在新宁街，抗日战争胜利后迁至莲花路。

金融典当业。佛山的金融典当业始于明代，当时作为金融业雏形的当押业称为“土府”，到清代改为“当押”，俗称“当铺”，最初的土府有 4 家，其中一家设立在莲花路，佛山城镇的当押业被本镇的寺院僧人、达官贵人和豪绅所把持，其盈利主要靠为需要银钱的市民提供典当质押来获取利润，市民用物抵押贷得金钱以济急需，清嘉庆、道光、咸丰时期，佛山典当业发展达到高峰。据史料记载，当时有 36 家当铺散布在佛山各街道。民国时期，佛山典当业比清代有所发展，其在民国二十年（1931）达到鼎盛，有大小当铺 60 家左右。1950 年，佛山莲花路的典当业同业公会共有 14 户，包括当时典当行业的代表——财记。

手工铸造业。自汉晋以后，岭南的铸造业逐渐集中于佛山，兴建于北宋的祖庙，就是建筑在铸造业堆积的泥模冈上，现在莲花路的地下都有铸铁泥模和铁渣煤炭，有的堆积厚度达数米，从铸铁的地下遗存，可见当年莲花路铸造业的繁荣。

电影业。佛山的电影事业，兴起于 1910 年辛亥革命前夕。第一间电影放映场问世，名为“民智戏院”，取开启民智之意。辛亥革命后三年（1914），第二间电影放映场开业，取名“新汉戏院”，地点在桑园代家大屋（今莲花路）。20 世纪 30 年代，佛山先后有“大世界映画院”“升平影戏院”和“太平戏院”三间。中华人民共和国成立前夕，有“金都”“娱乐”和“国泰”三间电影院。

图书业。自晚清至民国时期的书店，其经营内容都是以印刷、销售书刊为主，兼营文具纸张。20 世纪 20 年代初，武侠小说、连环图书问世，租售连环图书、小说的摊档相继开业，莲花地（今莲花路）的“汉记”等图书摊档开始发展，至 30 年代佛山沦陷时相继歇业。

1945 年抗日战争胜利后，莲花路的“苏记”摊档开始了图书经营活动，当时佛山图书摊档只有 10 多档。

花市。民国时期，佛山花市在升平街、豆豉巷（现今升平路）。抗日战争时期，工商业凋零，民不聊生，没有举办花市。抗日战争胜利后，花市仍在升平路、筷子路摆设。中华人民共和国成立后，人民安居乐业，农业、工业、商业逐渐兴盛，又恢复举办花市，规模不断扩大。后来，花市移到莲花路。但此一地带的工商贸繁盛依然有增无减。

同时，从街区历史建筑和文物富集度来看，莲花南街区属于佛山镇内区域中历史建筑和文物相对富集的地区，莲花南街区位于莲花路以南，祖庙路以东，人民路以北，街区内的文物包括仁寿寺塔、李可琼故居，莲花巷土府、季华女子学校旧址等。该街区集中展现了佛山老城多元文化的传统居住形态，但是，由于仁寿寺扩建，拆除了不少传统民居，目前莲花南街区被分为南北两片，街区历史格局遭到了较大的破坏。

（三）莲花路现状

明清时期，随着产业和城镇的繁荣，莲花路片区商业旺盛，百业荟萃，商铺、茶楼、手工作坊、药铺甚至当铺鳞次栉比。佛山的商品生产和商品经济繁荣，展现了这个城市商贸的荣耀。但随着时代变迁，当年莲花路的辉煌已不复存在。

莲花路现在为祖庙商圈的组成部分，紧邻祖庙东华里街区的旅游服务配套片区，是展示佛山传统居住形态和多元民俗文化的重要地区。来到莲花路，可见道路两旁有民国以来兴建的建筑，现今南面还保留着一些骑楼商铺，北面的旧房子大部分都拆了建新楼。莲花路商铺主要为附近街区居民服务，有小杂货店数间、药房 2 间、菜肉市场 1 个、餐饮商店 10 间、粮油店 1 间、理发店 1 间和其他不完全统计的店铺数 10 间。同时，此片区还有一些重要历史建筑，如佛山市禅城区历史最久的基督教堂——佛山市赉恩堂，两个市级重点文物保护单位即李可琼故居和莲花巷土府。莲花路现今保留着沙塘坊、鹤园街、大巷、苏巷、莲华巷（同莲花巷）等街巷，这些小街里又有各种巷弄连接。

沙塘坊。沙塘坊社区是莲花路南侧的一条小街，它保留着莲花路古街传统建筑的特色，沙塘坊的莲花巷有李可琼故居和莲花巷土府两处佛山市文物保护单位。走进沙塘坊，迎面可见的是经典的佛山民居建筑，以及一些各年代的小房子，街内有一些道路窄小的小巷子，目前处于失修状态。莲花路、公正路、福贤路交会处有一条小街，名叫鹤园街，这里曾经是佛山的富户居住区，现在却建筑凋敝，再无当年的繁华与富足。由鹤园街，经过进思里，来到田心里，就到了佛山市重点文物保护单位——铁军小学（原季华女子学校，著名烈士陈铁军曾就读的学校，后改称铁军小学），现已成为莲花幼儿园。在莲花路边，沿着“大巷”前行，是一片老旧的街区。沿街的房子是骑楼，里面的房子是典型的岭南民居镬耳屋。白天，在阳光下，老旧的房屋、房屋顶上的琉璃瓦，还有纵横的电线，以及挂在小巷头顶的衣物，各自的细微姿态暴露无遗。片区大多数民居都关着门，紧闭着的矮脚吊扇门（又叫角门）、趟栊、硬木大门三重门扇。这些巷弄的名称很有韵味，如仁安里、天华里、美里、田心里、近思里。在莲花路北面，有一条叫作福山街的内街已经拆除殆尽。其周围的小街极具佛山地方特征，如二洞、三洞、丹桂里，等等，一路前行，就走到筷子路与莲花路的交会处，这里以前叫作大墟，是佛山商业繁荣的见证者之一。

（四）莲花路街区的历史建筑和文物单位

作为佛山昔日商业繁华之地，莲花路依然保留着较多雅致的岭南风格古建筑。作为曾经的乔寓高官富户的集中居住区，这里还留存着晚清重要大臣张荫桓、李可琼的余踪。

基督教赉恩堂，位于佛山市禅城区莲花路 71 号的基督教教堂，由基督教中国神召会于 1923 年所创立。当时是由神召会会长李霞露、教堂执事李承恩及信徒募捐购建，占地 166.88 平方米，为三层的哥特式建筑，砖木结构，上面还有一个钟楼。1934 年，两广神召会圣经学校由三水西南迁到佛山，以赉恩堂二楼副堂作为教室。抗日战争时期，由于战乱，教会的活动暂时停止。“文化大革命”期间又停止活动；到 1983 年 8 月 14 日，基督教赉恩堂重新开始教会活动。该教堂是佛山市至今仍有礼拜活动的基督教堂。赉恩堂是莲花路保护得最好的文物单位，在佛山禅城地区有较高的知名度。

李可琼故居（七十二窗楼），李可琼故居在莲花路莲华巷 15 号，是清代官僚李可琼的宅邸。李可琼，字配修，号石泉，南海罗村人，后移居佛山，清嘉庆十年（1805）会试中进士，累官至山东盐运使。相传与其弟可端、可蕃均为侍妾所生，但同登进士，同入翰林，一时以为盛事，当地传说颇多。其家族在佛山经营银铺，相当富有，遂于嘉庆年间（1796—1820 年）在此地兴建宅邸，其中以该楼最为突出，楼内共置有几个精致的百叶窗，形式不尽相同，因可调节光线和空气而著名。楼硬山顶，面宽、进深各三间、二层，前面敞开，通面宽 20.5 米，通进深 11.3 米，底层高 4.8 米，上层高 7.8 米，建筑面积 230 平方米。该楼高大宽敞，木板楼面，二楼前檐廊设轩廊式卷棚顶，屋内梁架为抬梁与穿斗混合式结构；尤以室内装修豪华考究而颇见匠心，各种精雕细刻的木雕装饰构件，设置十分普通，但显得高雅脱俗。二楼楼前通栏的大型隔扇，多式多样的花架、雀替及门窗装饰等，种类繁多，纹饰有博古、花卉、万字等多种，无不工艺精湛且具较高的艺术价值。该楼的形制及其别具一格的设计装饰，为当地目前所少见，具较高的历史和艺术价值，1989 年定为市级文物保护单位，李可琼故居目前整体保护情况较差。

莲花巷土府，位于莲花路莲花巷 4 号。莲花巷土府是清代佛山人对明代石脚夯土墙房子的统称，其建筑特别牢固，相传是明代当铺的储物间或富家巨族储存贵重物品之所，故有人称为明代“当楼”。该土府始建于明，清道光年间为吴荣光家族所有，吴荣光字荷屋，号伯荣，佛山人，嘉庆进士，道光年间官至湖南巡抚。工书善画，精鉴金石，国内颇有名气，有《历代名人年谱》《筠清馆金石录》等著作行于世，其家族在佛山也颇有地位。该土府为方正规矩的二层单体建筑，硬山顶镬耳式封火山墙，通面宽 11.2 米，建筑面积约 125 平方米。厚 0.7 米的四壁，在红砂岩砌成的基础上，以传统的蚬灰、红泥、糯米和白糖等混合物夯筑而成，其上有石框枪眼式小窗户；大门高 2.1 米，宽 1.1 米，原有粗铁的门闩设置，门前有红砂岩台基，从左右拾级进门，俗称“金字”石阶。屋内两层均三开间，明间是厅，两次间为房。

明清时期，佛山商品经济繁荣兴旺，当押业是市场经济调节、资金周转的重要一环，佛山土府当楼较多，据佛山《大墟黄氏族谱》记载，该族清康熙时就有人经营土府。今佛山所存土府仅数座，鉴于其在当地建筑史和经济史研究上的重要价值，1989 年定为市级文物保护单位，目前土府的保护情况也相对较差。

晚清外交家张荫桓故居，在佛山市禅城区莲花路沙塘坊，是一组大型府第式建筑群。宽敞明亮的四柱大厅以及工艺精致的木雕花架、隔扇、雀替等装饰构件，刻意营造官僚宅邸的宏伟气派，体现主人高雅脱俗的品位。其建筑规模相当体面，整齐美观，不仅右侧有小巷纵贯首尾，而且在左右两旁还配置二厅、厨房、储物房以及佣人杂役居室等。主体建筑头进门房、二进大厅、三进内厅和四五六进住宅从西向东排列，为六进院落四合院式布局。各建筑均硬山顶配镬耳式封火山墙，三开间通面宽 10 米，总面积约 610 平方米。头进门房原于居中置大型木雕屏风，以示其门第之高贵。张荫桓在佛山家中藏有精工别致的梅、兰、竹、菊铁画挂屏，因此将自己家命名为“铁画楼”，并著有《铁画楼诗抄》。张荫桓故居 1989 年被定为市级文物保护单位。

张荫桓故居在中华人民共和国成立前就长期没有后代居住，中华人民共和国成立后作为居委会的办公场所，20 世纪 90 年代初，为了建造莲花肉菜市场，保存完好的张氏故居被拆除。从沙塘坊走到莲花路的巷子口，路的斜对面叫作“张家巷”，是张氏子孙居住之地，如今已改造成商业楼，面目全非，张氏子孙也无处寻觅。

黄氏大宗祠，建于明代，地址在莲花路，现为佛山市第五小学校。该宗祠祀始迁祖大学士石柱国逊行公，宗祠建筑由大门、前殿、后殿三座建筑物组成，各建筑物之间有天井间隔。前殿宽 12.4 米，三开间，通深 10.4 米，悬山顶，台梁式结构，檐柱方形石柱。其余为圆形木柱，柱础石质。后殿相同，但地面较前殿高 30 厘米。

同时，莲花路保存着许多特色鲜明的建筑，具有极其重要的文化艺术价值，是佛山市历史风貌和地方特色的核心部分。如莲花路的大巷，清一色的青麻石铺就的地板、水磨青砖砌成的墙身、手臂粗的木趟栊、镬耳式的建筑，高门大户，墙壁上经历几百载风雨却仍然精致的雕刻，都还在昭示着主人曾经尊贵的身份。从佛山地方建筑的特征来看，由于莲花路街区主要以富商巨贾名人聚居为主，其建筑形制体现了较多的布局整齐的"三间两廊"式砖瓦房，"三间两廊"房屋大多是青砖建墙，大木门，木趟栊，雕花木角门，极富岭南的民俗风格。也有一些名门望族另建园林庭院。普通住房多是平面矩形悬山顶房屋，砖木结构或泥样，无窗户或在山墙上方开一小透光透气窗，房顶用天窗采光，砌墙的材料有铸铁泥模、蚝壳、泥、砖等多种。

二　适安里：十街五巷撰繁华

（一）适安里概述

适安里是指位于佛山市禅城区松风路的适安里古民居群，始建于清代末年，至今已有100多年的历史。民国初期，适安里民居群的建筑规模已基本定型。适安里民居房屋高大，建筑井然有序，整体上分为三行三列，多为二层建筑，以四户连在一起，组成一个小片区，片区建筑以宅邸为主，群块状分布，基本为当年富贵家庭居住生活场所，其建筑墙壁结构上主要是选用上等东莞大青砖，以灰浆抹墙对缝砌墙，并在墙下用麻石勒脚，麻石承载了上部力量，工艺精细，具有美观防潮、抗震等优点，这跟祖庙灵应祠、东华里片区的很多房子的建造方式基本一致。屋顶盖着岭南地区传统的红瓦，房屋冬暖夏凉，适应了岭南地区的气候特征。

房屋临街一侧，二楼一般都有一个小阳台，大多数用木栏杆围着或者砌上水泥，有的则用佛山本地陶瓷作品作为装饰，居民一般会在阳台上晾晒衣服。适安里民居的大门跟广州西关大屋的门廊装修基本一致，设有矮脚吊扇门（又叫角门）、趟栊、硬木大门三重门扇。趟栊是一个活动的栏栅，用13条或15条坚硬的圆木条（一般为红木或硬木）构成，横向开合故称趟栊。角门和趟栊有通风和保安的功能，是适应岭南炎热多雨的气候而特制的建筑构件。大门的材料一般选用红木或樟木，不容易腐烂，能长期使用。另外，窗户的装饰风格融合了岭南传统文化（特别是佛山灰塑）及园林装饰的一些特点，由于第一代屋主有很多都是华侨，在装饰上也加入了拜占庭式建筑与巴洛克建筑的元素，既不失中国特色，又展示了西洋风格，因此，适安里民居是一个中西建筑文化融合的实体。

在房屋与房屋之间的小巷通道，都铺了麻石，也叫石板路，既能防滑又美观，佛山老街的石板路，适安里第一，培德里第二。适安里除运用麻石做墙角和铺地板之外，还用来制作屋前的石板凳，供人们平时休憩，可谓一物多用。房屋前或两间房屋之间一般会有小花坛作为装饰，旧时这些花坛都有专人打理，宛如一个小型花园，把适安里衬托得更加美丽，同时片区居民综合素质较高，对环境卫生要求严格，因此，多次获得了“文明街”“卫生先进街”“净化、绿化、美化先进街”等先进称号。

（二）适安里现状

全球化、现代化和快速城市化，加剧了城市和乡村传统社区的割裂和破败，使传统要素快速走上消亡和毁弃。在“三旧”改造和城市更新的政府目标下，适安里民居群的原始风貌受到了一定的损坏，距离适安里不远的培德里古民居群和适安里都位于松风路的小巷内，但是，相比较而言，培德里西段保存还比较好，尚存有古民居的味道，街道的青砖也保存得较好，但适安里和培德里的东段却在佛山早期的市政建设中完全变样了，特别是适安里位于高基街和松风路的交界处，20 世纪 90 年代末，市政府在松风路段进行老城区改造，拓宽了道路，拆毁了许多古民居，建造了所谓的“仿古街”，适安里许多民居都被拆了，只剩下几栋孤零零的房子，隐没在仿古建筑后面，完全不像市级重点保护文物。

旧城拆建和改造使传统美学氛围良好的适安里建筑群空间结构受到较大破坏，原先三行三列空间结构如今只剩下靠近梁园的一条小巷、邻近高基街的一排工厂及西边一排红砖屋三个方向包裹起来的 4 栋房子，适安里后街已经完全拆毁消失，只剩下字迹依旧清晰的门牌在诉说着曾经的美好和回忆。适安里北边的牌楼，由于建仿古街而被拆除。同时，为了使适安里片区解决生活用水问题，供水部门对适安里片区的自来水改造工程使其美好的石板路面体系被毁弃一空，目前只剩下靠近房子的两列石板，中间挖去石板的地方铺上水泥，这使路面与房子很不协调。

（三）对于适安里改造的思考

培德里和适安里自古就是本地书香人家、富户、海外华侨等的建筑住宅群，与梁园共同辉映，其建筑、街巷的整体风貌和价值较高，然而，“三旧”改造和城市升级面前，却只能哀叹和屈服，这不禁引人深思，对于适安里古民居群来说，甚至是更大范围的佛山古镇改造，应该如何合理处理传统街区的可持续利用和改造问题，而不是一拆了之。适安里古民居群是佛山市市级重点保护单位，对其进行修缮应该按照《中华人民共和国文物保护法》“修旧如旧，恢复原状”的古建筑修缮原则，不改变其原有风貌和结构，对已残破损坏的构件进行修缮和更新。实际上，为服务于地方政府整体打造梁园、仁寿寺等典型景区，按照“三旧”改造的规划设想，适安里古民居群将并入梁园，作为梁园的扩充部分而整体改造。在政府主导的改造中，如何合理地确保历史文物价值，给历史街区和建筑以适度的传承空间，可能更为重要。

三　任围（任映坊）：街巷家家宅邸墙

（一）概述

任映坊在今燎原路中段乐安里一带，任映坊在空间区域上包含今乐安里、华安里（现华安市场及其附近区域，华安里原址区域内的建筑和街巷已拆除，仅余华安市场及其附近区域）（见图 8－2）。故今人多以任围代替任映坊一带，主要在于以乐安里为核心的任围区域，一是清道光年间佛山任氏富豪兄弟（任伟、任应）的私邸宅院，包括今乐安里的任伟庄宅及其西侧任映坊的任应庄宅两组建筑群；二是该两处宅院府邸，在建成之初，其在空间上应是相互连接的，且兄弟二人的庄宅都建有围墙，故称任围。由于历史沧桑，任映坊片区的华安里已不复存在，而仅余乐安里片区街巷和建筑，里人多称其为乐安里任围。明清时期，佛山纺织业兴旺发达，任氏家族在清中叶后以经营丝织业而成为巨富，兄弟二人开办的机房商号分别为“任伟号”和

“任应号”，发家后遂各自经营庄园宅邸。乐安里的任伟庄宅原规模颇大，占地数千平方米，包括祠堂、住宅、花园及一个大池塘。今仅余建筑10座保存尚好。其余的花园、池塘等，现已无存。而任映坊的任应庄宅，今仅存9座，也成纵横各三座的方阵排列，除采用镬耳式封火山墙外，其余均与前者的住宅相同。任围是佛山市内较典型的清代庄宅建筑群之一，对研究佛山帝制后期的城镇经济发展、民居建筑特点和“聚族而居”的习俗等问题，有重要价值。1989年定为市级文物保护单位。

图8-2 任映坊空间位置

任映坊任围的发展和缘起与塔坡井有一定的渊源。塔坡街塔坡庙前有一口唐代古井，应是佛山保存至今、年代最为久远的历史遗产之一，该井为一圆形水井，无井栏，井之四周有用条石铺砌的地面。井水冬暖夏凉。任映坊老人说：“大旱之年全市水井都干涸，塔坡井水仍不干涸。”当时只要大旱之年，周边的井基本上都会干了，唯独塔坡井不干。因而，每当大旱之年，任映坊任围一带的居民纷纷到塔坡井取水，故而任映坊一带的老一辈人家与普君片区的交情是特别好的。

（二）舍人十三街及其业态

舍人十三街，按中国传统，舍人应多指门客，在唐代以前，舍人也曾经是一种官职的名称，如秦汉时期就置有太子舍人，魏晋时期有中书舍人等。佛山老城区的舍人十三街的街巷命名，追溯其来源，传说主要是用来纪念清代孝子“舍人”，现今燎原路附近任映坊一带，纵横交错着舍人前街、舍人大街等内街。并有“舍人前街”门楼留存，门楼青砖结构，门框由清代白石搭建，门楼上面还有装饰的砖雕。其位置在任映坊内街，从燎原路入任映坊，沿着街道直走至尽头，即可见到。舍人前街，显得格外安静，街道两侧皆为砖房，虽然有些房屋用红砖重新修葺过，但夹杂其间的青砖依旧让老街散发着古朴的韵味，置身其中，让人恍如隔世。舍人前街，北接红风大街（原舍人正街），南连舍人大街（原舍人横街），长不过百米，但人气较旺。

“舍人十三街”指的是舍人上街、舍人大街、舍人后街、舍人横街等。由于时间久远，现今住户和周边街坊对“舍人十三街”的来源不甚了解，但对“舍人十三街”的发展情况，比较熟悉：“舍人直街早就被改为勤俭街，舍人大街、上街和横街则统称‘舍人大街’，这些街名大多是在‘文化大革命’时期被改的。”在同安大街住了将近40年的刘贵兴也不清楚“舍人街”得名的缘由，刘贵兴说，中华人民共和国成立以来，“舍人十三街”的一些街道已多次被整合，而诸如福仁里、集贤坊等街道早已被拆掉了。

“舍人十三街”的来源，主要在于纪念清代佛山的一位孝子。其具体传闻，各有说法：其中一种说法是：传闻清代舍人街曾生活过一个名叫梁舍人的人，他是一位孝子，父亲是做木材生意的。梁舍人19岁那年，帮父亲从北江贩木材，途中遇狂风暴雨，翻船溺水身亡。后来，族人和邻里自发将其埋葬，并筹款建造庙宇供奉，称“舍人庙”，并将其居住一带的街道冠名“舍人”，之后才有了“舍人十三街”的说法。另一种说法是：在明代，佛山有个商人叫梁舍人，主要从事杉木买卖贸易，他心地非常好，常常救济穷人，哪家没饭吃，他便会与人食粮；哪家房子塌了，他就送杉木给其建房子……他名字在当地是无人不知。“梁舍人的木材是从粤西采伐后，沿着西江一路水运到佛山。有一天发大洪水，梁舍人的木材刚好到岸，他去拿货的时候看到一小孩落水遇溺，他二话不说，就跳到河里救人，结果孩子救上来了，但梁舍人却消失在洪水中。老百姓记挂着他的好，为了怀念他，将他经商的地方（今天的妈庙社区）的所有街巷改名‘舍人’，而且还塑了一个像，建了一座庙（舍人庙）供奉他。”

在产业业态方面，“舍人十三街”一带，自清代至民国抗战，都是以染色纸行业为主，直到佛山沦陷后，该行业才日渐式微。中华人民共和国成立以后，此片区逐渐发展成为老城区的住宅区之一。2005年，任映坊任围片区被定为佛山市级文物保护单位。2008 年以后，佛山老城区启动了“三旧”改造计划，其后又是三年城市升级等综合改造计划。在这些计划和规划中，任映坊一带被划入主要拆迁重建区，以恢复佛山明清时期的会馆建筑为主。

（三）“三旧”改造与任围（任映坊）

2011 年，佛山名镇项目提出一个宏大蓝图设想，试图对佛山老城区展开全面整治提升。该方案将 8848 亩的改造面积划为五大历史街区，其中任围历史文化街区将以帽行会馆、铁行会馆等一批行业会馆为特色。然而，由于多种复杂的原因，佛山名镇项目难产，其后，佛山名镇项目降格为莲花路—升平路片区改造，但围绕莲花路—升平路片区的改造也是一波三折，至 2013 年，富力地产以 9.6 亿元拿下该片区主要地块的改造权，富力地产介入建设至今，片区改造变成一个十足的房地产开发项目，而以此为基础的老城区更新改造理念的灌输和实施，则基本废弃。任围文化不再，地标不再。

四 筷子路：青砖骑楼挥春忙

（一）概述

筷子路位于禅城旧城区偏北部，北连升平路，南接莲花路，其空间区域由原来的筷子大街、筷子新街、万元里、地官里等街道合并而成。1911—1949 年，此地是佛山镇制铁锅、铜器和筷子等手工业较集中的地方，1931 年以最长的筷子新街命名。该路以前是做算珠、筷子等手工业集中的地方，故取名“筷子路”；“听老辈人说，以前这里确实集中了很多做算珠和筷子的行业，而这些行业后来才慢慢消失的。”另一种说法是筷子路与其附近的公正路刚好长度相近，而且平行，两条路看起来刚好像一双筷子，故名“筷子路”。

（二）筷子路的婚俗故事

筷子路，对佛山镇的青年男女来说，非常重要，本镇生长的青年，结婚时，一定要到筷子路走一圈，以图吉利。究其原因，有说法云，因“筷子”与“快子”谐音，民间认为，有“快快生子”之意。因此，结婚的新人首先从祖庙路出发到筷子路、升平路、永安路，再到福禄路，而去一趟筷子路则暗含“早生贵子”之意了，目前这项传统习俗仍然保留着。“我今年差不多49岁了，当年我结婚时也走了这条路。”婚礼必到祖庙、结婚必行筷子路等习俗，将筷子路及其附近的祖庙连为一体，共同描绘着在婚礼文化上花团锦簇。目前，岭南天地祖庙北侧和东侧的两条道路分别被命名为良缘路、天地路，取祈求美好姻缘、开启人生新天地之意；名镇片区道路解封以后，新人们又可以重行筷子路、永安路等道路；文会里嫁娶屋修缮完工，佛山的新人们又多了一个举办传统婚礼的选择；岭南天地马哥孛罗酒店2—4层都以婚嫁为主题，新人们可以在这里得到从婚礼用品购买一直到婚宴的全套服务。所以，筷子路不是一个独立的个体，它与周边形成的祖庙婚庆商圈，不仅反映和诠释了佛山地方民俗文化，还是关于佛山人的一种感情承载和地方社会历史记忆的缩影。

（三）筷子路上的人与事

1.“朱义盛”的故事

珠江三角洲地区有句歇后语：“朱义盛——不变色”。筷子路就是“朱义盛”所在。广东人习惯将假首饰称为“朱义盛”，或其谐音“猪耳绳”，这个说法源自一家名叫“朱义盛”的假金店，最早这家店铺就开在佛山镇的筷子正街，即如今的筷子路上。1842年，佛山一个打造首饰的工人叫朱义盛，发明用紫铜镀金制成金饰，看上去同真金差不多，吸引了不少买不起真金的人帮衬。于是他以自己的名字，在佛山筷子正街内开设“朱义盛号”镀金首饰店，深受欢迎。后来，朱义盛店迁往广州状元坊内经营，由此，其制作的饰品风靡南粤。“朱义盛”生意最旺时，在状元坊的一条小巷子里，居然同时有六间分店，都挂着相同的招牌，都自称是“金牌祖店”，争得不可开交，甚至对簿公堂。当时很多买不起足金饰品的人都会到“朱义盛号”买金回家哄老婆，以假乱真。因此，“朱义盛号”生意兴隆，分店开了十多家，员工竟达9000余人。时至今日，广东民间还习惯将假首饰称为“朱义盛”。“朱义盛”首饰，工艺精湛，虽“仿”而逼真，价廉物美。其之所以风靡一时，主要原因还在于它迎合了当时人们的需要，尤其是中下层妇女的需要，在取得一定经济地位后，想跨越高消费门槛的“虚荣心”。

2. “佛山赞先生”和佛山咏春拳

清朝年间，鹤山古劳龙溪村有个乳名叫梁德荣的青年，因他行侠仗义，人皆称赞，后被称为梁赞。当时，其父在佛山镇经营药材店，他协助父亲做些重要采购之事，因药材采购需要穿州过省四处求购，随身带有药材采购货款，所以，他自幼修习武术。梁赞在父亲去世后，接管家里的药材生意，因其医术高明，深得病家称道。人们惯称他为“佛山赞先生”。

梁赞幼时，父亲为其习武，延聘当时咏春拳名师教习咏春拳法。继承父业后，继续修习深造，得友人梁佳介绍，先后礼聘咏春拳术传人黄华宝及其师弟梁二娣来佛山传技多年。两位前辈深喜梁赞英年勤奋，认为是可造之才，将咏春拳术奥秘及少林六点半棍法尽悉教授。黄华宝辞别之日告知梁赞，谓他本是少林门下弟子，一向遵师遗命，少林弟子应以反清复明为己任。嘱梁既已技成，可在佛山设馆授徒，从中物色人才，为反清复明积聚力量。梁赞遂于清光绪初在赞生堂内收徒传技，除其子梁璧外，得衣钵真传的有陈华顺、陈桂、梁奇、雷汝济等。近代咏春名家叶问正是梁赞的徒孙，李小龙为其曾徒孙。

咏春拳术经世代繁衍，现在已成为武术界中一大宗派。名人辈出，扬名国内外。属少林南拳的一个分支，早年流行于广东、福建各地，据传为对南少林武功非常了解之武术大师五枚师太所创立。作为跌打中医师的梁赞师承黄华宝及其师弟梁二娣，通过整理后公开授教并使之成名。香港功夫电影叶问系列，让观众感受到咏春拳者的儒雅、宽忍、沉稳、淡泊及浩然正气，也使佛山功夫再次风靡全国，并掀起咏春风潮，不少观众专程来佛山寻访“武馆街”，追溯叶问的身影。

五　妈庙街：荣华富贵，眼前谁似

（一）概述

妈庙街，位于广东省佛山市禅城区燎原路，也就是现在的福生商场附近。其区域范围大致包括现在的妈庙社区居委会的一部分。辖区部分街巷呈“回”字形，仍保存着数量不多的镬耳墙，具有佛山旧式屋村的建筑特色，是佛山老城区最老的街区之一。现辖区占地面积约0.15平方千米，东起市东下路，南至燎原路，西接福禄路，北与同安社区居委会接壤。共有马路2条，街巷22条，楼房109栋，常住人口2291户，达6982人，流动人口1200人左右，是集商贸、教育和住宅于一体的城市综合社区。妈庙社区现存两条名叫“舍人”的巷子，到妈庙社区，从燎原路辉记糖水店的巷口直走便来到“舍人大街”，居委会就位于“舍人大街”。据了解，“舍人大街”有纵横两段，横的“舍人大街”平行于福禄路，只有50米长；纵的“舍人大街”平行于燎原路，弯曲前沿100多米。

（二）曾经的妈庙下街

妈庙下街的部分街巷呈“回”字形，仍保存历史悠久的镬耳屋，具有佛山古镇旧式屋村建筑特色。20世纪80年代初，妈庙下街片区开始改造旧城区，将马路两旁改建为商铺，有华安市场、市二十五小学、十一中、恒福酒店等大小单位306个，是集商贸、教育、住宅于一体的综合区域。在这条曾经繁华的街道上，有任围任氏兄弟当年曾建设的祠堂，其始建于嘉庆九年（1804），祠堂面宽三间，为三进院落四合院式平面布局，抬梁与穿斗混合式梁架结构，为本地祠堂建筑的格调，今仅余头门和二进；住宅原有二十五座单体建筑，纵横各五座，成方阵排列于祠堂右侧，大小形式一致，整齐美观。建筑为“三间两廊”式平面布局，硬山搁檩式梁架结构，今仅有十座，保存尚好。妈庙下街一带是佛山市较典型的古代庄宅建筑群之一，对研究佛山古代经济发展、民居建筑特点和“聚族而居”的习俗等问题，有重要价值。

（三）妈庙街的民居

佛山民居以镬耳大屋为典型。镬耳屋外观威武，高耸的两只镬耳，其实是封火山墙。佛山镬耳屋尽量采取坐北朝南的朝向，所以，太阳日照就像切割线那样，只能在屋顶徘徊，形成对东、西日晒的遮挡。妈庙街的连片镬耳屋下，是一道小巷，叫青云巷，是隔火道，当有火灾时，镬耳也能阻隔火势，所以，叫封火山墙。建镬耳的屋顶，一般都铺两至三层瓦，最底一层叫“衬瓦”，平铺，上面一至两层瓦，按水流方向叠铺，排列像鱼鳞。因此，佛山用“鳞次栉比”来形容镬耳大屋建筑群。多层瓦的铺作，增加了镬耳屋的重量，所以，承重的“栉”（桁条）要密，佛山人称为“密排梁”。

1. 屋顶。佛山传统民居房屋的级别高低，最主要看看屋顶。地方民俗专家吴庭章指出：“如果你参观佛山古民居，不妨留意屋脊的样子，是龙舟呢抑或博古。镬耳屋是绝对不用一字脊的，只有普通民居才用一字脊。房屋的正梁必须用特别粗壮的原木做，涂上红颜色。其他梁涂黑颜色，原木也比较细。正梁还要承载正脊的重量，镬耳屋都塑正脊，一般等级塑龙舟脊，两端尖细上翘，规格高的塑博古脊，两端像家庭摆设古玩的架。美观、稳重，中间灰塑吉祥图案。”

2. 勒脚石。传统佛山民居的典型特征就是结实厚重，显露出大气。它的文物价值首先看屋顶镬耳的大小和形状，像官帽的两只纱翅，纱翅越大，官的品级就越高。镬耳屋皆为石脚青砖大屋，墙勒石垒得越高，墙体就越坚固。看勒脚石有助于鉴定镬耳屋的年代：明代用红砂岩，清代用花岗石。

3. 门饰窗饰。佛山老城区主要民居集中区，如东华里一带的民居，在门窗装饰上也极具匠心。有些房屋的厅、堂、房、室及檐下两旁、门窗外框等以砖雕、灰塑作为装饰，屋檐下的花衽、神楼、角门装饰木雕，正脊或檐角饰以陶塑或灰塑。富裕人家的房子，陈设家具多是酸枝、坤甸等红木长案、茶几、八仙台，有些富户还设贵妃床、罗汉床或炕床；壁上挂名人字画；案台摆设鸣钟、大花瓶、陶瓷古玩器皿等。中等人家则多用杂木家具，其他陈设品不多。贫苦人家以竹、杉木家具为多。

第九章　民居建筑：却凝春色在人家

第一节　概述

建筑是地方与城市文化精神的载体，通过绵延传承的建筑外形及符号，可以发现不同时期的城市发展特征及内涵。在一定意义上说，历史建筑就是城市的“记忆符号”。城市扩张与新功能发展过程中，如果仅基于投资收益的考量，传统建筑可能无法与现代建筑在使用面积、投入产出、使用便捷性等方面进行竞争，但它们作为城市记忆的组成要素，记录着城市的曾经和过往，传达的是城市在连续时间内的文化基因图谱。可见，历史建筑是如此重要，它们不该简单地用经济指标来衡量。每个城市都需要保有一些这样的建筑，它不光是象征，更是城市文化的生命体验，其认定、评价和保护机制，应建立在文明传承等更高层面来综合统筹。

建筑是凝固的艺术。建筑通过其承载和反映的价值观念、生活方式、民族信仰、审美情趣来建构文化。北京天安门、西安钟鼓楼和伦敦议会大厦等世界著名城市建筑，展示的是其所在城市的政治氛围、精神风貌和思想观念。并使置身其中的人感受它的精神气质和历史风貌，得到熏陶和教化。研究建筑文化可以帮助人们延续城市历史记忆，传承、保护和活化利用历史遗迹、历史地段、历史街区，夯实城市和地区民族精神赖以存在的物质基础。解读并传承历史信息就是解读和传承民族精神。同时，历史建筑所承载的文化内涵和文化符号，往往能够起到教化人心、净化人心、美化人心的作用。然而，近年来，随着房地产市场的不断升温，城市和产业发展升级等客观作用，地方政府、房地产业者和投资人在利益驱动下，通过各种方式拆除、推倒和摧毁传统建筑与历史古迹。“拆迁式保护”的目的并不在于保护历史古迹，而是在抢地皮、争利益。普遍的情况是随意模仿，使城市失去个性，使地域传统建筑文化传承和保护面临着严峻的考验。

城市历史文化和建筑艺术不是某种僵固的形式，它们都有丰富的文化内核和精神底蕴，对城市历史文化和传统民族建筑的继承和发扬，因循守旧是远远不够的，必须基于历史、现实和未来走向，对其内在精神进行全面、完整和持续的表达。只有很好地理解建筑文化的内涵和性质，才能够更好地保护城市文脉和多元建筑形态，城市的发展不能以割断历史作为代价。另外，城市的生命性和成长性，也决定了城市的现代化进程不能因为传统建筑的保护而停滞。对传承千年的历史城市来说，每一座历史建筑都是城市历史和文化的承载者及布道者，无论其如何破旧，其内在的文化内涵与千年的历史痕迹是无法被替代的。历史建筑一旦破坏，就难以恢复和接续。记录历史，展示文化，载托灵魂，是历史建筑的真正意义和价值。通过系统的调研、整理，将历史建筑的历史因素进行完整的传承与表达，便是今天历史建筑保护的真正意义。

佛山得名于晋，肇迹于唐，城镇发展历史悠久，留存有较多的历史建筑和文化遗存。在全球化、城市化和现代化快速推进的今天，如何合理保存和延续佛山的历史建筑、物质遗存和文化遗产，始终是一个需要深思的问题。本部分立足佛山历史建筑的梳理和记录，对佛山老城区典型和代表性的历史建筑进行综合整理挖掘，以期对佛山历史文化名城保护和持续利用提供基础支撑。

第二节　佛山镇民居建筑的历史与发展

佛山地处岭南中心的珠江三角洲平原，属亚热带季风性湿润气候区，气候温和，雨量充足。由于地处低纬，海洋和陆地天气系统均对佛山有明显影响，冬夏季风的交替是佛山季风气候突出的特征：冬春多偏北风，干燥寒冷；夏季多偏南风，温暖潮湿。

这种暖湿炎热的气候，对民居建筑的首要要求就是通风和阴凉，因此，以广州、佛山为中心的广府地区的民居建筑，通风与阴凉是其共同特点。同时，广府地区由于地接外洋，与海外沟通便捷，其民居建筑中多有参照外洋建筑样式进行仿建，体现了兼容并蓄的风格。

从民居建筑的时间发展角度来看，广府早期的民居建筑，明显受到江南地区建筑模式的影响，主要体现在聚族而居的大屋群居设计风格，直接来自中原和江南士族的居住传统。地方权势阶层常常是四五代人聚族而居，建立封闭的建筑群。在建筑材料的使用上，早期砌墙的材料以三合土为多，附以本地常见的卵石、蚝壳、砖等。清代以后，多用青砖、石柱、石板砌成，外墙壁均饰以花鸟、人物图案。明清佛山鼎盛时期，在佛山镇内的地势相对较高的地方，如石路头铺一带，建筑了带有强烈群居式的建筑群，最有名者如东华里建筑群，这些建筑群相对封闭，其内部布局紧凑，间隔灵活，正面之门以“三件头”（角门、趟栊门和大门）、水磨青砖墙面、花岗石墙脚等构成其外表风貌。

一　（明）景泰至1910年佛山老城区的民居建筑特征

该时期人们居住的建筑风格结构形式相对单一。民居建筑主要有三间两廊形、明字屋形和竹筒屋形三种形式，就整体建筑风格而言，该时期的民居建筑风格朴实简单，以实用主义为主。一般为小天井大进深、布局紧凑的平面形式。既便于防热辐射和风雨，又可以通风散热。

三间两廊形的民居建筑布局为三分段型，从中间开始是厅堂，两侧是生活的居室；屋前是天井，天井两侧为廊。这种类型的民居有外封闭、朴实简单的造型特征，筑以青砖石脚。三间指的是排成一列的三间房屋，其中间为厅堂，两侧为居室。三间房屋前为天井。天井两侧的房屋即为“廊”。两廊一般用作厨房或门房。这种廊檐相间的布局，刻意营造虚实结合的意境，不但较于闭塞自封的北地建筑更显开放，而且还拧开了一道实用的阀门：一方面便于空气流通、消暑散热；另一方面靠着廊庑连接了建筑的骨骼，起到了隔绝风雨、遮挡阳光的作用。当然，有的镬耳屋的间数不只如此。开间越多意味着等级越高，这自然与先民的等级观念相关。

明字屋形的民居建筑布局为双分段型，厅、房和厨房、天井结合，功能比较明确，造型朴实，结构简单，筑以青砖石脚。

竹筒屋形的民居建筑布局为单段型，由一房一天井和一厨房结合而成，有外封闭、朴实的造型特征，筑以青砖石脚。

二　1911—1978 年佛山老城区的民居建筑特征

以广州、佛山为主要支点的广府地区，其民居风格在南宋以后逐步建立起来，至清中叶已经相当成熟。主要代表形式是布局整齐的梳式布局村落和三间两廊式的合院。村前有风水池塘，中轴线前端布置大祠堂，成为整个村落的构图中心。整齐通畅的巷道发挥着交通、通风和防火的作用。镬耳式的山墙此起彼伏，形成蔚为壮观的广府民居特色。体现在佛山老城区内，此一时期的民居建筑，出现了不少单层的超经济建筑，平面布局形式沿用传统竹筒屋或三间两廊形制，可以认为是传统建筑布局形式的历史延续。传统的建筑形式三间两廊和竹筒屋在产权从私有转变为公有后，出现了不同的变体形式，充分体现了传统建筑形式简单有序下的灵活性与弹性。

以祖庙——东华里为例，东华里街区形态的建筑原来的类型有住宅建筑的三间两廊屋、明字屋和竹筒屋楼房。新建筑类型有中西融合风格的住宅和新式店铺。这个时期的民居具有中西结合风格。而新式店铺在民国时期出现了骑楼式岭南传统建筑形式。上方为民居，下方为店铺传统。民居立面样式、中西合璧立面样式、西洋立面样式建筑基底平面与地块平面基本重合。

三　1980 年佛山老城区的民居建筑特征

到 1980 年，佛山老城区的民居老建筑保存比较完好的明清时期传统民居和名人故居仍有：

李可琼故居。位于祖庙片区莲华巷 15 号，具有七十二窗楼，青砖房，建于清代原有的花园及其他建筑物已改建。

张荫桓故居。位于祖庙片区沙塘坊 13 号，三间两廊式建筑。

李文田故居。位于永安片区燎原路良巷11号，建于清代，三间两廊式建筑。

简氏别墅。位于普君片区臣总里19号，建于民国时期。

陈铁军故居。位于祖庙片区善庆坊6号，三间两廊式建筑。

吴勤烈士故居。位于普君片区厚源路59号、61号、63号，砖瓦结构平房。

区巷（区家庄）。位于普君片区居仁里，建于清代，三间两廊式建筑。

叶家庄。位于普君片区市东路，建于清代，保存完整。

任映坊。位于普君片区燎原路任映坊，建于清代，保存完整。

叶生生堂。位于升平片区莲花路12号，建于民国时期。

第三节 作为地方记忆的佛山传统建筑

一 东华里建筑群

（一）概述

东华里是佛山保存最完整的典型清代街道，也是佛山现存最完整的清代庄宅式府第建筑群组，具有典型的岭南民居建筑风格，是全国重点文物保护单位。东华里位于禅城区福贤路中段，原名“伍杨街”，至清乾隆年间更名为“东华里”，全长146.4米（主街道长112米，副街道长34.4米），总占地面积10217平方米，共有房屋58间。东华里街道宽阔顺畅，花岗岩铺砌的路面洁净平整，街道内的建筑物更是清代官家富户宅邸的典型代表。

街首闸门楼尚存道光二十三年（1843）的石刻街额，街内两旁的宅第，因历来是官家富户所居，故无论建筑形式或装修，均极为讲究，门房高大，石砌台阶，门墙多为水磨青砖结砌；室内的厅堂装饰亦不俗，多有木雕屏风、花架及隔扇等高档设置。街之前段为互相毗连的屋宇，其中尚存伍氏宗祠、招氏宗祠、招雨田祠及招氏敬贤堂等建筑物；街之后段两旁各有小巷四条，巷内为宅第后三进的住宅，排列整齐，格式统一，均是镬耳式封火山墙，三间两廊式平面布局，室内设置除个别略有改动外基本为旧貌。东华里北侧后段的骆氏宅第，为四排四进的三间两廊式建筑，每进之间以天井相通，每排之间有小巷相间，青砖外墙，筑有镬耳式封火山墙，体现珠江三角洲清代官家宅邸的豪华气派。

（二）特征

东华里建筑群一般是采用青砖或红砖砌就。具有居住功能的房子在60年代一般以超经济平房、三间两廊式房屋和竹筒屋式房屋三种形式出现。超经济平房一般是前厅后房、厨房，使用的材料是青砖或者红砖，部分用石灰水进行粉刷。三间两廊式房屋有单户拆分为多户的结构，其建筑风格保留传统民居立面的特色。竹筒式房屋是在原有的竹筒尾内部或外墙边加建楼梯或者加建二层，其建筑风格仍保留传统民居立面特色。到了70年代，出现了经济型楼房。该建筑材料多为红砖，立面装饰比较简朴。

东华里曾经是名门望族、达官贵人聚居之地。清嘉庆至道光年间，太子太保、协办大学士、四川总督骆秉章携家人迁入东华里，他对东华里北侧的自家宅第进行了重新修葺，屋宇更加整齐美观。清代末期，富商招雨田又迁居此处，招为南海澜石石头乡人，初经商于佛山，后转香港创“广茂泰”洋行，发家成巨富后，买进东华里中段南侧的宅第，进一步扩建装修，遂成目前之面貌。及至光绪年间，军机大臣戴鸿慈之弟戴鸿惠（清末民初南海劝学所所长）也买入东华里北侧中段宅邸，并加以修葺。近年来，佛山市文物部门经考证，发现7号民居还有岭南画派代表人物黄少强建立的止庐画塾。从名人、富豪、官宦聚居地的意义上讲，东华里应该算佛山的“岭南第一街”。

（三）发展

自清代以来，东华里历经时代大浪淘沙，至21世纪初，一直维持着相对完好的整体风貌，其也因为建筑结构和形制的整体性和代表性，被列入《全国重点文物保护单位名录》。2007年以来，随着佛山启动“三旧改造”项目，东华里片区被作为首个“三旧改造”示范项目进行全面整治改造，岭南天地项目随之建设推出，并取得了较好的声誉和口碑。从此一点来看，围绕着祖庙—东华里片区的改造至少取得了部分意义的成功。对东华里文物保护单位而言，目前最大的问题是，经过近十年的整体改造，该片区由于涉及的管理、法律、产权等问题相对复杂，故改造推进十分缓慢，其内部景观和环境风貌也在十年的沧桑之下，相对破落，因此，我们认为，本着认真负责的历史责任感，无论是地方政府还是片区开发商，都必须正视东华里片区的保护性开发问题。我们也期望，经过系统发展的东华里片区，一定会呈现给我们惊艳和欢喜。

二　区家庄

区家庄位于禅城区福贤路居仁里，又称“区巷”，是一组清乾隆年间富商区氏所建的家族庄宅建筑。区家庄主要由下列门牌地址的房屋所构成，由西往东，由南往北算起，有居仁里 97 号、居仁里 99 号、居仁里 101 号、居仁里 103 号、居仁里 105 号（区巷 1—20 号）、居仁里 107 号（区慎思堂）前座、禄丰新巷 2 号（区慎思堂）后座、禄丰新巷 4 号、禄丰新巷 6 号、禄丰新巷 8 号、禄丰新巷 10 号。区氏祖籍顺德水藤村，原在佛山做小买卖，后赴曲江县经营洋杂货而发家，成为佛山有名的巨富，遂陆续兴建其宅邸第。最初仅有住宅四座，至清同治年间（1862—1875 年），增建“资政家庙”，此后又相继完成其他住宅四座和包括两个厅堂及藏书楼的三进大型建筑以及花园等十座建筑物，总面积约 1500 平方米。今除花园外，庄内建筑物保存尚好。1989 年被定为市级文物保护单位。

区家庄庄宅平面布局规整，建筑物采取“井”字形排列，由小巷相间，以做防火通道。其中，住宅在西北侧，为风格略有不同的多座单体住宅组成，居中部分有两排，每排三座，外形大小一致，整齐美观。住宅均为二进三间四合院式平面布局，三开间，屋前为外墙，头进是天井及左右两侧的厨房和门房，于山墙设住宅大门；二进前有檐廊，大门内明间是厅堂，两侧房间为居室，资政家庙在住宅区南面，具有当地祠堂式建筑风貌，平面为二进院落四合院式布局，殿堂面宽进深各三间，具有小巧玲珑的特色；厅堂和书楼在住宅区的东面，厅堂为规格颇大的四柱大厅。在主人的刻意经营下，所有建筑物的用材及装修都颇为豪华得体，与其身份相称。今除花园外，庄内建筑物的原貌均保存尚好，是较典型和完整的古代城镇庄宅建筑群落。该庄对研究当时的商业贸易、建筑艺术、社会面貌以及聚族而居的居住习俗等问题，具有重要的价值。

2007 年以来，随着“祖庙—东华里片区”的“三旧改造”推进，区家庄所在区域的福贤路居仁里被整体拆迁改造，目前，除居仁里土府等少数文物保护单位尚有留存外，其他普通街巷、民居拆毁一空，本区域被整体开发成为新的地产楼盘。区家庄本初风貌不再。

三 叶生生堂

叶生生堂前身旧址为清代时期的铁锅行会馆。建筑原主人叶祖荫在筷子路购置的地块，就是清代曾经辉煌一时的铸发行发客店旧址，佛山人都称为“铁锅行会馆”。民国《佛山忠义乡志》记载：“铸发行，铸造家称既济堂，会馆在凿石大街。光绪二十九年重修。发客店称江济堂，在筷子上街，乾隆己亥年建。”叶祖荫，生于清末，号念堂，原籍南海罗村芦塘，几代家传专治小儿疳积，并开设有草药店“叶生生堂”，因医术高明，治愈患儿无数，在当地颇有名气。1915 年，因广东连降暴雨，西江、北江同时出现大洪水，佛山镇及郊区一带尽成泽国。灾情之重，前所未有。农作物严重绝收，一时盗贼如毛，治安不宁。叶祖荫眼见在家乡难以维系生计，于是举家迁至佛山镇富民铺遇龙桥附近（今鸿运汽车站位置），这里是佛山古镇商贸货栈区，叶祖荫在此开设中药店，并坐堂开诊。后来，叶祖荫拿出数十年的积蓄，在筷子路购得一间废弃会馆，拟修建一座楼房，建筑风格为中西合璧，是欧式骑楼建筑的典型岭南版，楼高三层，砖木结构，石脚青砖，花岗石回字形门框。二楼的地面和窗户使用当时流行的花阶砖和蚀刻玻璃。三楼有一座两层琉璃瓦双层方形凉亭，大楼的总建筑面积约 820 平方米。它的形态方正，廊、柱、卷拱、山花墙、窗式等，都有明显的南欧传统色彩，虽亦追随当时的风气，吸收了巴洛克装饰风格，但也体现了佛山人讲求实际的特点，装饰简洁实用，与地道的本地传统建筑形制、风格结合得较好。内部的空间布局，已经完全按照近现代人生活和营商使用要求设计。

1938年佛山沦陷，叶生生堂被日军强行侵占，门前设有持枪的日军把守，严禁市民接近，否则格杀勿论。叶生生堂被逼迁往他处，租用一间小铺做诊室，叶祖荫家人则搬至源汇里居住。1945年光复后，叶生生堂回迁筷子路12号。1955年后，该楼先后为解放军物资保障处、中医院留医部、佛山市统战部、卫生局、文化局办公用地。

近年来，随着莲花路—升平路片区整体改造的推进，筷子路进入整体改造阶段，片区内普通民房、街巷多被整体推倒重建，极少部分文物保护单位尚存，叶生生堂旧址所在片区也基本被拆毁一空，余存的传统建筑不多。

四　蕺园

蕺园（李道纯宅第），包括福贤路131号和居仁里139号两处。蕺园（指福贤路131号）建于民国时期，占地面积约700平方米，由园围墙、门楼、主楼、副楼以及周边花园组成。蕺园原是一姓叶的大户人家于清末民初按照西洋方式建成的，当时叶家主要经营中西成药，主要是从香港“屈臣氏”购回大批中西成药，然后分发到各地销售。叶家在佛山的大基头（宝善坊）、莲花等地都有房产，日本侵华时，汉奸李道纯、李道轩将蕺园占为已有，抗战胜利后，蕺园又回到叶家。后叶家后人全部迁居香港，蕺园就由国家征用。现作民居，当年的花园早已不复存在，原地建有一座5层楼的职工宿舍。主副楼主体建筑保存完好。2006年纳入佛山市第四批文物保护单位名录。

蕺园是一座具有浓郁的英国维多利亚时代亚洲殖民地居住风格的建筑，方柱坚实，非常气派，刷白的墙面搭配红色门框，极为典雅。局部脱落石灰墙面，露出红砖砌成的墙，又与东南亚建筑风格颇为相似，主体架构恢宏大气，局部装饰带有意大利巴洛克风格，线条和雕花精美繁杂。整个建筑糅合了中国、英国和意大利建筑文化，从严格意义上说，它在当时似乎有些不伦不类。但恰恰反映了民国初年的思潮，当时的佛山人思想开放，海纳百川，善于汲取外来文化精华。

对蕺园的得名，有人说，蕺园原名本为戢园，“戢”和“蕺”为较为生疏的同音字，意义却大不相同，“戢”意为收敛、收藏、不张扬之义。“蕺”是指一种散发腥味的草本植物，俗称“鱼腥草”。按佛山本地民俗专家梁诗裕的解释，就是该房产从原来主人手中的“戢园”被汉奸强占后，不知何故被人改为“蕺园”，其主要意指即为汉奸强占之后，使此房产从之前地方绅商的低调内敛变成了卖国求荣的腥臭味和血腥味，该房产也因为其主人身份变化而蒙尘。

五　叶家庄

（一）概述

叶家庄位于禅城区市东上路宝善坊，是一组大型庄宅建筑群落。为佛山本地富商叶氏家族在清末时所建，庄园独占一巷，故又称宝善坊。当时的佛山桑园，有五分之四的土地属于叶家，于是，叶家便筑起围墙，建起一排绵延数条街巷的大屋，当地人称桑园叶家庄。叶家庄大门右侧为佛山著名茶楼“桃园居”，隔壁为佛山最著名的饼食店“公光隆”，故桑园叶家庄也广为人知。清中叶后，叶氏家族在佛山、香港等地以经营中西成药起家，清末时成为省港佛知名的华侨巨富，其产业遍于广州、香港等地，而祖居的佛山以庄宅、房产为主，如莲花路大型宅邸、福贤路西洋式的蕺园以及叶家庄等多处。其中以叶家庄规模最大，装修最讲究，设施最完备。庄内有铺石街道、祠堂、门楼、住宅区和花园等。

叶家庄内建筑物布局合理，整齐美观，独具匠心，占地面积近4000平方米，为佛山当时同类庄宅建筑中少有。叶家庄布局以最南面的东西向直街为主干，所有建筑物均集中在街道以北，街道全长79.7米，首尾均建有门楼，现存的东侧门楼规整美观，外表是水磨青砖，石额镌题“南阳”二字，门后有更楼；原西侧门楼内的街首是规模颇大的“叶大夫祠”，始建于清光绪三年（1877），祀叶氏房祖叶星桥。祠为硬山顶面宽三间，头门、大殿为二进院落四合院式平面布局，具有当地祠堂建筑的特点，祠前后原有花园。宅区在祠堂东面，整齐地排列在街道北侧，与垂直于街道的小巷相间，风格一致的住宅坐北朝南以单座连接排列，除面街的头门和客厅外，其余均为三间两廊式平面布局。今除花园局部外，庄内原有建筑物均保存完好，是较典型和完整的清后期古镇庄宅建筑群落。

中华人民共和国成立之前，叶家庄在战火年代几经波折，日本占领佛山后，宝善坊被日本人征用。抗战胜利后，叶家庄又辗转至国民党手中。“文化大革命”期间，叶家庄门口内的房屋再次被征用，祠堂遭到了严重破坏，后作为佛山军分区招待所。直至 1989 年又归还叶氏后人，同年被定为佛山市重点文物保护单位。20 世纪 80 年代，政府修建市东上路，征用了宝善坊几百平方米。1995 年，由于宝善坊路面低于市东上路，下雨会造成水浸街的景象，于是叶氏后人将整条街道垫高。2000 年，叶氏后人出钱修葺祠堂。

（二）叶家庄的建筑与人事

1. 建筑

（1）“南阳”石额。根据叶氏族谱记载，宝善坊叶家庄最早可以追溯到河南南阳，据称先祖原来在朝中做宰相，后来因为战乱动荡，迁居福建仙游，再后来到了珠玑巷。随后迁徙至南海大沥，有部分人到了新会鹤山。清朝末期，叶氏太公带着四个儿子，由鹤山古劳罗江村，辗转到了佛山。其时，恰好有人建好了四间大屋要出售，太公叶兰泉便买了下来。四间屋子一样的格局，四个儿子恰好一人一间。而后，在东西两侧建门楼，东侧门楼石额镌题“南阳”二字，以纪念家族由来传承；西侧门楼则建“叶大夫祠”“聚星”（大厨房）、云翔（书斋）。

（2）古井与树。叶家庄内每套房子里都有一口井，提供食用水。南阳门楼前水井的井水并不用来食用，只提供洗衣服等用途。这口井的设计尤为特别，由于地势比较低，有淹水之患，为了避免井水被污染，这口井的井台特别高，另外，还有一个圆形的石圈来加高井位，这个圆形的石圈，圈口比井口略大，洪水来时，人们便把石圈套到井上，这样，进一步增高了井水水位。古井旁边有一棵杧果树，其来历颇为奇特。据传 1947 年发大水，一棵杧果幼苗随着水漂到这里，大水过后，叶家庄人便把杧果树种在井边，井边添了一个几十年来寸步不离的好伙伴，至今繁茂如初。

2. 人事

（1）叶氏寻根人。珠江三角洲一带自“永嘉之乱”后，即为中原士族在历次动乱中的移居之选，中原士族通过梅岭下到佛山一带，在此开枝散叶。因此，佛山一带的城乡村落，有较强的寻根访祖理念，在叶家庄调研过程中，我们也看到了类似的证物：叶大夫祠内墙上悬挂有一幅横表，上书“叶茂枝繁”四个大字，旁边留款则题为“公元2009年4月星桥公后人寻祖鹤山罗江五桂堂宗人叶家祥敬书”。这则信息提示我们：叶家庄在珠江三角洲乃至西北江流域地区叶氏宗亲中的开枝散叶，使佛山叶家庄的叶姓成为其他地区叶姓的寻根访祖之选。

（2）叶问与叶家庄。叶问之于佛山，在地方文化发展和地标意义等方面，作用巨大，但叶问其人与叶家庄是否存在牵连，经过系统调研，我们认为，叶家庄和叶问之间并无直接亲缘联系。叶问并不是叶家庄的人，有可能是当初住在叶家庄而已。以下资料证明：虽然都姓叶，但叶问是市东下路叶家，与桑园叶家庄并不是一个支系。根据族谱记载，桑园叶家庄的男性成员是按照光、明、正、大、承、家、训、忠、厚、慈、和、济、世排位取名，而叶问家族则迁自南海谭头村，两家人在迁移空间上并无明显的路径重合，显然不是一个叶家世系。

（三）叶家庄与佛山中成药的发展

明清佛山鼎盛时期，佛山镇主要的产业发展中，中成药产业是其最重要的产业之一。明清时期，佛山已是中国“四大名镇”之一，经济发达，交通方便，人口众多，众多的手工业者、小商贩以及数以千计的各业客商，需要携带方便服用，安全的中成药。尤其是随着冶铸、五金铁器、纺织、陶瓷等行业的发展，行业从业者因工作需要进行冶、锤、磨和淬火，经常和利器、沸水、烈火等接触，导致皮肤破损或者伤筋动骨。佛山医药业就应运而生，各种验方名药相继出现。其中，梁仲弘抱龙丸、冯了性风湿跌打药酒、源吉林甘和茶、李众胜保济丸、马百良七厘散、梁家园少林膏、黄祥华如意油数十种名药行销海内外。现广州、香港、澳门及南洋、美洲的不少著名中成药，其祖铺都在佛山。保济丸、七厘散、四喜丹、盐蛇散、如意油、冯了性等老字号中药均出自佛山。不仅畅销全国，还远销新加坡、马来西亚、印度尼西亚、菲律宾、日本、美国等10多个国家和地区。叶家所经营的生意就是成药，该行业也带给叶家巨额财富。

佛山是岭南成药业的发祥地，不少成药店坊创始于明朝，如梁仲弘腊丸馆、冯了性跌打药坊等，距今已有400多年的历史。超过100年以上有名号可考的，有人和堂、迁膳堂、李众胜、芝兰轩、瑞芝堂、培和堂、陈家济等100多家。乾隆时期，仅豆豉巷从事参茸行的药坊就有26家，到了道光时期，增加到34家。抗日战争以前，佛山很多成药都有较兴旺而稳定的销路，如人和堂腊丸的出品，行销山西、陕西、河南、河北等省。冯了药酒行销全国，华中、华北各省销路尤广，在广州、香港、澳门、上海等地设支店十余家。保滋堂丸散，除广州、香港、澳门有分销处外，远销新加坡、庇能（槟城）、爪哇、马来西亚、菲律宾、美国、加拿大、秘鲁、古巴和大洋洲各地。源吉林甘和茶在华南及南洋一带的销路也很可观，连西贡（今胡志明市）和新加坡的咖啡馆也兼售甘和茶。梁家园少林药膏则在国内拥有1万多家代理客户。

中华人民共和国成立后，佛山成药业很快获得生机。到1955年年底，全行业恢复57家，从业人员近400人，品种增至100多个。1953年，各厂、店办理邮购业务，扩大成药销售。成药由土产公司收购包销，使零星贩卖变成集中统一推销。1956年1月，国家对私营工商业进行社会主义改造，全市57家厂店实行公私合营，组建成源吉林茶厂、佛山中药厂、三联药厂、国药商店等。佛山成药品种繁多，名称五花八门，概括起来，可分为膏、丹、丸、散、茶、油、酒七大类。如梁家园少林药膏、甘露园紫雪丹、刘怡斋卫生丸、马百良七厘散、源吉林甘和茶、何福山脚癣油、冯了性风湿跌打药酒等，成药业具有广泛的群众基础，对预防和治疗起着巨大的作用。

第十章　寺院道观：鸣钟香鼎绕红尘

第一节　概述

“岭表山川，盘郁结聚，不易疏泄，故多岚雾作瘴。”① 岭南地区的热带森林、多雨水、温度高等自然气候条件，导致岭南地区蚊和疟原虫等流行，传播疟疾和其他传染性疾病的蚊虫大量附生，形成瘴气等致人生存困难的自然地理环境。宋代周去非在其《岭外代答》中也曾记载：“岭外毒瘴，不必深广之地。”② 恶劣的自然环境，使居住其间的土著和外来移民，深感人在自然环境面前的乏力和无助，转而崇敬自然，信仰鬼神力量，构成岭南地区（珠江三角洲地区尤盛）多鬼神崇拜，无神不拜的环境基础。“人性轻悍，箕踞椎结，盖百粤非声教所暨，故其习俗与中州殊。然自汉末建安，至于东晋永嘉之际，中国人避地者，多入岭表，子孙往往家焉。自始以来，其俗尚渐染华夏，稍变于古，昔而庐舍未有中州之制。至唐宋璟为广州都督，见民庐皆茅竹所葺，时被火灾。遂教民陶瓦，筑堵列肆，粤俗始知栋宇之利……男女皆椎结于顶，妇女许婚及已嫁者，始结胸带。”③ 粤地先民在缺乏必要的基本物质条件、文化知识和技能的情况，面对自然的灾

---

① 刘恂：《岭表录异》上，载鲁迅、杨伟群点校《历代岭南笔记八种》，广东人民出版社 2011 年版。

② 周去非：《岭外代答》卷四。

③ （宋）周去非著，杨武泉校：《岭外代答校注》，载《中外交通史籍丛刊》，中华书局 1999 年版，第 284—289 页。

祸，无法清楚理解和应对，由此养成了“粤人尚鬼”的传统习俗。

粤人笃信鬼神。秦汉之前，百粤族的巫术名扬天下，秦始皇派兵下岭南，与粤人杂处，以期把化外之地收编国内版图，在掺沙子的政策下，笃信鬼神的风俗并没有就此退出历史舞台，反而相沿成习，形成文化，传统传承下来。《隋书》记曰：“江南之俗，火耕水耨……其俗信鬼神，好淫祀。”① 及至明清，俗鬼传统并没有因为“淫祠”而败亡，反而因为多神化信仰的地方传统，得到了更加广泛和深入的传播：“粤人信鬼，三家之里必有‘淫祠’，岁时男衙女会，事必求祷，至于疾病，以求医问药为谬，以问香设鬼为灵。”② 在传统社会中，一般家庭供奉多个神祇，例如，入门有门官，院子有天神，堂屋有观音、白帝、天后、华光、关帝、金花、马王等神；住房有阿婆神，水井有井神，厨房有灶神，厕所有紫姑神。此外，还有吕神、紫微神等。每个家庭，每天烧香一次、两次或三次，神诞稼月至少一次，多达七次，如白衣观音诞、土地诞、张王爷诞、关帝诞、耶稣诞等，现在神诞已经不多，但节令和每月初一、十五日，许多家庭仍保持烧香习惯。

同时，粤人凡事都要“问鬼”占卜，古代岭南（佛山）地区的人，通过祭祀卜筮等方法达到占卜吉凶、趋吉避害及治病解灾的目的。“粤人俗鬼，而其祠皆见鬼，数有效，昔东瓯王敬鬼，寿百六十岁，后世怠慢，故衰耗。乃命粤巫立粤祝祠，安台无坛，亦祠天神帝百鬼，而以鸡卜。上信之，粤祠鸡卜自此始用。”③ 明代，叶权在其《游岭南记》中也记载了当时珠江三角洲地区的广州一带独特的民间祭祀：“岭南民间所祀，不知何神，俗谓之鸭婆，水路行人居民岁时朔望，必杀鸭祀之，即以鸭血涂其像上，腥秽满面以为敬。此夷风未变也。”④ 可见，广州地区占卜种类的繁多，这正是重巫风俗的具体体现，巫觋之风发展至明清，

---

① 《隋书》卷三一《地理志》，中华书局 1987 年版，第 886 页。

② （嘉靖）《香山县志》卷一《风土志》，日本国会图书馆藏明嘉靖二十七年刻本影印。

③ 《汉书》卷二五《郊祀志》，中华书局 1962 年版，第 1491 页。

④ 《羊城风华录》，花城出版社 2006 年版，第 47 页。节选自中国社会科学院历史研究所明史室编《明史资料丛刊》第一辑，江苏人民出版社 1981 年版。

依然盛行。明代万历年间（1572—1620），依然是“粤俗尚鬼神，好淫祀，病不服药，惟巫是信”。① 清代张渠也说：“《汉书》谓粤人信巫鬼，重淫祀；武帝平南粤后，尝令粤巫立粤祝祠，祠天神百鬼，而以鸡卜。至今粤俗犹然。无论朱门、悬簿、中堂皆供神像，朔望必礼拜。市肆则燃香烛于门首。”清代顺德人罗天尺的《五山志林》也说：“淫昏之鬼充斥闾巷，家为巫史，四十堡大抵尽从祀焉。”②

佛山作为明清岭南重镇，社坛寺庙比比皆是，尽管经过历史的大浪淘沙，目前余存有限，但在敬神问鬼的传统习俗下，这些社坛寺庙在地方记忆的传承、一方百姓的精神慰藉等方面，作用巨大。因此，梳理佛山历史文化名城的文化记忆，就有必要对现存和曾经有过的社坛寺庙等做系统整理，本章的研究意即在此。

第二节　佛山镇寺院道观的发展

一　（明）景泰至1840年佛山镇的寺院、道观建筑

明初至清末的佛山镇，其城市产业高速发展，人口和城镇规模增长明显，神庙、寺观也维持在一个较大数量，按乾隆《佛山忠义乡志》记载，当时佛山镇有神庙26处、寺观接近36处，其中又以天后信仰、关帝信仰、金花夫人信仰、华光大帝信仰等为多，26处神庙中，天后宫5处，关帝庙3处，观音庙3处，金花夫人庙4处。佛山镇这种信仰取向，与其城镇的产业结构和人口特征密切关联。以华光大帝信仰为例，华光主火，是民间铸造业和铁器手工产业工人的行业祭祀神灵，佛山镇铸铁产业高度发达，其鼎盛时期，与铸铁、铁器等生产有关的人员高达数万人。其他如关帝信仰，都有类似的特征，而观音信仰、天后信仰和金花夫人信仰相对偏多，则反映出佛山镇及其所在的珠江三角洲地区对温婉女性神灵的偏好，同时也说明，佛山镇

---

① 王临亨：《粤剑篇》，载《元明笔记史料丛刊》，中华书局1987年版，第77页。

② （清）张渠：《粤东见闻》卷上《好巫》。

乃至珠江三角其他洲地区，女性手工劳动者也有相当规模人口。各铺神庙和寺观分布情况如图 10－1 所示。

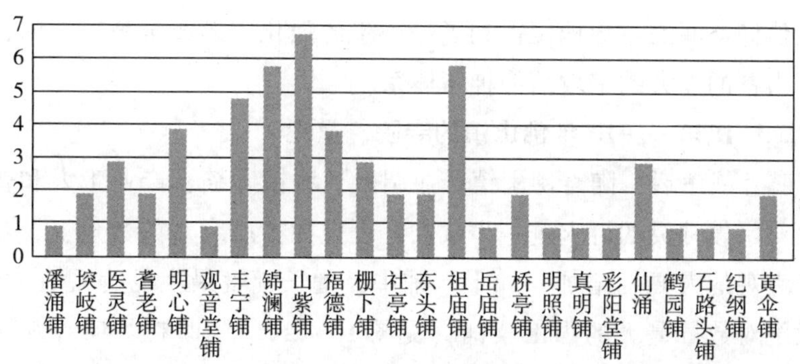

图 10－1 乾隆时期（1736—1796 年）佛山镇各铺神庙和寺观分布情况

从各铺神庙分布来看，祖庙铺有关帝庙、观音庙、金花夫人庙；东头铺有关帝庙；潘涌铺有天后宫、先锋庙；栅下铺有天后庙、主帅庙、龙母夫人庙；福德铺有天后庙、梁舍人庙；山紫铺有关帝庙、观音庙；锦澜铺有天后庙；丰宁铺有华光庙、鄂国公庙；观音堂铺有观音庙、华光庙；明心铺有太上庙、先锋庙；耆老铺有普君庙、金花夫人庙；医灵铺有医灵庙；堠岐铺有柳氏夫人庙；仙涌铺有天后宫、三界庙。36 处寺院中，锦澜铺最多，其次是山紫铺、祖庙铺、丰宁铺。寺观较少的铺有岳庙铺、东头铺、堠岐铺、真明铺、鹤园铺、明照铺、纪纲铺和潘涌铺等。其中医灵庙铺有塔坡古寺（经堂）、华严尼庵；祖庙铺有仁寿寺、三元庵、福源寺；山紫铺有湖峰寺、莲子寺、地藏寺、西庵；福德铺有定觉寺、铁佛寺；堠岐铺有德寿寺；桥亭铺有通济寺、三味寺；锦澜铺有竹林寺、龙池寺、豹庵、借庵、长庆尼庵；明心铺有延寿寺、净莲寺；东头铺有白毫寺；岳庙铺有鹿峰寺；丰宁铺有弘庆寺、茶庵、洞天宫。①

① 其余各铺寺观较少，多为各铺主祀神灵寺观，如黄伞铺有妙寿寺、东庵；纪纲铺有福寿寺；真明铺有地藏寺；鹤园铺有富德寺；岳庙铺有岳王寺；东头铺长春观；彩阳堂铺有仙霞寺；石路头铺有知春观；明照铺有长寿庵。

明代，由于统治者对道家的偏好，佛山镇主宰全镇信仰空间的即为祖庙，其他寺观都遭到不同程度的打击。清代，随着佛山镇发展达到帝制时期的巅峰，神庙寺观的数量增长极快，同时，祖庙对佛山镇宗教信仰空间的主导地位得到了进一步的强化。形成全镇范围内，以祖庙为首的庞大的宗教信仰神庙体系。

二　1840—1910 年佛山镇的寺院、道观

鸦片战争后，随着佛山镇产业凋敝，城镇萎缩，产业工人和普通镇民对宗教神灵的诉求进一步放大，表现在神庙寺观的数量上，就是神庙寺观的大幅度增加，二十八铺中，增长幅度最大的为观音堂铺，增长绝对数量最大的为山紫铺（见图 10－2）。同时在神庙寺观增长在空间上，呈现了全域增长的特征，即之前神庙寺观较少的各铺，如石路头铺、鹤园铺等，神庙寺观增长迅速，据乾隆《佛山忠义乡志》载，有神庙寺观 121 座。这进一步说明在整体萎缩的状态下，产业空间的重构使产业萎缩后的闲置空间被用来作为神灵信仰场所。

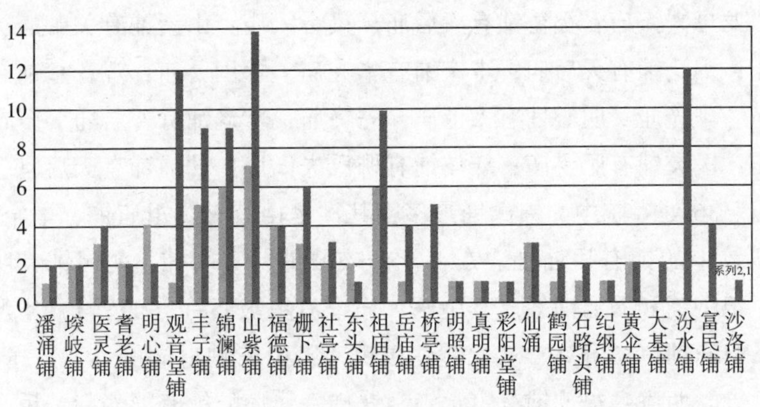

图 10－2　乾隆（1736—1796）与道光（1720—1750）时期佛山镇各铺神庙和寺观分布情况

三　1911 年后佛山镇的寺院、道观

据民国《佛山忠义乡志》载，整个民国时期，佛山镇内有各种庙宇 153 座、寺观 29 座、家祠 376 座、里社 27 座、神坛 4 座、坊表 16

座、节孝坊32座、文塔5座。各铺（沙）（二十八铺加上四沙）的神庙寺观、家祠、里社、神坛和坊表（节孝坊）文塔的分布情况见图10－3。平均每平方千米有100座以上庙、寺、观、庵、祠等，几乎我国民间所有神佛在此都建有庙宇，佛山镇神庙和寺观的发展在民国时期达到了一个顶峰阶段。同时，随着社会公共事务和精神信仰空间的进一步世俗化，祖庙和义仓也兼顾了佛山镇行政管理职权和精神信

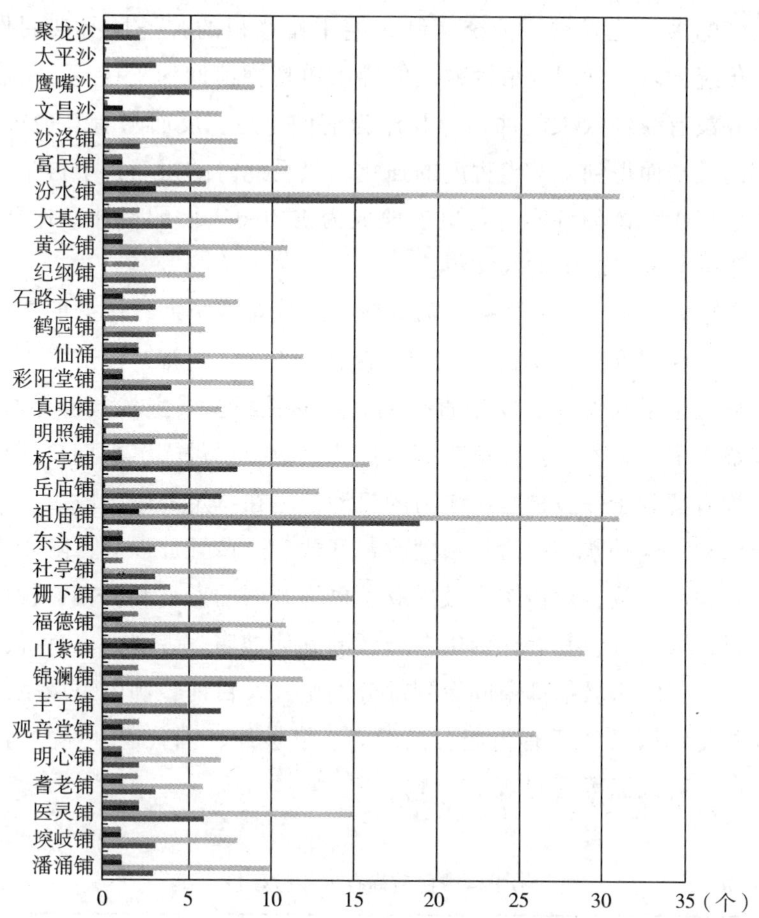

图10－3　民国十年佛山镇各铺神庙寺观、家祠、里社、神坛和坊表文塔的分布情况

注：图中各铺条柱自上而下分别为神庙寺观、家祠、里社、神坛和坊表文塔数量。

仰权力。佛山祖庙成为佛山镇各大行会和民众的聚会场所，而义仓和麒麟社逐渐变成了城市自治政府的各种聚会的地方。先锋庙是卖鞋和卖对联的市场，甚至连祖庙旁边的四圣庙和医灵庙也是佛山最大的铁器市场之一。这些诸如寺庙、市场、茶楼的聚会空间促进着亚社区层面人们彼此之间的往来和交织，同时也成为联系城市空间的纽带。

在此期间，政治纷争、时局变化和外敌入侵，都极大地影响着佛山镇的发展，加上西方各种思潮和教会的涌入，促进了社会进步和人们信仰的多元化发展，传统帝制时期用作祭祀的神圣场所被用作他途，传统神庙、寺观数量锐减，但佛山镇精神信仰的支柱——祖庙的影响并没有受到太大的冲击，其作为信仰正道，反而随着其他神庙、寺观的衰落而得到了一定程度的强化，只是此时的祖庙，不再是仅仅局限于祭祀北帝的寺庙，它更多地成为佛山镇人们的精神寄托高地，是高于一切神灵之上的大父母。

中华人民共和国成立后，随着新生政权对传统宗教信仰的态度发生变化，在“文化大革命”期间“破四旧”“立四新”潮流之下，佛山老城区位于永安片区安宁直街的太上庙被毁；天主教堂也受冲击，如焚烧圣书、祭衣，打烂祭具等。传统宗教很快进入沉寂期，即使祖庙这种有超脱于一般神庙影响力的机构，也在特定的时间段中被禁止祭祀活动。这种状态一直持续到改革开放。改革开放以后，随着人们思想意识的开放，对传统宗教采取了更为开明的态度和认知，佛山祖庙得以重新开放，其后，佛山老城区的其他神庙、寺观，也有部分择机开放，传统宗教信仰空间得到部分的确立。目前，佛山镇域空间里尚存的传统宗教场所有祖庙、仁寿寺、塔坡庙、国公庙、经堂古寺、华光庙和舍人庙等（见表10－1）。

表10－1　　佛山老城目前尚存的宗教建筑

区域	寺院、道观	街、巷、里	年代
祖庙片区	祖庙	祖庙路21号	北宋元丰年间
	仁寿寺	祖庙路5号	东晋

续表

区域	寺院、道观	街、巷、里	年代
普君片区	塔坡庙	塔坡街	清
	国公庙	新安街	清
	经堂古寺	新风路中共佛山市委党校大院内	相传东晋隆安二年（398）僧人结茅为庐，后改建为塔坡寺（1988年由佛山博物馆收集碎片）
永安片区	华光庙	莲花路212号	清
	舍人庙	舍人大街	清（仅存正殿）

第三节　作为信仰符号和地方记忆的寺院道观

一　塔坡寺：佛镇“信仰初地”

（一）塔坡寺概述[①]

塔坡寺，位于佛山市区普君墟京果街1号，通面宽4.58米，建筑面积不足43平方米，分为头门和正殿两进，马鞍式风火山墙，硬山搁檩梁架。塔坡寺是佛山最早兴建的“佛寺”。根据《佛山忠义乡志》载，西晋时期，广州渐为对外贸易的海港，佛山也有海外商船往来。376—380年，有古印度僧人航海在佛山本岛登岸，并在塔坡冈处结下茅庵，宣讲佛经。以后僧人返国，居民便把他居住的地方称为“经堂”。因而就有“佛山初地”之称。东晋年间，法师达毗耶舍携三尊小佛像渡海而来，仍在经堂聚徒说法。后由于信徒日增，经堂地方狭窄，因此，信众捐资兴建塔坡寺，作为奉佛讲经之地。因冈形长大而斜如塔状，故取名塔坡寺。后达毗耶舍回国，寺无人居住，日久失修而致全寺倒塌。遂供之经堂，建塔崇奉，唐贞观二年（628），村民发现，塔坡冈山地夜放亮光，挖掘出三尊小铜像和一石碣，上书“坡塔寺佛”，并有对联：“胜地骤开，一千年前青山我是佛；莲花极顶，五百载说法起何人。”村民以为佛祖显灵，于是捐资重建塔坡寺

① 关于“塔坡寺”和“塔坡庙”的关系及其地方意义，梁慧贤已有专文讨论，本书所述塔坡庙，为“佛山初地”意义的塔坡寺，而非后来的“东岳神”的塔坡庙。详见梁慧贤《浅论“塔坡寺”与“塔坡庙”的不同》，《大众文艺》2014年第5期。

供奉。同时认为，这是佛之山，便将塔坡冈改称为“佛山”，并在冈脚（今京果街口）刻石碑，把事情经过记下来，碑上加置一石榜，横书“佛山”两个大字。明洪武二十四年（1391），原塔坡寺被拆毁，人们遂在医灵铺万寿坊重建塔坡寺。至清咸丰四年（1854），“红兵之乱”导致塔坡寺和大基尾粤剧戏行的琼花会馆被清兵烧毁。光绪三年（1877），省华林寺方丈勤安主持募捐重建塔坡寺。清末民初，“经堂”破败。中华人民共和国成立后，“经堂”被划入佛山地区党校。同时，原寺内的浮图铁塔及《龙藏经》等宗教文物在“文化大革命”中也移至市博物馆及市图书馆保存。塔坡寺于2013年重修开放，重修的塔坡古寺为清嘉庆期风格，原样复建（见图10－4至图10－7）。

图10－4　塔坡古寺（重修后局部）

图10－5　塔坡古寺（重修后全貌）

图10－6　塔坡古寺旁“佛山初地”

塔坡庙重修记

图10－7　塔坡古寺重修碑记（2013年）

以上各图片来源：梁倩銮摄。

（二）塔坡文化载体

1. 古佛像

唐贞观二年，塔坡寺内挖得的古佛像，到清光绪年间，由于寺内管理不当，导致三尊小铜像消失不见。《佛山忠义乡志》记载："佛像，旧传乡之初，聚夜辄见塔坡冈（在耆老铺）有光，掘之得三铜佛像，因建寺于其上，以奉铜像，名塔坡寺，乡称佛山，盖以此也，后寺毁于明洪武时。像之存毁不可考，今塔坡古寺（改建于医灵庙铺），所供铜像云是故物，恐未必然。"①

2. 塔坡井

塔坡井现位于塔坡庙（见图 10－8）前。唐代古井，应是佛山保存至今年代最为久远的历史遗物。塔坡井为圆形，无井栏，四周有用条石铺砌地面。井水冬暖夏凉。老人说："大旱之年，全市水井都干

图 10－8 塔坡寺模型（藏于佛山城市展览馆）

图片来源：梁倩銮摄。

① （清）吴荣光：（道光）《佛山忠义乡志》卷五《乡俗》。

涸了，塔坡井水仍不干涸。”井旁竖有一石碑，记载着民国三十七年街坊集资挖井的过程。井台旁的屋墙上，原镶嵌有唐贞观二年的“佛山”石榜、“佛山初地”“牧唱遗风”石匾等遗物。

3. 塔坡匾额与木雕

现存于京果街塔坡庙，匾额陈旧，字迹较模糊，木雕图案依旧可见制作时的精美工艺。

4. 浮图铁塔

浮图铁塔重1800多斤，高约6米，有东莞宝六舍利子供于塔内。首建于雍正九年（1731）。嘉庆四年（1799），僧人敬来仿印度阿育王塔式重建浮图铁塔，重建后的铁塔重7000多斤，高达6米。根据1970年拆铁塔修党校时发现，藏在塔内的舍利子用一木漆盒所盛，共200粒左右，并有黄金、白银、珍珠、玛瑙、翡翠等十宝伴着。浮图铁塔及《龙藏经》等宗教文物在“文化大革命”中移至市博物馆及市图书馆保存。

（三）塔坡寺历史文化价值

1. 佛山发祥地的见证

“未有佛山，先有塔坡”，可见，塔坡寺是佛山得名的重要物证，也是解析“佛山无佛”的缘由。对研究佛山城市的起源、发展和文化传承，有重要的历史价值。

2. 佛山旧八景之一

“八景”文化是了解中国传统社会的窗口，佛山古来即有佛山八景，“塔坡牧唱”即为其一（佛山旧八景：塔坡牧唱、汾流古道、冈心烟市、庆真楼观、孤村铸炼、东林拥翠、南浦客舟、村尾垂虹）。“塔坡牧唱”反映的是塔坡寺因洪武诏毁后，此处岗地荒芜，草木丛生，成为附近乡村牧童放牛之地。牧童每有闲暇，即互相吹笛，引吭高歌，声传远近，时称“塔坡牧唱”。后人遂在塔坡寺前刻“佛山初地”“牧唱遗风”的文字，以为纪念。

3. 研究红巾军起义的重要实物资料

塔坡寺（经堂古寺）是原红巾军起义的都督府。咸丰四年（1854），广东天地会领袖陈开、佛山粤剧艺人李文茂，响应太平天国革命运动，率领当地的手工业者、船民、石湾陶工以及琼花会馆数千粤剧艺人，于石湾大帽冈发动红巾军起义（又称“红乱”）。在此次历史事件中，“经堂”是红巾军起义重大历史事件的旧址，是研究红巾军起义的重要实物资料。

二　祖庙：全镇诸庙之冠

（一）概述

佛山祖庙，位于广东省佛山市禅城区相庙路21号，是供奉北方真武玄天上帝的著名庙宇。相传始建于北宋元丰年间（1078—1085），元末遭毁，明洪武五年（1372）重建，历经20多次重修和扩建。现存主体建筑占地3600平方米，沿南北中轴线排列，从南而北依次为万福台、灵应牌坊、锦香池、钟鼓楼、三门、前殿、正殿、庆真楼。1996年被确定为全国重点文物保护单位。与肇庆悦城龙母庙、广州陈家祠合称为岭南古建筑三大瑰宝的庙宇。《佛山忠义乡志》记载：“真武帝祠之始建不可考，或云宋元丰时，历元至明，皆称祖堂，又称祖庙。”①

佛山祖庙又称祖祠。祖祠的说法要追溯至宋代。宋代蒙元进攻中原地区，导致大批北方人为了躲避战火而举家南迁。其中便有不少人落户佛山，使佛山增加了许多新的姓氏。广东民间重视宗族关系，一般都会建立祠堂来保护自己的宗族，这使建立祠堂成为当时的一种风尚。新移民也入乡随俗，纷纷建立了各自的宗祠。因为当时佛山镇主要靠乡绅组建自治机构来负责全镇的管理和治理，其办事机构就设在当时的灵应祠，也即现在的祖庙，所以，北帝庙址便被选为各宗祠共同议事的场所。遇到地方公众的大事时，为首者通过“庙传”，在北帝庙进行研究讨论。因此，北帝庙（灵应祠）实际上变成了当地联系各姓的纽带和公议场所。祖庙前殿大门两旁有一副对联：“二十七铺奉此为祖，亿万年唯我独尊。”说明明代以后，建立在铺区制度基础上的佛山镇各铺都把祖庙作为全镇各铺共同的祖祠。

---

① （清）冼宝干：（民国）《佛山忠义乡志》卷七《祠祀》。

祖庙由明代以前的全镇共祀之地，发展成为景泰以后的官祀场所，主要机缘是景泰初年的黄萧养匪乱。当时，佛山堡在黄匪进攻佛山堡时，所有青壮村民依托北帝显灵的指引和分铺设立栅栏抵抗的方式。“每当战，父老必祷于神，许之出战，则战必胜，大有斩获；不许，则严兵防守，不敢轻出。贼夜遥见栅外列兵甚盛，有海马千百为群飞噪贼舟上。又见飞蚊结阵，自庙间出，飘曳空中，若旗帜形，贼屡攻而屡败之。”最后击退了黄匪的进攻，借由此次事件，祖庙北帝得到朝廷册封，入列朝廷官祀，成为国家神灵正塑。祖庙也自此成为地方二十二乡老议决佛山事由的议事场所。神庙地位进一步提升，并逐渐发展成为佛山镇众神庙之祖。

（二）祖庙北帝故事

北帝，全称北方真武玄天上帝，俗称上帝公、上帝爷或帝爷公。其为统理北方、统领所有水族（故兼水神）之道教民间神祇，又称黑帝。《佑圣咒》称，北帝是“太阴化生，水位之精。虚危上应，龟蛇合形。周行六合，威慑万灵”。在祖庙内，到处可见道教文化的踪迹。祖庙内的锦香池中央安置的龟蛇合体石雕便是象征着道教的玄武大帝。在祖庙灵应祠正殿正中央神龛里供奉着的巨大神像就是庙里祀奉的主神北帝。祖庙本是佛山古代冶炼业供奉祖师的地方，由于唐宋时期珠江三角洲地区多有水灾，佛山人便将北帝请到佛山坐镇，消除水灾的困扰，保佑佛山一方免予水患。自此之后，佛山一带再也没有闹过水灾。同时，广东人有以水为财的观念，故而北帝崇拜便成了珠江三角洲地区民俗典型，其中蕴含着风调雨顺、国泰民安的良好愿望。

祖庙北帝显灵的故事历代有之，比较著名的有“劏仔石”。在祖庙灵应祠前殿南北中轴线上，有一块长 2.2 米、宽 0.87 米的黑石板，板面平滑黑亮，间有数条白纹。这块石板是明景泰年间祖庙被敕封为“灵应祠”后，供地方官员春秋二季拜祭时跪拜之用，所以，也称作拜石。这块拜石也被人们称为“劏仔石”。相传明朝末年，佛山有一贫苦少年，自幼丧父，与其母黄氏相依为命，日子过得甚是艰难。有一天，相邻的恶霸丢了一只鹅，便怀疑是该少年宰食了，询问其当天吃了什么。少年患有口吃，所以，他口齿不清地答：食“螺”。由于佛山方言中，“螺”与“鹅”读音相似，恶霸便污蔑其偷吃了他的鹅。少年急忙辩解，无奈恶霸仗势欺人，勒令黄氏交纳10倍的罚款并，赔礼道歉。黄氏不服，便惨遭拷打逼供。无助的黄氏唯有将申冤之事寄托于神灵，在她的再三要求下，众人来到了祖庙。在北帝像前，黄氏点燃香烛，跪拜说：若我儿偷鹅，请降下签。黄氏拜毕，接过签筒一摇，下签已落地，如此三次，结果都一样。恶霸及其随从凶神恶煞般地喝令黄氏认罪服法，否则解官究办。可怜的黄氏又怎知恶霸早已买通了庙祝，在下签的签头上灌了水银呢！由于下签头重，只要一摇签就落地了。在恶霸面前，性情刚烈的黄氏有冤无处诉，为求清白，她把心一横，将儿子放在黑石板上，一刀剖开儿子的腹部。众人皆见其肠中只有螺肉而没有鹅肉。群起哗然，纷纷指责恶霸冤枉良民，造成母杀子的悲剧。悲痛欲绝的黄氏，抱着儿子血肉模糊的尸体，哭昏倒地。那凄惨的哭声惊动了真武大帝，他下降法旨，令少年还阳康复，母子团聚，那恶霸也得到了应有的惩罚。

除了“劏仔石”的故事，还脍炙人口的“蚊阵鸟旗”“庙现神光”“神奇的铜宝珠”等众多的北帝显灵故事在民间广为流传。这些故事传说都反映了佛山人民对北帝的崇拜与敬重之情，也反映了佛山人民对道教文化的崇尚。

反映佛山人对道教崇尚还有北帝诞（见图10-9）。佛山祖庙北帝诞是流行于珠江三角洲一带的一个融宗教性、娱乐性、世俗性、群众性为一体的综合性民间文化活动。它的起源与北帝崇拜和佛山祖庙的修建密切相关。每年农历三月初三为佛山祖庙北帝神诞，在诞期，不仅要建醮贺诞，而且还举办各种祀神庆典活动。改革开放后，民间自发恢复北帝诞活动，并呈现出一年比一年兴旺的景象。近年来的北帝诞，又开始逐步呈现古代北帝诞“鼓吹数十部，喧腾十余里”的盛况。北帝诞作为佛山最大的群体性祭祀和娱乐活动，有广泛的全民参与性、极力表现北帝诞生时“繁华鼎盛”的宗教性和辐射海内外的广泛影响力，是海内外佛山人认同的精神维系。从2000年起，佛山每年农历三月三北帝诞日，祖庙都会举办庙会形式的民俗文化活动。

图 10－9 祖庙北帝诞

图片来源：陈艺惠摄。

（三）文化的融合与包容

1. 祖庙里的儒家文化

儒家文化是以儒家思想为指导的文化流派。儒家学说为春秋时期孔丘所创，倡导血亲人伦、现世事功、修身存养、道德理性，其中心思想是孝、悌、忠、信、礼、义、廉、耻，其核心是“仁”。儒家学说经历代统治者的推崇，以及孔子后学的发展和传承，使其对中国文化的发展起了决定性的作用。孔子是儒家学说的提出者，为春秋末期思想家、教育家。他一生大部分时间都是从事教育，相传所收弟子多达三千人，贤人七十二人，被后世尊为“至圣”“万世师表”。

佛山祖庙大院西南方向上，屹立着一座孔圣园（见图 10－10）——孔庙。孔庙旧称尊孔会。清宣统三年（1901）本地一批尊孔士绅集资所建，属小型纪念性建筑物和尊孔活动场所，在形制上并无依照一般文庙之制。原建筑包括孔圣殿、招待室、治事室、小亭以及荷池、花园等，占地2000平方米。现仅余孔圣殿一单体建筑，其余均荡然无存。

图10－10　祖庙孔圣园

孔圣殿建筑面积近300平方米。该殿室内神龛置有孔子石刻像，是按山东曲阜孔庙的孔子石刻像拓本重刻的；左右两壁之上嵌有《孔子庙堂碑》石刻，按唐代著名书法家虞世南所书碑记拓本翻刻，上有翁方纲的考记题跋。原藏于李可琼“七十二窗楼”；殿内明间还有大型雕花硬木隔扇屏风，形制硕大而又清雅脱俗；殿前檐明间檐柱花岗石柱础也很有特色。

“南海衣冠甲粤省”，说明帝制时期佛山南海一带读书风气之浓厚。清末民初更是人才辈出，有革新家、思想家康有为，铁道之父詹天佑，小说家吴研人等。1980年以来，孔庙就此专设佛山状元榜，以激励后人发扬优良的读书传统，并在此开设儿童开笔典礼仪式。

2. 从万福台看祖庙的粤剧文化

当人们穿过灵应牌坊，迎面就是一个古老的戏台，这个戏台就是万福台（见图10－11）。万福台原名“华丰台”，建于清初顺治十五年（1685）。清朝光绪年间（1875—1908），因庆贺慈禧太后寿辰而改名，是广东乃至华南地区目前保存最好、最古老的戏台。该台建筑在一个高 2. 07 米的高台上，为歇山式卷棚顶，不用斗拱。面宽 3 间，共 12. 73 米，进深 11. 78 米，台面至檐前高度为 6. 25 米，因为是戏台，故装饰大量贴金木雕的隔板，分为前台和后台，隔板左右开门，"出相入将"，供演员等出入，前台三面敞开，明间演戏，次间为乐池。戏台前面是用长石板砌成的空地，可容纳观众，两边各有卷棚顶式二层建筑，下层是走廊，上层是厢坐，专供当地绅士富商观赏大戏之用。传说万福台的戏原来不是表演给人看，而是给神看的。万福台正对着北帝，中华人民共和国成立前，台上做的戏都是"神功戏"，是专做给北帝看的，所以，选戏很严格，大多是《六国大封相》等题材，或济世、颂世一类的戏文，以感谢北帝或者祈求来年的风调雨顺。

图 10 – 11　祖庙万福台

万福台发展至今，每逢重要节庆，也会演粤剧，粤剧作为广府地区的典型戏剧，曾被周恩来总理称作"南国红豆"。有关粤剧的起源，有多种说法。佛山一带认为，粤剧起源于佛山，其最早的戏班初建于清朝雍正年间，据说当年京城有一梨园名伶叫张五，绰号"摊手五"，因不满清朝酷政，在京演戏时常常借唱戏讽刺朝纲，因此被官府通缉。为避难而南逃，辗转流落至佛山镇，落脚在汾江河畔大基尾，以乞讨为生。当地居民得知其身世后，上门拜他为师，于是张五就在大基尾以京腔昆曲收徒传艺，并设立了“琼花宫”，这就是广东正式戏剧行当的最早戏班。到了乾隆年间，佛山、广州两地戏班联合起来在佛山共组戏行，将原来的琼花宫扩建，改名为“琼花会馆”。清代中期以后，佛山作为粤剧之乡，粤剧戏班的第一台戏必先在万福台演出，以图吉利并检阅阵容，然后再到四乡巡演。而且帝制时期的佛山，各行业一年一度贺师傅诞的演出、徒弟满师请戏演出、秋收之后的酬神演出等，都会选在万福台，这使万福台上笙歌不断，好戏连台，一年之中鲜有不上演歌舞之日，因此，到这里看大戏成了佛山及周边乡民最重要的娱乐活动。据道光年间的《梦华琐簿》载：“广州佛山镇琼花会馆，为伶人报赛之所，香火极盛，每岁祀神时，各班中共推生脚一人，生平演剧，未充厮役下贱者，捧神像出龛，入绿亭……”① 每年六七月，流动的戏班先回琼花会馆大集会并重新组织，《华封台会碑》载：“居兹土者，朔望咸祝，行止必先祀乎祖庙。”“本会台上演戏鼓桌什物俱全，于守台人一本，止许取银一钱。”说明戏班第一台戏必先在万福台演出，并由守台人负责，管理比较完善。同时，我们通过了解万福台重修重建的时间记录，也可以看到万福台当年盛况：

康熙丙申冬月重建
乾隆己未冬月重修
乾隆己卯秋月重建
嘉庆丙辰春月重建
咸丰辛亥冬月重建
光绪己亥冬月重建

重修重建的次数如此频繁，可见群众对戏剧需求的迫切以及戏班

① （清）杨懋建：《梦华琐簿》，载张次溪编撰《清代燕都梨园史料·正续编上》，中国戏剧出版社1988年版。

演出次数之多，万福台对佛山戏剧活动发展的影响之重。

3. 祖庙对佛山武术文化包容和展现

祖庙对佛山武术的传达和包容，主要体现在武术纪念馆，祖庙内有两个关于武术文化的纪念馆。一个是黄飞鸿纪念馆，另一个是叶问堂（见图 10－12）。黄飞鸿纪念馆在祖庙三门北侧，占地 5000 平方米，为一座两层的仿清代青砖镬耳建筑。馆内设有陈列馆、飞鸿影院。陈列馆内，有目前国内仅存的黄飞鸿真人照片和"十三姨"莫桂兰的真人照片陈列。馆内还制作了"宝芝林"的复制品，与电影里的场景十分相似。纪念馆里有个很大的演武厅，每天都有一场武术表演在这里进行。

叶问是蜚声海内外的咏春拳一代宗师，功夫电影超级巨星李小龙的师傅。他自幼拜艺于咏春拳宗师梁赞的首徒陈华顺门下。1941 年，在佛山招收第一批门徒。1949 年，赴港定居后一直致力于咏春拳的推广和普及，并且设馆授徒。叶问对教学方式、训练器械等进行了一系列改革，吸引了海内外各社会阶层人士跟随习武。为了纪念这位咏春拳宗师，2002 年 11 月在祖庙内建成了叶问堂，展示叶问的生平事迹，弘扬国粹，丰富佛山武术文化内涵。

图 10－12　祖庙内的叶问堂

图片来源：梁倩銮摄。

三　太上庙：又在人间冶五行

（一）太上庙概况

明心铺太上庙始建于清康熙二年（1663），原是供奉太上老君的道教庙宇，后来由于受到破坏，庙内原太上老君像现已不知所踪。清末民初时，太上庙已用作鸿胜馆的分馆，大批本地青少年前来拜门习武，盛极一时。1925 年，南海县四区农民协会在太上庙成立，并以此为基地，推动农民运动迅猛开展。说明太上庙自清末以来，一直是进步力量集会基地。至今太上庙的庙宇印记，除门前的石碑、柱上的对联以及前壁墙上的灰塑二十四孝图之外，其他元素不复存在。现存馆内外的图片、供奉先师等无不向人们提示这里已经改造成为鸿胜纪念馆。

（二）太上庙的兴起与衰落

清代，佛山是两广地区人们向往的“圣地”，历来以“省佛”并称。那些负笈求学的士子，以此作为登科的台阶；致仕退休的官吏，把此视作安身立命的归宿；携资而来的商人，以此视为致富的源泉；徒手求食的工匠，把此视为谋生的场所。因此，太上庙之所以得以修筑供奉，应有其起源的社会文化基础。

1. 太上庙兴起原因分析

（1）太上庙为田心书院及附近求学者提供了祭祀信仰空间。清代，佛山镇由于手工业发展、商业的全面繁荣和城区的迅速拓展，大量外来商民涌入佛山。这批外来人口，初来乍到，没有土地，也没有户籍。因此，被佛山土著视为“侨寓”。相对于土著，侨寓人士在佛山镇享有的各项权利和镇务处理中受限较大，甚至也没有在佛山社学获得受教育的权利。为了改变受排斥的局面，康熙八年，侨寓人士在山紫铺南泉观音庙左侧建了田心书院。田心书院具有集合侨寓人士中的精英和教育子弟的双重组织功能，其组织目标是维护侨寓集团的现有利益，并谋求将来的更大利益。由于侨寓学子的学习机会来之不易，加上他们在佛山没有地位和发言权，所以，他们的求学压力和获取功名的愿望会比其他学子显得更大更为强烈，因此，除刻苦读书外，这个群体也会把祭祀太上庙拜祭老子以获得保佑作为日常生活的重要内容。

（2）太上庙是佛山镇底层社会人群寻找精神依托的场所。老子道家学说对现实人生采取的是消极避世的态度，同时，老子提出的道法自然思想“人法地，地法天，天法道，道法自然”对于后世影响甚远。道家崇尚自然，要求人们顺应“自然之道”，返璞归真，以“自然”“无为”作为社会、人生的理想状态。太上庙附近拥有三个墟市，分别是太上墟、普君墟以及普君新墟，而明心铺是炒铁、打铁、拉拔铁线等行业的集中地，这些职业在当时都属于相对比较辛苦、危险性较高的行业，佛山镇大户人家一般也会以这些行业求食艰难来诫勉子弟。如石湾霍氏告诫子弟不可学的几个职业之一就是“不可去佛山学习炒铁出铁、铸造铁锅、打铁器、打铜锣等项，此最受热。每闻因火攻心，成伤早夭”。因此可以说，明心铺一带居住求食的人们，其社会地位相对较低，大部分都是处于社会的最底层，恶劣的生活、工作环境，一方面，产生了向老子祈祷、求助的现实需求；另一方面，老子推崇的哲学思想，也比较符合在此求食者的精神追求。故此，太上庙就成为明心铺一带产业工人和体力劳动者祭祀的信仰神灵。

（3）太上庙是人们祈祷健康长寿的地方。老子长寿，其开创的道家学说，一直是中国传统修仙求长寿的主要思想源泉和养生之术。老子在民间的形象被神化，传说也很多。《混元皇帝圣纪》载：“老子者，老君也，此即道之化身也，元气之祖宗，天地之根也。”于是，老子在道教中便被神化为众生信奉的神灵，老子是“混沌之祖宗，天地之父母，阴阳之主宰，万种之帝君”。以上这些描述带有神话传说的成分在内，便使老子在人们心中树立了一个拥有神秘力量的形象。健康长寿，自古至今都是大众的愿望，但在明心铺，有一个群体对于这个愿望的期盼会比其他人更强。像前面提及的，明心铺以炒铁、打铁、拉拔铁线等行业为主，工作者容易因火攻心，成伤早夭，因此，健康长寿尤其是健康对他们来说显得极其重要，这就成为他们前去祭祀老子的重要动力。

2. 太上庙衰落缘由

（1）时易俗移的客观趋势下，太上庙失去了生存的信众基础。民国《佛山忠义乡志》卷八《群庙》中针对太上庙有这样的记载：“按老子著道德经，自成一子。孔子与门徒说礼，亦多用其说。其功在守待，足与中古匹休，乃反为世俗香火之所掩，可叹也负，而灵异既著，只得循唐、宋故事，藉挹清高。”说明由于老子之说清高自许，其与佛山镇日益世俗化、现代化和开放化的趋势不相协调，进而导致信众日少，太上庙遂逐步消逝在历史长河中。

（2）清末民初的思想革新运动对传统宗教信仰形成冲击。清末的维新运动和新文化运动等潮流，致使中国社会形成拥抱西方、拥抱新思想的浪潮，佛山镇作为当时城市化水平较高、产业和经济实力相对较强的岭南巨镇，其居于思想革新和新文化改革的前沿，这种拥抱新思想、摒弃旧观念的城市运动，必然使佛山镇知识群体对传统宗教进行抛弃，并将代表封建落后的传统寺庙，如太上庙、万真观等进行抛弃。在这场思想大解放运动中，以反对专制、愚昧和迷信为导向，对传统寺庙供奉的神灵形成较大冲击。而太上庙供奉的老子容易被人们认为是愚昧、迷信的象征，再加上当时人们为了打倒封建思想，“打倒孔家店”，在这种情况下，太上庙就很有可能受到牵连，并遭到破坏。

（3）抵御外部入侵的需求使太上庙转移了寺庙空间意义。清末民初以后，外敌入侵，西方列强通过各种手段侵占中国领土、市场，面对这种侵略行径，仅靠祈祷求助于传统神灵，于事无补，起不到任何作用，只有用西方的先进知识、技术和文化武装好自己，才能真正抵御和驱逐入侵者，以此为基点，中国传统神庙空间受到冲击。思想的逐渐开放，必然使像太上庙这类代表着封建时代的愚昧、迷信的产物渐渐受到冷落甚至破坏。同时，在列强压迫下，人们逐渐认识到想要争取国家的独立、民主和富强，与其靠虚无缥缈的神灵还不如靠自身的努力，鸿胜馆作为一个佛山劳苦大众反抗压迫、学武防身的武术组织，就显示出它的时代作用。另外，佛山鸿胜馆的“三不教”馆规：官府的人不教、土豪不教、流氓地痞不教，也使它成为团结社会下层受压迫受剥削的劳苦大众如农民、手工业者、码头工人、小商贩等的空间，这就符合当时明心铺的基本情况。由于革命的需求和大众学武防身的需要，鸿胜馆取代太上庙就显得符合当时的时势需要。

（三）太上庙的历史文化价值

1. 传承佛山地方文化

太上庙作为佛山当年盛极一时的神庙系统中的一员，对展示传统佛山宗教信仰和文化地方特征有重要意义，同时，太上庙供奉的道家先祖及其在儒学思想传播、地方士子求取功名等方面，都有较强的地方文化在地特征诠释和表达意涵。对这些功能、意义的重新整合和塑造，可以实现对传统佛山历史文化的系统整合和提炼，为当下佛山发展文化旅游、实现文化旅游产业融合发展等有重要支撑作用。同时，对传统文化的系统梳理和传播，可以建构佛山特色的中国特色社会主义思想教育的模式和方法。

2. 实现阶层心理指归的友好传递

历史时期的太上庙，在地方人心教化和宗教皈依上，主要为佛山镇底层体力劳动者提供心理指引，是这个特定群体的精神家园。同时，太上庙从道家祖庭供奉空间到佛山镇底层人群尚武修习的健身场所，也反映出当时佛山镇对不同阶层人群的空间使用上，表现出了较强的善意和体认，这对当下城市空间功能使用对不同人群的差异化供给的现状，无疑可以提供某种矫正，提示城市政府和上位者，在城市功能的规划构想时，不能仅仅只是基于单向目标（比如经济效益，或者特定群体利益最大化等目标）来设计和构思城市功能的使用及发展，而是要基于城市的广谱人群，基于“谁的城市”的思考，来适当关注底层人群在城市空间功能上的需求和精神指归，为他们提供必要的休闲、精神体验和归属空间。唯其如此，城市才能真正体现出善意和关怀。

3. 建筑风格的艺术价值

太上庙的建筑为四合院式，抬梁式木结构，海棠式封火山墙。前部为门厅，左右有廊，后为正殿，中间天井。正殿面宽三开间，进深三间。现在除部分加筑围墙作内部间隔外，整个建筑物基本完好。明清时期，该庙除主体建筑物群外，尚有庭院及附属建筑，今已不复存在。相比其他佛山古建筑要么废弃、要么损毁的现状，太上庙保存尚好，虽然有经过后期的修缮，但是仍然保留有佛山明清时期的建筑风格，尤其是它那海棠式封火山墙，因此，必须加强对太上庙体现出来的地方建筑特征及对其整体建筑群的综合保护，以延续和提升太上庙的地方文化艺术价值。

四 国公庙：红炉迸溅炼金英

（一）概述

自明代以来，佛山手工业及商业十分发达，各行业的行会又多以庙宇为会址，如机房土布行会以博望侯庙为会址，新衣行会以轩辕古庙为会址，铁镬行会以太尉庙为会址，油行会以关帝庙为会址，铁钉行会以国公庙为会址。国公庙的兴建和世代相传，是封建社会行业神崇拜习俗的产物。

国公庙现位于佛山市禅城区福宁路新安街46号，在广东粤剧博物馆即兆祥公园侧门斜对面的新安街。国公庙门前挂有一块“佛山市文物保护单位”字样的石质匾牌，外面的铁门没有上锁，其上锈迹斑斑。国公庙大门外墙壁上载有清同治年间当地铁业的新钉行、铁线行、利金堂、万兴堂、庙左右街、铸砧炉三店、打扳炉户、友记店乃至军装店等21家共同捐资修庙的缘由以及收支明细账目的修庙碑记，碑记相对模糊，部分内容无法辨认。

明清时期，佛山手工业生产繁荣兴旺，早在明朝中叶开始就分行立例，各行业分别进行专项产品生产，并纷纷成立会馆组织，开展行会活动。在大规模的生产和行会活动中，为祈求神灵的保佑，逐渐形成了崇奉行业祖师的民间习俗，当时，佛山镇主要行业皆有自己的行业神，如制陶业祀陶师虞帝、纺织业奉先师傅望侯张骞、铸镬行祀石公太尉陶冶先师、木雕业祀鲁班先师等。国公庙正是铁钉行业祀奉其行业祖师的师傅庙。制铁和铁器行业，是明代以来佛山最重要的产业之一，在铁器产业内部，又根据器物使用功能，细分了更加多样化的行业，如铁锅、铁钉等，这些行业根据自己的理解和需求，纷纷祀奉理想神灵为自己行业的祖神。铁钉行业的祖庭国公庙所祀鄂国公即隋唐之际著名将领尉迟恭，通俗小说称唐朝开国后封为鄂国公。相传他出身铁匠，在宋《太平广记》的“尉迟敬德”条中，记有尉迟敬德打铁借钱的故事。这个故事在民间很有影响，其后铁匠奉尉迟敬德为祖师爷，就在国内很多地区留传起来，成为庇佑锻铁行业兴旺发达的行业神。

（二）作为行业师傅庙的国公庙

行业师傅庙最主要的功能就是作为每年祭祀祖师的场所。佛山古代冶铁产业主要分为两大系统：一类是铸造，另一类是炒铁，即铁匠。因此，佛山炒铁行业也沿此而奉尉迟敬德为祖师。炒铁行业是当时手工业中的大行业，从业人数众多，因而国公庙的建筑颇宏伟宽敞，装修、样式、配饰等十分讲究，供祭祀用的钟鼓、神台、香案一应俱全。相传 3 月 14 日是祖师尉迟恭的神诞，俗称“师傅诞”。这一天，全行业休息，集中在国公庙举行隆重的祭祀和庆贺活动。明清以来，佛山镇快速繁荣，各行业也得到了极大的发展，以此为基础，佛山各种手工业的行业神崇拜等活动，成为相沿已久的习俗，大多行业的行会甚至把这种神诞活动明文规定在“行规”之中，以祈求在艰难的谋生道路上神灵保佑、消灾解困。国公庙的建立和修葺均由炒铁行业合资所为。据乾隆、道光及民国《佛山忠义乡志》记载，该庙始建于明，确切年代已不可考，清代时历康熙、乾隆、道光、同治及光绪等朝多次修葺扩建而略具规模。此外，行内新入行的学徒行拜师礼，或学徒出师的谢师礼，也择吉日在国公庙依行内的规矩及程序进行，需祭拜师祖，表示谢师和敬业乐业。

（三）国公庙的兴衰及价值

1. 国公庙与冶铁业

国公庙既为铁钉行会馆，它的兴衰与冶铁业的兴衰关系密切。“佛山之冶遍天下。”说明明清以来，佛山的冶铁产业之繁盛，明代“佛山八景”有“孤村铸铁”的记载。国公庙就建于明清佛山铁冶产业繁盛之时，佛山冶铁业自明代已初具规模，经由高速发展后，此后一直为中国炼铁、冶铁、铁器等行业的中心，“佛山锅，遍天下”即是写照。佛山冶铁产业直到清嘉庆至光绪年间，才在外部工业革命和大工业生产的冲击下走向衰落。佛山《黄氏族谱》记载，康乾时黄氏一家有七八人投资冶铁车模，到嘉庆时全部倒闭。就整个佛山而言，乾隆时有铸造炉户百余家，炒铁炉户40余家，至光绪二年，冶铁炉户共剩下不到40家；至光绪九年，只剩30多家。

尽管嘉庆以后，随着产业的衰退，国公庙的繁荣不再，使庙宇的修葺、祀诞的举行不再有昔日的辉煌和耀眼，在这种趋势下，国公庙一年一度的祭祀酬神活动也渐渐淡了下来。

2. 国公庙的现状

中华人民共和国成立后，国公庙曾经作为福宁小学的教室，20世纪六十七年代去除封建迷信“破四旧”时，被作为居委会的办公室，虽然有些建筑遭受了损失，但是，总的保存情况还相对完整。20世纪80年代初，国公庙曾作为当时创建的佛山市第一家职业技术学校——佛山市华材职业技术学校的校址。现在已由博物馆接管。

对于国公庙的荒废，居民纷纷表示可惜，尤其是一些冶铁行业出身的居民，他们认为，作为佛山现存唯一的古代手工行业祖师庙不应该受到这种待遇，希望各方重视重修以实现再开放。

3. 国公庙的价值

（1）建筑价值。国公庙主体建筑仍存，其主体建筑有山门、香亭及大殿等，国公庙沿纵轴线由南至北排列，二进院落四合院式平面布局，是清道光十五年（1835）和同治二年（1876）修缮后的面貌，建筑面积约200平方米。山门庄重而瑰丽，石额镌题“国公古庙”，山门及大殿都是硬山顶镬耳式封火山墙，面宽三间，大殿进深三间，梁架为抬梁与穿斗混合式结构。香亭为卷棚歇山顶，其架构颇独特，后檐柱即为大殿前檐柱，前檐柱则不着地而置于左右两廊大拱枋之上；在同类建筑中颇为少见。其建筑装修除普遍使用各类雕镂精致的木雕以及灰塑绘画等装饰外，山门前檐廊梁架均装饰着精巧细腻的花卉及人物故事圆雕或高浮雕，以致其外貌更显富丽繁缛、典雅华贵。尤其是檐柱石枋所刻画的洋人侏儒形象，带有较强的反帝反封建色彩。

国公庙作为一座古庙，有自己的特色。它建于明代，虽然经过清代的多次修葺，明代的建筑特色已经基本看不到了，但是，它有典型的镬耳墙，有典型的岭南建筑特色。此外，它又是作为佛山手工业发展行会会馆留下的唯一完整的有行业会馆痕迹的建筑，也是它的价值所在。

（2）历史文化价值。一方面，国公庙作为铁钉行会馆，对于研究佛山冶铁史具有重要的价值。从国公庙的规模、地理位置、建筑风格、内部装饰等各方面可以看出国公庙在当时的地位，从而可以了解到冶铁业的发展。国公庙位于福宁路，而福宁路原为通花街、福宁里、走马路、朝北社、登龙里等街，是明清时期的商业区之一，在当时寸金尺土的佛山商业区中，国公庙能占有如此面积，说明当时冶铁业的辉煌。另一方面，其历史价值体现在国公庙的祖师爷——尉迟敬德。隋炀帝大业末，尉迟敬德从军于高阳，以武勇称，累授朝散大夫。后因救李世民一命，受李世民重用，成为其左右手，并在玄武门之变，助李世民夺取帝位。尉迟敬德虽为铁匠出身，但其人生多在官场。他在隋唐的传奇故事也是为人所歌颂的。

（3）艺术价值。国公庙布满灰尘的大门、色彩斑驳的木雕等都昭示着它所经历的沧桑和苦楚，但是，镬耳式封火山墙、木雕以及灰塑绘画等却凤凰涅槃似的，依然精美如前。

第十一章　教（学）堂：布衣侧耳听智慧

第一节　佛山地区教会发展概述

一　岭南基督教的传播与演变

基督教由英国伦敦会传教士马礼逊（Dr. Robert Mrrison）于清嘉庆十二年（1807）到达广州，在外国商人经商的十三行进行秘密传教，为公认的基督教在中国的开教鼻祖。虽然马礼逊传教时间较早，但在内地建立基督教堂却在是几十年之后。道光十五年（1835），美国传教士、医生伯驾在广州开设博济医院，是基督教在广东最初的定点宣道聚会处所。美国基督教会的传教士罗孝全于清道光二十六年（1846）到广州石角（靠近二马路附近）开设教堂传教，这是已知的内地建立最早的基督教教堂。到民国八年（1919），广东全省有基督教堂924所。基督教初传入广东之时，因清廷的禁教政策而步履维艰。马礼逊来广州7年，才在澳门街为第一个信徒蔡高施洗，25年后在广州仅有10位华人入教。但在鸦片战争前夕，已有7个基督教差会先后进入广东，它们分别来自英国、美国及欧陆，代表信义宗、长老宗、圣公宗、公理宗和浸礼宗五大宗派。清道光三年（1823），马礼逊将广东人梁发按立为华人传道。清道光二十二年（1842）的第一个不平等条约——《中英南京条约》，欧美列强不仅获得了大量政治和经济权益，而且使教会在中国的传教活动合法化。这个不平等条约对基督教在广东的传播产生了直接影响：首先是本省的香港岛割让给英国，省城广州为中国开放的五个通商口岸之一，外国人得以居留此地，传教士能够合法地出入与传教，建造教堂。其次，传教士在香港获得了更多的权益与自由，逐渐把港埠建成传教基地。清道光二十四年（1844），清政府宣布开放教禁，允许“华民习其教者免治其罪”，为基督教在中国的传播大开方便之门。

基督教是外来宗教，从欧美传入，故被称为“foreign church”（译为“洋教”等）。在组织结构、教义礼仪、传教方式等方面，与中国固有文化习俗和国民心理有一定的隔阂或碰撞。加之近代西方的传教运动伴随殖民主义浪潮而兴起，一系列不平等条约又为其推波助澜，省内各地的反洋教情绪滋长，与传教士有关的教案层出不穷。如清光绪二十七年（1901）的兴宁会党反洋教事件、光绪二十九年（1903）的广州民众反教事件、光绪三十年（1904）的新安教案和光绪三十三年（1907）的连州教案等。19世纪下半叶，广东基督教开始了本地化进程。早在19世纪初，少数教会或团体的名称前已经有“中华”或“中国”字样，如清道光十八年（1838）二月在广州成立的中华医药传教会。清同治十二年（1873），浸信会华人牧师陈梦南首开华人教会自立的先河，他和杨海峰等在广州潮音街创立了华人宣道堂。清光绪七年（1881），关就光牧师等发起创立华人自立教会。清光绪二十一年（1895），卫理公会的华人信徒罗开泰、长老会的黄文卿和播道会的吴硕卿等提倡华人自立教会，共创“耶稣教救世会”，设教会于双门底，并设圣教书楼，专售圣书及时务新书。清光绪二十九年（1903），广州华人宣道堂又成立兴华自立浸信会，公推冯活泉为牧师。

20世纪初，英国循道会华南教区已有若干教会实行自养。该会在佛山成立了第一处自立自养教会，所办医院靠自己的经费维持，并建成中国式礼拜堂。光绪三十二年（1906），美北长老会广东自立总会成立，倡议各华人长老会合而为一。19世纪下半叶到20世纪初，是华人教会成立时期，此时，“三自”思潮得到广泛酝酿并部分地付诸实施，少数华人牧师开始独立建教堂或主理教务，在行政、传教和经济等方面，不同程度地脱离西方传教士的制约。然而，绝大多数教会还不能自立自养自传，更加谈不到实现教会本地化。教会和教会事工仍由西方传教士及差会支持掌握。教会的领袖和行政人员，如会督、监督、主教、学校校长、医院院长以及其他教会机构主持人，绝大多数由外国传教士担任。而维持教会各种活动的经费，仍然来源于外国差会，各种制度也多沿袭西方教会。

二　佛山基督教历史

基督教最早进入佛山是在清咸丰十年（1860），由英国循道卫理公会的传教士俾士牧师（Rev. George Piercy，1928—1913）传入。他来到佛山后，在古洞街租了一间房子进行布道，并雇人出售宗教书籍。俾士牧师在佛山住了5年，期间吸收了3名教徒，之后他回到广州，光绪十三年（1882）返回英国。同治元年（1862），中华基督教伦敦会牧师梁柱臣发动教徒募捐，建立了佛山基督教的第一间教堂——走马路堂（现福宁路98号的福宁礼拜堂）。同治九年（1870），另一位英国循道卫理公会的传教士斯多马（T. G. Selby）来到佛山，他主张教会要向乡镇发展，因此，在近郊区且交通方便的永兴街（现在的永安路尾豆豉巷附近）租了一间房屋作为礼拜堂，这就是佛山最早的循道公会教堂——永兴堂。教系为“耶稣”，主教国籍为“中英”。

中华人民共和国成立前夕，佛山基督教徒有500多人，当时的教会活动每周定期开展。教徒除每星期一次的全体集中在教堂进行“礼拜”外，还有小组活动，分为唱诗班、查经班、祈祷会、青年团契、妇女团契、子日学等形式。除信奉耶稣外，他们还宣传一些社会公德，比如，博爱、感恩、教徒不准说谎话等。同时，教会还在佛山举办一些慈善机构，为民众服务。如循道医院、华英中学、树德学校、公立小学、镇华小学、小乐园、华英幼稚园、老人院等。中华人民共和国成立之后，新政权基于社会主义价值观，发起了“三自”爱国运动，号召进行“自治、自养、自传”改造的教会，才能继续开展活动。1958年“大跃进”期间，佛山12间教堂进行了大联合，组成了佛山基督教联合会，会址设在莲花路，当时的负责人为夏秀全、余少粧。组成后的佛山基督教联合会还有活动，到“文化大革命”开始才停下来。改革开放以后，佛山重新落实了宗教政策，佛山的基督教等宗教组织才再次恢复活动（见表11－1）。

表11－1 佛山主要传统村落天主（基督）教堂景观概况

名称	位置	景观描述
耶稣君王堂	顺德区龙江东头村	耶稣君王堂自始建到现在约120年历史，重建于1986年，1987年7月23日落成
圣家堂	顺德区勒流龙眼村	圣家堂始建于清光绪初年（1876年前后），由法国传教士传入，建筑景观有法式风格，重修于1980年，1981年复堂，总面积约831.6平方米
玫瑰堂	顺德区均安南沙村	玫瑰堂自始建到现在100年左右，重建于1994年，1996年复活节落成
小德肋撒堂	顺德区北滘水口村	小德肋撒堂自始建到现在约100年历史，重建于1989年，1990年落成，建筑面积约有100平方米
四基天主教堂	顺德区容桂四基村	初建于清道光十九年（1839），光绪二十七年（1901）拆建成双塔形的教堂，民国十七年（1928）再次重建，建筑面积达530多平方米，外形部分参照广州天主堂（石室），由法国教会拨款而建，具有典型的哥特式风格，教堂主要分为三部分：前座是门楼，后座是玫瑰堂和宿舍
基督教黄连堂	佛山市勒流镇黄连村	始建于民国五年（1916），由德国引入，是当年中华基督教长老会会址。重建于2001年，其建筑设计巧妙，主堂极佳的采光性让人感受到大自然的创造力
基督教里水堂	南海区里水通津正街	教堂始建于1934年，“文化大革命”时废弃，1984年改称基督教里水堂。建筑设计新颖，保存良好
基督教盐步堂	南海区盐步环镇东路	基督教盐步堂位于花地河畔，由著名设计师西蒙·彼得（Simon Peter）设计，2015年12月落成，占地3916平方米，建筑独特，外观似小提琴雕塑，具有后现代基督教的风采

第二节　佛山老城区的主要教（学）堂

一　基督教三自爱国委员会

（一）概述

19世纪中期，以美国教会为主的基督教在岭南地区非常活跃，广州、汕头和佛山是其宣教基地。19世纪中叶，珠江三角洲首先被纳入其传教区域，接着向韶关、东江、西江和潮汕一带扩展。到19世纪末，除粤西南、英德及连州等边远地区之外，广东全省已基本被其覆盖。在人口稠密的珠江三角洲和沿海一些通商口岸，几乎每个镇都有教堂，基督教文化和影响几乎达到了无处不在的地步。目前，佛山市禅城区就有赉恩堂、升平堂、金沙堂和石湾堂4座教堂，全市五区共有29座教堂。

（二）中华基督教公理会

佛山市禅城区基督教升平堂（原中华基督教公理会），兴建于清光绪九年（1883），由美国基督教公理传道会传教士喜嘉理（孙中山先生的施洗牧师）来华传教而建，光绪二十九年（1903），喜嘉理在佛山祖庙铺营前大街购置了一所占地100平方米的旧房子做礼拜堂，堂内布置简陋，经费直接由差会拨来，早期只有一名教徒，至翁挺生牧师（原香港梯街公理会牧师）接管时，财政十分困难，难以维持；民国三年（1914），翁挺生牧师向教徒募捐得6000元，购置了佛山西便巷60号的房子，民国十九年（1930）改建为礼拜堂，俗称“西便堂”。民国十二年（1923），翁挺生牧师在西便巷设立公理小学。1958年，佛山教会联合，西便巷停止聚会，教堂由政府接管，教堂被作为佛山市第二十小学办公室及部分课室之用。宗教政策重新落实后，产权归还佛山禅城区基督教会。

近年来，佛山市区旧城改造和教育改革快速发展，第二十小学于2000年年初与其他小学合并，房产使用权归还教会；由于得到了妥善的保护，礼堂的建筑结构仍然十分稳固，可以继续使用；经禅城区基督教三自爱国委员会研究、申请并得到政府有关部门批准，教会决定恢复西便巷堂的聚会，因为地处升平路，故更名为“升平堂”（见图 11－1 至图 11－3）。并在 2002 年 4 月 13 日正式恢复活动。基督教三自爱国委员会就是基督教升平堂。

图 11－1　佛山基督教升平堂（一）　　**图 11－2　佛山基督教升平堂（二）**

图片来源：陈艺惠摄。

图 11－3　佛山基督教升平堂（三）

图片来源：百度地图：基督教升平堂，map. baidu. cm/? Newmap = 1&ie = atf－8&s = s% 26wd% 3d。

（三）基督教升平堂的现状

经过 130 年历史的洗涤，升平堂早已没有当年那意气风发的样子了。自2007年以来，升平堂所在片区成为佛山老城区“三旧”改造首批建设区域，片区内大量民宅和非保护建筑受到拆迁影响。目前，升平堂片区发展凌乱，致使升平堂综合环境风貌较差，升平堂风光不再（见图11－4）。原文应为“神爱世人”，而现在却变成了“神爱人”，升平堂里面的建筑很陈旧，门面都没有维修。而且周围的建筑都拆迁了，升平堂显得“一枝独秀”。图11－5为祷告的信众。可以看到，目前信奉基督的教友较少。图11－6为唱诗的册子，上面的歌词都被翻译成中文了，但明显文法不通。可见目前真正信教的人群在知识结构、组织能力等方面的不足。图11－7为调查访谈时近两周在教堂所举办的活动。

图11－4　佛山基督教升平堂（四）

图片来源：陈艺惠摄。

图11－5　佛山基督教升平堂（五）

图片来源：陈艺惠摄。

图11－6　佛山基督教升平堂（六）

图片来源：陈艺惠摄。

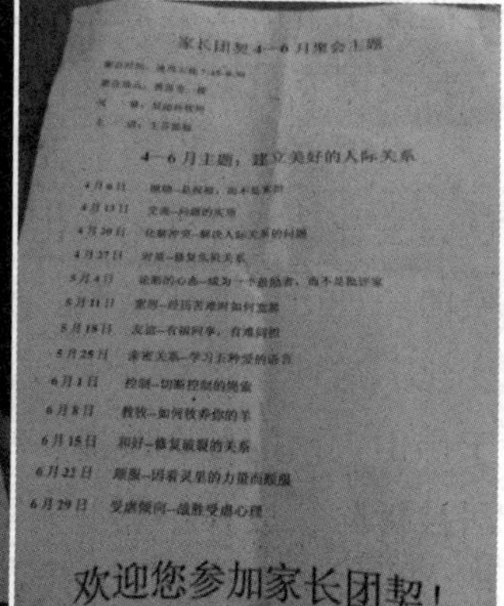

图11－7　佛山基督教升平堂（七）

图片来源：陈艺惠摄。

(四) 基督教堂的仪式

升平堂的基督教仪式主要以唱诗班为主，唱诗活动作为升平堂的一个有特色的活动，强化了神灵与信众之间的交流。

1. 每周的礼拜形式

(1) 集体学唱赞美诗。每周做礼拜，教徒并不是每次都来，也不是每次都按时到。一般在星期六和星期天参加的人数较多。一开始，齐声歌唱赞美诗，节奏匀称，富有旋律，每个教徒逐渐地被融入融洽、和谐而欢快的氛围之中。

(2) 讲道，做见证。讲道是礼拜的第二个主要环节。牧师在讲道过程当中经常用一些比较容易懂的例子来说明，而且还不时地与教徒互动，气氛活跃。

(3) 祷告：为“罪人”祈福。做祷告时，各位教徒双目紧闭，各自祷告。有的则是双膝跪地，希望得到神的启示或惩罚自己的罪过。

2. 大型聚会的统筹安排

大型聚会主要是邀请外地信徒来为所有的信徒讲道，其交通费用由基督教会承担。现有地方治理机制下，为实现某种程度的平衡，佛山城区基层治理机构以“不支持，不反对”的默许态度让基督教在一定范围正常活动。根据教会负责人反映，“以前聚会时还有民政局和三自爱国委员会的人来视察，现在基本不来了”。

佛山古镇，百年前已有基督教传教士前来传教。今天，教堂建筑已失去昔日那种外来文化侵袭的象征性意义，而成为岭南文化中西合璧的一种历史文化景观。佛山古镇的改造无疑会给升平堂带来一定的变化。这种变化对于佛山经济的发展来说可能会利大于弊，但是，对于佛山古镇的社会改造、文化保护等方面可能会是弊大于利。大量民居被拆除，成片小巷消失了，大量的本地居民被迁走，这样的旧城改造，对佛山这样的历史文化名城来说，效果评估，暂时难以定论。

二　石湾堂

(一) 石湾堂简介

佛山基督教石湾堂始建于 1908 年，后因政策原因，教堂被拆除，重建的石湾堂位于佛山市禅城区石湾三友岗八十七座之一，坐落在小区里且被二十几户居民住宅包围，教堂占地只有100平方米左右，建筑面积为200平方米，可容纳信徒不到百人，教堂分为两层，一层用作信徒做礼拜，二层给教堂人员办公用。

（二）石湾堂历程

石湾堂始建于1908年，由西樵传入，名为基督教希伯伦石湾堂，当时信徒只有四五十人。20世纪30年代以后，随着国内军阀混战，尤其是抗日战争的爆发，佛山沦陷后，教堂活动不得已停止，到抗日战争结束后的1946年，重新恢复教会活动。1950年，石湾堂在“三自”感召下，消除了派别，加入了佛山市基督教联合会。1966年开始的“文化大革命”使宗教活动再度被停止，石湾堂的房产及所属物业被政府接管。1979年，党和国家重新落实了宗教政策，石湾堂开始以家庭聚会的形式，在每周日上午恢复聚会，并同时接受市基督教联合会派同工前来证道。但是，由于场地限制，集合点地方较小，人数比较多，活动空间不能满足信徒的要求。

在石湾区人民政府和石湾区侨务办公室的大力支持及帮助之下，由民管以补偿的方式在石湾三友岗八十七座之一，新建一座建筑面积为200平方米的两层楼房做教室。新址建成后于1988年3月3日正式开放，石湾堂结束了长达9年的家庭聚会，重新正式恢复礼拜活动，其地上一层作礼堂，楼上是办公室和教工人员宿舍。在业务发展上，石湾堂作为赉恩思堂的兄弟堂，星期五上午安排祈祷会、星期日上午进行主日崇拜等宗教活动。

（三）石湾堂发展状况

1. 石湾堂现状

石湾堂作为佛山市禅城区石湾镇地方的一间基督教教堂，中华人民共和国成立后，石湾堂与国外脱离关系，实行“自治、自养、自传”“三自”爱国运动委员会政策，是中国合法的宗教活动场所。由于教堂是小区内唯一的宗教会所，小区内的居民都比较珍惜教堂，是居民祈祷与祷告、互相交流的场所。因此，在周日做礼拜时，附近居民都会来到教堂活动，因为空间有限，人员较多时，有的人只能站在大门外。

2. 石湾堂的教会组织

据马江萍信徒介绍，石湾堂事工分为7个小组进行，分别是：

(1) 讲台事工组。证道：由禅城区牧师组织统一安排，以轮值的形式；主礼：由马江萍女士安排，相当于台上的主持人身份；传议：由于信徒部分只能听懂普通话，部分只能听懂粤语，在讲道时，就需要人帮忙传译。

(2) 堂委事工组。教堂的财务工作，由专人负责收取，并由干事转交给禅城区教会财务组。据了解，教堂很多物资都由信徒捐献而来，信徒都是发自内心捐献的。

(3) 探访事工组。探访工作是教会不可或缺的工作之一，借助探访的时机给信徒送去温暖。探访组在2008年10月成立，逢星期二上午，去医院探望患病的信徒，有时到信徒家中彼此沟通。

(4) 诗班事工组。信徒喜爱用唱诗的形式赞美上帝，教堂最早成立了青年诗班；2009年圣诞节期间，又成立了少年诗班；2010年年底成立了老年诗歌班即“佳音诗歌班”。

(5) 接待事工班。接待外来人的工作由专人负责，他们用微笑、温柔的声线接待来自各地瞻望主的人。

(6) 主日学事工组。主日学的对象是孩子，面对不同类型的孩子，要花心思去思考，想办法帮助他们，与他们一同成长。因此，有人负责给孩子讲故事、学《圣经》，有人负责教英语，他们互相搭配做这项工作。

(7) 文字事工组：在电脑设计与教堂在节目期间的布置方面，由专人负责这些工作。

3. 石湾堂的教会活动

石湾堂每星期五上午安排祈祷会，会有来自各地的信徒或非信徒参加，大家一起敞开心扉，聊一下心里的烦恼或心事，让人融入一个互相帮助的团体。星期五晚上有诗歌班，由于年龄关系，唱诗班分为老人班、青年班和少年班三种。唱诗是基督教特有的宗教活动，通过诗歌的传唱，传递爱的呼唤，让心灵受到感动，从而充满喜乐，通过唱起赞美上帝的天籁之音，令心灵得到激励而爱主更深。星期日上午进行主日崇拜，即人们常说的做礼拜。做礼拜时，在长椅旁放置了《圣经》《祷告本》《心灵颂》《赞美诗》等宗教本子，当牧师在宣教台上时，信徒就可以打开书籍与牧师一同学习。教会做礼拜时，按顺序可为正道、唱赞美诗和祷告，正道是牧师分享神的见证；唱诗是赞美主，获得心灵的激励；祷告时有什么想求的和神说。

4. 石湾堂的建筑风格

（1）外观。石湾堂在1988年重建，从外观上看，已经没有西式教堂特色（见图11－8），教堂表面是红砖，从远处看，就像一栋普通的中国式民房，或许这就是基督教在岭南地区发展的一种新方式，教堂建立在居民小区，融入居民生活中，既亲民又节约了建筑成本，教堂正面可以看到醒目的教堂标志——十字架，右边有6个金色的大字："基督教石湾堂"。

图11－8　基督教石湾堂正面

图片来源：陈艺惠摄。

由于教堂缺少西式风格的装饰，缺乏浓厚的宗教气氛，在众多信徒帮助下，重新修饰了教堂的外观特别是窗户，使窗户略显罗马风格。教堂旁边正在扩建，目的是方便居民的生活，特意修建了厕所等惠民设施。

（2）内饰。石湾堂规模不大，信徒尽可能利用所有空间，进入门口后就能看见整齐的长椅分别布置在两边，只剩下少许的空隙留给行人走动。教堂内的风格也比较接近中国民房的特点，雪白的墙壁，砖块铺地板。宣教台设备齐全，醒目的“耶稣爱你”彰显教会的博爱精神。教台左边的牌子上写着“诗歌启示”，方便信徒吟唱诗歌，右边的是经文题目，牧师会将要讲的经文的页数写在上面，信徒做礼拜时能翻开指定页数的经文。石湾教堂为容纳更多的信徒，特意将一楼的工作室改造为信徒的聚会地，并安装了先进的影像器材，让信徒在房间内也能同时看到和听到牧师讲经，大大方便了信徒来教堂做礼拜。

三　季华女子学校

（一）概述

季华女子学校是“五四”时代进步青年郭鉴冰等于 1920 年创办，校址在石路头大街 14 号。1921 年，由广东革命政府财政部长廖仲恺先生等 12 名知名人士发起募捐筹建新校，校址在田心里 17 号，作为第三批佛山市文物保护单位，是佛山近现代重要的历史古迹及代表性建筑。在中华人民共和国成立后改为佛山市第二小学，于 1991 年更名为铁军小学，以纪念陈铁军烈士。校内礼堂是季华女子学校保留下来的建筑。图 11－9 为民国时期季华女子学校毕业证书。

（二）季华女子学校发展历程

在新文化运动影响下，为改变佛山教育特别是女子教育落后的面貌，1919 年从广州女子师范学校毕业后，郭鉴冰决心为家乡妇女的文化教育事业献身，与姑姑郭慕兰、侄女郭淑贞商议，用自己的积蓄租借民房办学，初名为季华女子学校，兼办高初等小学，后改名季华小学。附设国民学校，并由郭鉴冰女士任校长。季华女子学校一共有 7 个班，学生 173 人，因办校成绩显著，深得社会各界欢迎与支持。由于学生增多，校舍不足，1923 年春，在田心里（今佛山市二小校址）建新校舍，添置图书、仪器，充实设备，成为当时镇内较完备的小学。由于校长、教师都受过师范专业训练，又有献身教育事业的精神，因此，教学质量较高，培养出不少知识基础和身体素质都较好的学生，历年县办的学科竞赛以及体育运动会，该校成绩均名列前茅，与树德、元甲、节芳有“佛山四名校”之称，至 20 世纪 30 年代，学生增至四五百人（见图 11 -9）。

图 11 -9　民国时期季华女子学校毕业证书

图片来源：佛山博物馆藏。

郭鉴冰女士终身未嫁，毕生致力于教育事业，以身许校，爱校如家。她曾提出“季华是吾家”“季华是吾夫”，她的办校精神深得社会人士赞扬。由于季华女子学校的教学质量较高，毕业的学生多数能考上当时广州较好的学校。陈铁军烈士曾就读于季华女子学校。1938 年佛山沦陷，季华女子学校停办，郭鉴冰离佛赴澳，以教学维持生活。抗战胜利后，她又回佛山复办季华女子学校，仍任校长。中华人民共和国成立后，仍坚持办学，至 1958 年该校与市二小合并。

（三）季华女子学校的现状及影响

清末民初，“女子无才便是德”的旧道德观念在人们的头脑里还相当顽固。然而，受西方教育影响的佛山，很早就重视女子教育，当时佛山全镇的 20 多家公、私立小学中，女校就有七八家之多。季华女子学校确切的原址在莲花路片区的田心里 17 号，现作为莲花幼儿园使用。幼儿园的外墙涂画着色彩斑斓的可爱卡通图，大门旁镶嵌着一块石板。这块是铁军小学旧址的见证。

季华女子学校旧址的遭遇让人联想起广州荣华西街 17 号“周文雍、陈铁军革命活动旧址”的现状。今天该革命活动旧址已隐藏在万绿丛中，当年党的秘密联络点现在已经变成一座普通的三层民宅，屋子里所留下的那段革命历史，随着岁月的洗礼已经荡然无存，除了一块早已掉漆的文物牌匾尚能印证它的存在，这让居住在附近的街坊唏嘘不已。“《刑场上的婚礼》对我们这代人影响很深，我们的小学课本就有这篇文章，当时就连周总理也非常重视的。”出生于20 世纪 60 年代的本地老人痛惜，“但现在除了一块牌匾外什么都没有了”。

对于季华女子学校的旧址以及莲花路片区建筑文物的保护，应该将其看成一个整体进行系统综合规划。毕竟文物建筑的历史价值具有“不可再现性”，严格地讲，任何“复原”或“重建”后的历史建筑，都只是“复原”或“重建”时建造的仿古典建筑风格的新建筑。它破坏了文物建筑的“灵魂”，使文物建筑失去其基本的历史价值。因此，地方文保部门应该起到引导的作用，向本地居民普及该地所拥有的历史文化遗产，树立起荣誉感和文物的保护观念，使文物建筑保护成为人类的自觉行为。

四　莲峰书院

（一）佛山书院的兴起

佛山是中国古代“四大名镇”和“四大聚”之一，以传统手工业和铸造业著名，经济发展迅猛，带动了教育的发展。书院是知识阶层的文化教育组织，它把私学的自由讲学和官学的制度化管理结合起来，汲取了中国古代教育的精华。书院传播学术思想，普及礼乐教化，成为民间知识精英思想创新的集结地，一些著名的书院，对于文化思潮的引领，甚至辐射政治领域。佛山的书院大体分为三类：一是由各级官员兴办的官方学院；二是作为士绅社交和聚会议事场所的书院；三是各姓氏合族宗祠的姓氏书院。《佛山市志》记载，从清康熙年间到晚清，佛山先后修建的书院就有田心、佛山、文昌、心性、桂香、陇西、颍川、浣江、辉映等 10 多所，当时佛山一镇不过弹丸之地，从书院到数百家私塾，可以想象其清代时文风之盛了。在普通百姓，要改变命运，幻想着“朝为田舍郎，暮登天子堂”，当然相信“万般皆下品，唯有读书高”。这也印证前人所说大致真实可靠：“广人多好学，聘名师训子弟，不惮远道，不惜重修。一家之力不足，联约数家，当选十家而集其成。故宿儒启馆授徒，一岁可致千金。每年冬间散馆后，别延鸿博才人，专训古学，谓之冬学。迩年科甲鼎盛，人文蔚起，皆由贤父兄之加意培植也。”① 湖广总督吴荣光、出洋考察宪政的五大臣之一戴鸿慈、使外大臣张荫桓、维新领袖康有为等，都是通过科举晋升的，也都留下了在佛山书院求学的足迹。

（二）莲峰书院今昔

1. 曾经的莲峰书院

莲峰书院位于石湾区镇中路，建于清康熙五十年（1718），正是清王朝及中国封建经济达到鼎盛的时期，1759 年重修，嘉庆二十年（1815）增建魁星楼。原书院建筑群由山门、香亭、正殿及魁星楼等组成，占地约 650 平方米，是了解清代粤中地区书院建筑的一处珍贵实例。1998 年被列为市级重点文物保护单位。

莲峰书院未建之前，当时石湾地区的一些乡绅认为，石湾没有一间像样的书院很不像话，于是就筹款建了书院，还特意从外地请了不少老师到书院执教。据《南海县志》载，莲峰书院在魁冈堡石湾园尾莲子冈南麓、康熙五十七年（1718）知县宋玮偕大江、大富、魁岗、深村，榕州、张槎、土炉七堡乡绅捐建。乾隆己卯年（1759）重修，嘉庆乙亥年（1815）增建魁星楼。同治、民初又经两次维修。始建时“原为昌兴文运七堡会课之所，故又称七堡莲峰书院”。“七堡总局”就设在莲峰书院。七堡所管辖的范围称为“莲华四十六乡”，后来，连佛山镇也包括在内，又称为“莲华四十七乡”。光绪十年（1884），设七堡团练局，成为当时石湾的政治、军事、经济、文化中枢。莲峰书院从教书育人的宁静小院到乡绅商议政事的严肃场所，再到增修重建又被毁于一炬，经历着时间的洗礼，它是当时社会兴衰变化的一个缩影。

---

① （清）陈坤：《岭南杂事诗钞证》卷三《同文馆》，广东人民出版社 2014 年版。

从康熙到嘉庆年间，包括石湾、张槎、东平河以南的南庄一部分，以及榕洲等七个地方的政治、经济、文化的中心就是现在的莲峰书院，书院在此后近百年的石湾地方事务管理中发挥着重要作用。随着时局变化和书院实用功能的解体，莲峰书院在近代的百年发展中曾有过多种用途，如做粮仓、“山水茶社”、社会福利院、工厂、宿舍、仓库、石湾展览馆等，可以说，莲峰书院发挥了太多不属于自己的功能，而作为书院应有的职能则完全衰落。民国时期，它曾被作为国民党政权的行政管理机构所在地，在抗日战争期间还被日本侵略者所占，成为侵略者杀害无辜百姓的地方。

2. 当下的莲峰书院

当下的莲峰书院，建筑山门尚在，整体建筑平面呈长方形。南北长 53. 74 米，东西宽 11. 95—12. 14 米。山门筑在 1. 1 米平台上，面宽三间，宽 11 米、进深 7. 08 米，石檐柱，檐廊三架梁，雀替镂卷草饰木雕，做工精细，侧面是封火山墙。虽然比不上祖庙装饰精美绝伦，但也显现出很明显的岭南传统建筑风格。整个书院外观称不上富丽堂皇，从平台上的厚厚尘土可以看出这里早已人迹罕至，而门前还有一堆建筑垃圾无人清理，门前的苍凉景象与马路上的车水马龙形成鲜明的对比，像历经世事的老人伫立在马路旁，渐渐淡出人们的视线，被人遗忘。2002 年，石湾地区的一家民间团体“艺文苑”在书院挂牌成立，标志着这所百年书院在通过与民间文化团体相结合中重获新生，再次散发出浓郁的文化气息。2005 年，地方政府决定将丰宁寺作为旅游开发项目，要成为南风古灶的一个配套景点，一度就莲峰书院是否要易地重建为丰宁寺让位而引起争论，所幸是当时重建被反对，莲峰书院得以安然无恙。到 2017 年，莲峰书院经过整体修缮，基本面貌焕然一新。目前，莲峰书院已全面开放。

第十二章　老字号：也近斯文一脉传

第一节　概述

一个老字号，就是一个有关个人创业、家族砥砺、时代赐福的故事。一个老字号的兴衰史，犹如一首传统商业文化灿烂与辉煌的史诗。综观老字号，它们或是拥有“祖传秘方”、独门绝招，靠着卓越的品质、独特的风味立于不败之地；或是恪守诚实、守信的经营思想，依靠良好的信誉、口碑赢得顾客长久的信赖与支持。它们代表的不仅仅是顶尖的技艺，更是品牌的传承与传统商业文化的精髓。

目前，我国老字号企业的状况令人担忧。商务部认定的“中华老字号”企业（以下简称老字号企业）有1000多家，其中70多家为上市公司。这些老字号企业中，仍在不断发展壮大的只占20%—30%，多数经营情况欠佳，一些老字号企业甚至空有品牌，已无产品上市。老字号企业不仅是营利性市场主体，而且是中华文化的重要载体，其振兴具有经济和文化的双重意义。那么，究竟怎样才能振兴老字号企业呢？总体来看，必须从体制转型、观念转变、管理创新、技术创新和营销创新等方面着手，促进老字号企业重新走向辉煌。

对佛山来说，明清鼎盛以来，佛山形成和培育了很多老字号。民国时期，佛山茶楼就有近百家，遍布各个角落。升平路有富如（桃李园）、奇苑、文园、冠南、新世界、新江州、金殿、倚云楼、协心、琼林居、大元、腾利、宴然、佛海、利福民等。酒家多设在升平路、公正路、普君墟等地，较有名的是三品楼、英聚、一品升、德昌、南园、均乐、南聚、琼乐等。还有远近闻名的传统名菜名点：三品楼柱侯鸡、绉纱鹅掌、八宝莲香鸭、碧禄鱼青丸、凤凰荔蓉鸡肝卷、柱侯水鱼、石湾鱼环、瓦罐花雕鸽、佛山蟠龙鸭、金姐鱼环、贵妃鸡、柱侯大鳝、花油鸡肝、石湾鱼窝、双色鱼块、核桃鱼白田鸡片、生炒桂花卷、孔雀立体拼盘、生炒排骨、西山鱼环、滑蛋鲜虾仁、石湾鸳鸯鲩鱼、百花酿冬菇等。还有盲公饼、柱侯鸡、应记云吞、得心斋等知名小吃，加上高度发达的佛山成药业流传至今的产业和产品，如梁仲弘腊丸、冯了性跌打药油、黄恒庵腊丸馆的乌金丸、潘务本的十香止疼丸等，共同构成佛山自明清鼎盛以来的城市和产业发展的见证。然而，随着岁月的流逝，今天，这些产品和品牌中，有些已经消散在历史的烟尘之中，有些正在艰难前行。本部分的研究试图通过对佛山知名的餐饮老字号的整理和调研，厘清其历史发展及现状困境，以期为地方政府研究、扶持老字号，提供基础的信息支撑和一家之言。

第二节　佛山镇主要老字号

一　北香园

茶楼是广东特有的产物。上高楼，叹其一盅两件，谈笑风生，是广东人生活中的一种享受。佛山茶楼古来兴旺。自清末以来至今天，茶楼此起彼落，经久不衰，鼎盛时期，遍布佛山各个角落。真是五步一楼、十步一阁；佛山沦陷前，仅升平路就有大型茶楼、茶室达22家。然而，保存至今的屈指可数。建于20世纪50年代的北香园，经过几代变迁，依然保留至今。从北香园的发展历史可以看出佛山茶室兴衰发展。

（一）北香园的历史演变

1. 北香园建立的背景

明景泰之后至清末期间，由于佛山占据西、北两江交通沟通的便利，成为西、北两江上游各省的商贸集散地。西竺、直义街行庄遍布。升平街、豆豉巷、潘涌街商肆云集，各行手工业工场遍布佛山各条街巷，十多个外省、外县在佛山设有会馆，这是佛山工商业鼎盛时期。正是鼎盛的工商业，带动了佛山茶楼的生意。佛山最早开设的茶楼，包括在长兴街的桂南、普君墟的桂芳和凿石街的桂香，这几家都是小型茶居；后来又陆续开设大型茶楼，如富文里的富如一、公正市的协心楼和琼林居、祖庙的凤林、大基尾的颂陛等。这些老街和茶楼大多不复存在。

自民国初年至日寇投降，佛山镇有名的茶楼不下百家，遍布佛山各个角落。佛山茶楼也达到全盛时期。在升平路（包括前豆豉巷、升平街）就有富如、奇苑、文园、英聚、冠男、新世界、新纪元、新江洲、冠芳、金殿、玲珑、品真、永安祥，以酒家兼营茶市的有德昌、南聚胜记、一品陛，属茶室的有山泉、怡记，以及设在富文里的芳园以及富如改建的桃李园。设在筷子街（现锦华路）的有福南、广奇香、大观园。设在现公正路的有泉昌（后改富贵楼）、倚云楼、协心、琼林居、大元等。

民国十年（1921）以后，酒楼茶室业和茶居业工人分成两个工会组织。酒楼茶室业属工人代表会领导，茶居工会则属国民党控制的总工会领导，两个工会不断地展开政治斗争和武装冲突。1927 年大革命失败后，工会也遭到解散。1956 年进行全业公私合营，茶楼、酒楼合拼为饮食服务业，对其粥、粉、面小食店则进行合作，调整了饮食网点。民国初期，茶楼只剩下升平路的天海、英聚、公正路的三品楼、福贤路的粤海和翠眉楼、上沙的冠华、火车站的胜利七家；以后又陆续开了几家。但此一时期时局艰难，民众日苦，故茶楼茶室开设不多，且大多经营艰难。

2. 北香园的发展历程

中华人民共和国成立后，社会稳定，经济复苏，佛山茶楼经营情况也有了一定的好转，北香园由此诞生。北香园建立于 20 世纪 50 年代，原本是专营京津风味饺子的，其蒸饺、煎饺赫赫有名。“文化大革命”期间，到处闹革命，茶楼也“革命”起来，因为革命的响应者认为，“饮茶”是资产阶级的生活方式。当时，升平路英聚茶楼从楼顶至地下，挂起了一条长长的“彻底砸烂资产阶级的安乐窝”的标语，整个服务行业处于低谷时期。有几家茶楼连招牌也改掉了，如“英聚”改为“东升”，“粤海”改为“革命”等。1972 年 12 月，第二饮食公司成立，它是第一个集体所有制企业。原本属于国营的北香园饭店，成为其旗下的门市部之一，该公司重新装修了北香园，使原本破烂的门店成为一家具有一定规模的北村风味饮食店；同时，进行同样转变的还有永丰粥粉店、汾宁粥粉店、品香粥粉店、叙香炖品店、和平冰室、清心园、南粤饼家、康乐冰室、粤海饭店、新风小食店、群乐小食店、翠园小食店、谊园粥粉店、乐园面家、杏园饼家、升平饼家等；到了 1985 年，公司属下门店发展至 37 家。

第二饮食公司独特的管理体制，使众多的门市部有了更好的发展，北香园也不例外。1978 年，公司挖掘潜力，扩大营业场所，对北香园进行改造，把出品部和杂物仓改建为四层楼的营业厅堂，将普通的店改造为可以能承办小型酒席的饭店，北香园的营业额大幅度增加。最有力的证明就是目前可以见到的北香园外墙的铁架，那是用来挂鞭炮的，当时许多年轻人结婚时，都选择到北香园摆酒席。“酒宴高潮，楼外鞭炮声声，喜庆的红纸屑遍地，甚是热闹。”1982 年，各门店更注重推广大众化食品。粤海饭店的馒头、松糕，北香园的北方包子，杏园的酥皮面包、三角蛋糕，汾宁店的桑枝粥、牛肉肠，应记及乐园面家的普通面食，升平和雅园的小肉包，新风甜品店的豆浆，迎春店的肉蓉粥等，都是当时着重推广的对象。由此可见，在第二饮食公司的带领发展下，北香园的品种越来越多，也更适应时代发展的趋势。1984 年，第二饮食公司将两级管理改为三级管理，成立了三个独立核算的联店，即粤海联店、北香园联店和迎东联店。

（二）北香园的现状

1. 佛山粤鸿餐饮食品有限公司

现在的北香园隶属于佛山粤鸿餐饮食品有限公司，该公司由原佛山市饮食公司转制而成，主要致力挖掘、研制和发扬民间传统小吃。目前，该公司拥有餐饮店 35 家，其中，以应记面家、大可以美食店连锁经营发展最好，现有应记面家连锁店 18 家，大可以美食连锁店 7 家，其公司下属的汾宁白糖棉花糕、皇后双皮奶、大可以状元及第粥、大可以油条、大可以马拉糕、应记鲜虾云吞面、北香园饺子、雅园豉皇牛肉肠等 11 个品种被中国烹饪协会认定为“中华名小吃”。

2. 北香园的主要产品

目前，北香园主要经营粥粉面食品，北香园煎饺是利用京津包饺的制作方法，再结合南方人的口味习惯而制作。北香园饺子的主要原料有猪肉、韭菜、生油、香料、味料。制作较为讲究，先把面粉制成饺子皮，猪肉绞碎，韭菜切碎加生油、香料、调味料拌匀，包好饺子后，整齐地放在专用饺子镬内生煎，淋上粉浆水，加盖至煎熟。煎熟的饺子呈金黄色，皮香脆，馅味鲜有汁，加浙醋、辣酱为佐料，别有一番风味。

3. 北香园的知名度

北香园饺子 2002 年 8 月经广东省烹饪协会考评，认定为“广东名小吃”；2003 年 4 月被评为“佛山市十大风味小吃”；2003 年 12 月参加广东汕头考评被中国烹饪协会认定为“中华有名小吃”。

（三）北香园未来发展的思考

佛山老字号酒楼走向衰落是从改革开放后开始的。改革开放后，随着城区面积的不断扩大，城市中心向新城区转移，许多原来在老城区居住的市民渐渐搬离，前来就餐的人越来越少；同时，随着周边一批上档次、上规模的大宾馆、大酒店的崛起，也大大冲击了原有的饮食业结构，老字号酒楼不再受人们青睐。此外，由于老字号酒楼一般都是临街而设，停车困难，无法适应现代社会“开车出去吃饭”的需求。加上一些老字号酒楼因管理模式落后，退休职工多，负担重，无形中也影响了酒楼的生存发展。对当前北香园来说，落实发展创新问题，可以从以下五个方面深入展开：

1. 发力产品创新

对北香园这样的佛山老字号来说，面临着较强的市场变化压力，寻求创新就显得十分重要而迫切。为了适应企业发展的需要，必须发力于产品的创新和优化，在生产工艺方面做标准化改良。将“创新”作为重点发力目标，更好地迎合市场需求，以更具新意的小吃类产品、更加年轻化的产品来吸引消费者。同时，要借助创意经济的人才优势，根据不同的消费需求，研发不同的产品，促进产品结构多样化。比如针对消费者使用或者赠送的需求，可以推出简装和精装产品；针对不同年龄的消费者，如老年人，推出更加实用和健康的产品，年轻人推出更加环保和价格低廉的产品，等等。除了产品本身，外观设计也决定着产品的销路。比如简洁美观风格、卡通可爱风格，等等，还可以与相关企业合作，推出限量装、特别装等。

2. 传承文化也要迎合风口

老字号企业应树立品牌意识。关于树立品牌，借助设计行业的优势，对品牌形象进行整体包装设计，包括商标、店内陈设、产品外观等。同时着重加强宣传手段。利用创意经济在出版、媒体等方面的优势，挖掘老字号独有的文化资源，形成新的卖点。如出版老字号企业相关刊物，介绍企业成长史；举办专题展览，设立企业博物馆展示流传下来的实物遗产；开展专题研讨会、新产品发布会介绍企业产品，投资拍摄主题电视剧，主题漫画，开发主题电脑游戏，积极运用微信、微博等新媒体手段宣传，新的宣传手段对于年轻人有独特的吸引力。值得一提的是，可以与旅游部门合作，进行“体验式”消费。给予消费者一个机会，参与到产品的生产加工中来，比如组织参观厂房，让消费者亲身体验产品的生产加工过程。一是可以令消费者对企业更加信赖；二是可以给消费者留下深刻的印象，从而达到宣传目的。“传承”和“创新”始终是老字号存续发展的关键，但由于老字号企业的品牌特殊性，让很多老字号企业受困于“传承”与“创新”的内容应该是什么，以及如何在两者之间找到平衡点。对北香园这样的老字号餐饮品牌来说，要传承的是支撑北香园发展至今的品牌精神及文化。与此同时，北香园作为餐饮企业，在创新方面应该迎合餐饮市场发展的风口，并从中寻找适合企业发展的方向。

3. 老字号企业亟须“摧枯拉朽”

对于很多老字号企业而言，寻求创新是刻不容缓的事情。对北香园而言，创新其实意味着彻底的自我革命，关键是要打破自己已有的一些已经不能适应市场变化的模式，才能为创新发展开拓空间。就北香园老字号餐饮品牌而言，迫切需要展开顺应市场的变化做新的尝试。如借助互联网强化企业的信息化建设、尝试上线外卖平台、接入手机支付等。老字号餐饮品牌中有很多传承多年、历史悠久的文化沉淀，主要形式是产品的制作工艺，这些纯手工的制作技艺承载的不仅仅是手艺师傅多年来的积累和经验，还有传统手艺人对于一项传统制作工艺倾注的情感。必须充分重视对这些传统制作工艺的保护和申遗，加强展演性、参与性环节的设计，以增加消费者的兴趣和关注度。

4. 加强人才招揽

老字号企业文化优势更为明显，可以将厚重的品牌文化带到企业中来，形成独特的企业文化，从而增加员工的认同感。同时应积极转型，引进新型科学管理制度及人才，打破家族垄断，提高员工福利待遇，建立标准作业流程，提高工作效率，从而使企业“旧貌换新颜”。

5. 促进企业集群合作

老字号企业构建企业园区，形成产业集群，有利于企业之间加强协作，形成前后向关联，形成产业链，促进上下游企业进一步合作，从而减少一定的成本，实现资源的优化配置。比如扬州市就构建了一个全国最大的老字号产业集群，集展览、体验、消费于一身。投资方称要建立“中华老字号产业集成化商业中心”，包括老字号展示的博物馆、老字号产品的体验中心、老字号产品的商场，等等。老字号入驻后，除商品零售外，还有传统工艺演示，也会定期举行新品发布、贸易洽谈，等等，这里将成为全面连接老字号产业的经济纽带。由此可见，老字号产业集群将拓展原有的销售渠道，既可以提高知名度，又能够提升销售量。对于消费者来说，集群式的老字号产业在有利于消费的同时也增强了体验，加深了对于老字号企业文化的理解。

二 得心斋

（一）概述

佛山是珠江三角洲的“美食之乡”，历史上，“食在佛山”早已美名远播。佛山酒楼食府众多，美食山庄林立；各式名厨巧制各种风味菜式，日夜营业，丰俭由人。佛山饮食业的“特技”主要有三种表现。

1. 计件点心

计件点心是清末民初至20世纪20年代初期的做法。那时候，茶楼和酒馆的生意是严格分工的，茶楼专营茶市，不做酒菜饭市；酒馆则专做酒菜饭市，不做茶市。这里所说的计件点心，是茶楼（居）的经营手法。当时，茶楼出售的点心，可分“冷”点心和“热”点心两大类。后者是四季一贯制，用蒸笼蒸熟，由服务员捧着，沿座位高声叫卖的，如叉烧包、虾饺与干蒸烧卖等。这些“热点”，茶客要一碟算一碟钱，不吃或吃剩也照样计价，没有“回尾”。而“冷点”方面则是计件收钱的。所谓冷点，就是茶楼事先制作好的，例如糖东瓜、糖莲子、糖莲藕、蜜饯银稔、甘草榄乃至一些饼食如光酥饼、杏仁饼之类。所有冷点，都是开市前摆好在茶桌上，每种冷点，每碟放若干件。茶客吃其中一件，则计一件的钱。这样做，有两个好处：一是假如是四件一碟的，茶客每款都吃；二是适应了当时茶客消费的需要，符合佛山人俭朴而实惠的民风。到20年代后期，计件点心模式因无法适应餐饮发展趋势而被淘汰。

2. 山水名茶

中华人民共和国成立前，佛山城区还没有自来水，居民所饮用的全是井水，少数人则用河水。茶楼所用的自然也是井水。善于品尝茶味的茶客，认为井水烧开来泡茶，有一股咸味，有些则说是“铁锈味”，总之，是茶味不好。于是一些大茶楼，为了招徕茶客，就想出了用山水泡茶的生意经。在门外，放了个显眼的木牌，上面写着“山水名茶”四字。所谓山水，就是派人到西樵山与有关方面接洽，商量好由西樵山以货艇装运用木桶载着的山水直航佛山，在正埠（现人民桥南边）泊岸，然后雇人肩挑这些山水来店。当然，用山水泡茶，茶价比用井水贵1/3（那时候，白银本位，茶价按旧制计，如一角为7.2分，半角为3.6分，以此类推），当然，大茶楼最贵的井水茶价为每盅3.6分，山水茶价为4.8分。因为山水茶确实较清甜可口，故虽贵些但仍引茶客。

3. 拳头产品

20 世纪 30 年代后期，酒楼与茶居经营的界限已被打破。彼此都可做酒菜和茶市。为了争生意，酒楼方面率先以“星期美点”为号召，即每个星期都把点心制作、质料、名称更换一次，让茶客尝到新颖点心。后来，一些茶楼、酒馆又别出心裁，炮制了“只此一家”的拳头产品，又名招牌点心，例如，升平路冠南茶楼的豉烧包、顺和隆的灌汤包、山泉茶室的虾龟、德昌楼的油炸包、佛有缘斋菜馆的红枣饼、紫洞艇的九层水晶糕等，都是名噪一时的美点。

（二）得心斋起源及产品

得心斋创建于清朝乾隆年间（1736—1795），是一家有 300 多年历史的老店，祖铺原在佛山正埠，即现今永安路的路头。得心斋的招牌产品酿猪蹄是与盲公饼、柱侯鸡齐名的佛山传统美食。中华人民共和国成立后，店址从永安路迁移至佛山市禅城区升平路 7 号，一向经营烧腊业（后来酿猪蹄风行一时，另在铺内设专柜来售卖）。为了和同业争生意，别出心裁地创制出“酿猪蹄”。其制法突出四个方面：一是选料；二是酿制；三是调味；四是火候。选料：要选一些娇嫩的猪脚，肥肉要选猪脊头肉（取其爽而不腻），瘦肉要选精肉，不要带筋膜。酿制：先将猪脚刮洗干净、开皮，如果制扎蹄，还要抽去猪脚筋和骨，然后放入釜中用慢火酝至八九成熟，取出针刺（针刺是用针在猪皮外边扎孔。作用是使猪皮胶外溢，吃起来爽口），针刺后，放入釜中再酿，再把猪脚取出放在清水中过凉。猪肥肉要用白砂糖或盐来腌渍，瘦肉要用油来走油，还要用烧酒、糖来处理。各种原料配备后，把猪肉切成幼薄长条，肥瘦相间包在皮内，外用水草扎住，再放入卤水中配浸。卤水是用花椒、八角等多种调味而创成。吃的时候一般是把猪蹄切成薄片，外面一圈猪皮色泽金黄，里面的肉呈油亮的浅褐色。用芥辣和酱油、葱、蒜蓉等做调料后，夹一片入口，轻轻咬下去，感觉猪皮爽嫩，嚼起来有一些弹性，而里面的肉松脆，满口生香。

得心斋的得名传说以“接官亭”为主，其后随着其名声远播，多有模仿。曾有人在其隔壁就开设了一家烧味档，模仿其做法，起名为

“老得心”，以假乱真。从现有的酿猪蹄陶罐收藏品来看，既有在陶罐上写着“得心斋”的陶罐，罐身上写“请提防假冒”字样；也有“老得心”的陶罐，罐身画着一只盆，上边写着“请认卤水盆”，盆里有一行字注明“明朝年间卤水盆”；甚至有罐身写着“明代首创老得心”的陶罐盖顶上，写有“佛山火车站老得心送礼酿蹄”的字样。此外，还有“正心斋”“一心斋”的陶罐。从这些酿猪蹄罐可以看到当年酿猪蹄的生意竞争非常激烈。

（三）得心斋酿猪蹄

得心斋酿猪蹄之所以成为佛山的著名特产，也与其独特的工艺分不开，酿猪蹄深深地烙下了精工细作的印记。佛山酿猪蹄无论选料、酿制、调味还是煨煮方面均有独到之处，制作工艺较为复杂，有大小工序 30 多道，即使是熟练的老师傅，一天最多也只能做 20 多只。酿猪蹄有两种形式：一是用整只猪脚酿制而成；二是用猪脚开皮，抽去脚筋和骨，再用猪肥肉夹着猪精瘦肉包扎在猪脚皮内酿制。所谓酿，就是用慢火煮浸。前者制作工序较少，后者制作工序较多，但两者都为佛山人所喜欢。过去，佛山一般烧腊店都有制售，但味道好，制法讲究，当以“得心斋”为首屈一指。

佛山特产“得心斋酿猪蹄”，不仅在国内享有盛誉，甚至当时已经销往世界上的一些地方，早在 100 年前的清末民国期间，就曾引来了一些假冒者。从现在某些佛山私人收藏家所收藏的一些装酿猪蹄的陶罐，就反映了这一史实。早期佛山得心斋的酿猪蹄是用荷叶包装的，清末民国时才开始使用陶罐，陶罐都是石湾出产的。酿猪蹄制好，装入陶罐，用砂纸封口，与“抽真空罐头”相似的效果，不仅可以保鲜，防止猪蹄在短时期内变质，而且还可以使卤水渗入肉内，使酿猪蹄的味道更好。直至到了抗日战争时期，百业凋零，佛山得心斋等制作酿猪蹄的店铺也只能放弃使用成本较高的陶罐以勉强维持。用陶罐包装，除保鲜外，也为了携带、销售方便，佛山的酿猪蹄不仅被一些回国探亲的华侨带出国外馈赠亲友，还销售到世界上的一些地方。在一个民国时的白釉“得心斋”陶罐上，罐身画着一只猪蹄，并写有“土产佐膳珍品，全世界驰名”的字样。

（四）搬迁后的得心斋

由于佛山名镇改造计划，原址位于升平路7号的得心斋，为了延续得心斋的传承，搬迁到了文华北路。得心斋搬迁到文华北路后，不仅仅是改变经营地那么简单，店铺的搬迁需要费用、新店铺装修、承租过户各方面都需要钱，再加上租金的上涨，对于这家规模不大的百年老字号来说，确实是一个不小的考验。特别是在成本方面更是一个负担。如今，得心斋搬到新址文华北路后，店面变小了，以前营业面积300多平方米，如今只有80多平方米；但80余平方米月租金达万元，承租过户费8万元，装修投入已有近30万元。成本压力大了，营收却少了，可以说，百年老店得心斋的美味传承现在正位于一个十字路口。能否将得心斋酿猪蹄延续下去，除得心斋本身的努力之外，社会，特别是政府的关心显得格外重要。毕竟，得心斋能否继续传承下去对于企业本身是一个经营问题。但是，得心斋以及酿猪蹄能够继续存在下去，对于佛山的街坊来说，却是一个饮食的符号能否延续下去的问题。得心斋作为佛山饮食文化里面一个重要的符号，是佛山饮食历史的重要遗产，政府应该更多地从人文保护和发展角度，为得心斋的延续创造更好的条件，特别是在回迁问题上应该释放更加积极的信号。

三　应记面家

（一）概述

应记面家始创于1936年，由一名叫邝应的佛山人在佛山市禅城福贤路石基开设第一家集厨房、铺面、工场于一体的应记面家。邝应以“薄利多销、真诚待客”为宗旨，从打面到制作上汤、云吞、馅料都十分讲究。蛋面条制作时，使用传统过杠方法巧制，面条韧性均匀，条子粗细适中，入口爽滑，蛋香浓郁。制作云吞馅时，选用猪腿肉，肥瘦搭配恰当，肥肉切粒，先用糖、盐、味粉擦过，使其味鲜身爽，加上鲜虾仁、鲮鱼肉、芝麻末、糕渣末，地鱼边末、鸡蛋黄等精制而成，使云吞甘香可口，色鲜味美。上汤是以猪骨、地鱼、虾子等熬成，配上数条韭黄，使汤味浓郁，鲜而不腥。在煮制时，还要做到面条现打现用，炉火恰当，面水够清，逐碗落锅，过冷水后不带水，即煮即上桌，佐料齐备，使人食欲顿增。无论是汤底、云吞、面条都堪称一绝，三者合而为一，成就了驰名佛山的应记鲜虾云吞面。“生命数十载，佛山第一家”，此对联牌匾即为应记面家这家佛山知名老字号的真实写照。

（二）应记面家的发展

1958年，应记面家以个体、小商贩自带资金入社，组成饮食合作联店。至2003年12月企业转制，更名为佛山市粤鸿餐饮食品有限公司。粤鸿餐饮食品有限公司为发展传统品牌小食，打造企业老字号名优食品，在沿袭其传统制作工艺上，积极扩充“应记”经营连锁网点，从1989年至现在，共发展了20余间“应记”品牌连锁网点，经营面积达3860平方米，经营网点覆盖佛山市禅城区及南海区，企业员工610多人。在硬件设施投入上，公司为有效保证“应记”传统老字号品牌连锁店经营发展需要，投资建成了原材料加工配送中心，粮食制品加工、肉类、蔬菜半成品加工设施，经广东省质监局审核，颁发了QS食品质量认证。在产品制作上，秉承传统食品制作工艺与现代食品加工技艺相结合，使传统独特的美食风味与品质得以发扬和提升，为“应记”品牌连锁店的发展奠定了良好的基础。

近年来，佛山应记面家传统老字号品牌连锁店经营取得了可喜的成就，传统老字号“应记”品牌食品鲜虾云吞面于2000年9月被中国烹饪协会认定为“中华名小吃”；2002年8月又被广东省烹饪协会认定“广东名小吃”；2003年4月被佛山市旅游局评为“佛山市十大风味小食”。2011年5月被中华人民共和国商务部授予“中华老字号”称号。

在佛山乃至广东，应记面店可以说是一张闪亮的名片。但在2010年的时候，由于原材料上涨，佛山最低工资上调而导致人工成本提高，应记面家遭遇危机，不得不关停了人民路店面。对于应记这样的老字号，不少佛山街坊表示，应记就像一个陪伴自己一路成长的伙伴，难以割舍。年近八旬的波叔回忆说，20世纪30年代，应记在老城区福禄路开第一家分店时，由于店面小只有20平方米，前去吃面、粥的街坊都要排队，早上7时左右，来得晚了要等一个小时才有座位。后来，20 多位街坊联合给应记的老板写信，要求其尽快增加分店。这在当时也被传为佳话。果然，没过多久，应记就在莲花路又开了一家分店。“及第粥、艇仔粥、炒牛河，都是佛山人最爱的。陪伴了大半辈子，要是没了可真舍不得啊！”随着全球经济一体化，全球经济文化的冲击在所难免。但全球化、现代化并不意味着传统被完全抛弃，对于应记面家这样的老字号来说，如何正确立足竞争，开发特色，地方政府对诸如此类的地方传统特色产品和店家品牌，如何出台扶持政策，应是必须认真考虑的问题。

四　三品楼

（一）概况

据《佛山市商业志·三品楼》记载，三品楼创建于清朝光绪年间，距今已有 180 多年历史。店址在祖庙右边的三元里（又称“三元市”），贴近祖庙万福台（现在展览馆），有诗云：“地占三元市，楼依万福台。”该店始创柱侯食品，尤其有独特风味的是柱侯鸡。在营销上，三品楼巧妙地利用黄包车夫和杂架佬招揽生意。凡有黄包车载客到三品楼，都给车夫赏钱，每一个杂架佬送给一顶写着“三品楼”字样的大草帽。1938 年，日本军侵占佛山，三元里一带成了废墟，更因三品楼店铺在内街，不利于继续经营，便衰落倒闭。

民国三十一年（1942），潭德甫（新会人）筹集了 10 多股（总资本为当时的储备券 3000 元），买得三品楼的旧招牌及家具，于同年夏天，搬到公正路 45 号（现三品楼）建铺，用当时少见的磨砂玻璃装修三品楼的窗门，于次年春节开业。那时有自拟诗云：“三品楼、三品楼，啧啧人言赞柱侯，火屈鸡（一种鸡）乳鸽、大鳝猪头、水鱼山瑞、鹅鸭兼优。”

三品楼原是平房，1982 年扩建二楼。因为是危楼，已于 20 世纪 90 年代倒闭，现在只剩下三品楼的招牌（见图 12－1 和图 12－2），但已经是面目全非，楼下形成挥春一条街，但在旧城改造的大环境下，三品楼仅剩下颓垣败瓦，很可能将不复存在，佛山人仅存的回忆将会消失。对于三品楼的未来，人们希望能继续保存这个有价值的品牌，使其东山再起，重温昔日的风采。

图 12－1　三品楼（一）

图片来源：陈艺惠摄。

图 12－2　三品楼（二）

图片来源：陈艺惠摄。

（二）三品楼的特色招牌产品

1. 始创酱汁：柱侯酱

柱侯酱，广东人一定不陌生，它说得上是粤菜中不可或缺的调味酱料之一。柱侯酱的起源，据说得名始于梁柱侯。相传他在佛山祖庙附近用自己研制的酱汁来浸煮牛杂，档口虽小，但名气很大，食者无不赞美之。美味背后的秘诀就是他特制的酱汁。后来，他得到附近三品楼老板的赏识，被聘为司厨，在总结牛杂用酱的基础上，配制出一种用途更广、味道更佳的酱料。清光绪年间，南海人胡子晋也曾在《广州竹枝词》记载："佛山风趣即乡村，三品楼头鸽肉香。听说柱侯成秘诀，半缘豉味独甘芳。"人们索性将这种酱料叫作柱侯酱。梁柱侯成名后，佛山的酒家纷纷以柱侯菜式来号召，各酱园更竞相模仿制酱，柱侯酱的质量不断得到提高。

2. 招牌菜：柱侯鸡

粤菜自古就有一句名言：无鸡不成宴。随着人们生活水平的提高，大厨不断推陈出新，展现它们的美味。以前佛山祖庙，每年都有超度亡魂的庙会（俗称打"万人醮"）。三品楼客似云来，从早到晚座无虚席，连夜宵食品也用于晚饭。当年有群熟客到店要求吃宵夜，老板不便推搪，便到厨房找师傅商量。厨师梁柱侯想到鸡棚还有活鸡养着，便到客厅对客人说有鸡供应。于是他回到厨房，取上等原油面豉，用刀压烂，烧热瓦锅，用油将面豉烧香，放入上汤、白酒，然后将鸡放入慢火滚熟，斩件上碟后，将原汁调味淋上鸡面，送上餐台。

客人用后，觉得口味新鲜，有特别风味，便大加赞赏。“三品楼柱侯鸡”从此出名。

（三）三品楼与佛山传统酒楼业的发展和变迁

1. 经济发展促成佛山酒楼业的诞生

广东在历史上虽然很早就有了卖熟食的食肆，但形成行业，则是在19世纪末随着商业的发展而出现的，至20世纪20—40年代，佛山饮食业已形成一定的规模，涌现出众多的名楼名店，如得心斋、三品楼、英聚楼、天海酒家等。有不少佛山名厨还将酒楼开到了广州和香港等地。发达的经济，大大促进了佛山饮食文化的发展，催生了大批传统名点与菜式。

2. 三品楼：引领着佛山的“叹茶”文化

在三品楼等传统酒楼的带领下，佛山的酒楼业不断创新经营模式，创新餐饮原料，创新制作方法，创造出一大批新菜式、新美点。各类酒楼食肆更是如雨后春笋般蓬勃发展。1956年，茶楼业开始打破原来派类，凡供应茶市的茶肆虽名为茶楼，实兼营饭菜，但仍刻意制作点心。先前由茶室开创的星期美点，经厨点师博采众家之长，吸收中西美点特色，逐渐形成具有适时应令、中西并蓄、色香味俱佳的广式点心。

“叹茶”促进了广东饮食业的发展，珠江三角洲人饮茶，俗称“叹茶”，品尝之意。老者喜普洱、寿眉，中年喜龙井、铁观音，年轻人爱饮菊普、花茶。水要甘泉，煮沸够热；点心烧卖、包饼糕煎，应有尽有，丰者满桌，廉者一盅两件，丰俭由人。上茶楼饮茶逐渐成为一种风俗习惯。朋友交往，相约到茶楼喝茶；好友久别重逢请饮茶；生意人谈生意去茶楼；节假日子女后辈请父母长辈去喝茶。饮早茶成了交结朋友、喜庆欢聚、洽谈生意、休闲聊天以及各种社交活动最普遍的形式。

3. 以三品楼为代表的佛山酒楼业发展，并非一帆风顺

抗战时期，三品楼因日本军侵占佛山，三元里一带成了废墟，更因三品楼店铺在内街，不利于继续经营，便衰落倒闭。后在公正路重建。“文化大革命”时期，饮茶的人都被看作有资产阶级作风，茶楼

业开始衰落，“文化大革命”之后，才有人重整茶楼业。随着人们生活水平的提高，茶楼才又成为人们聚会、聚餐的场所。

1978 年以前，广东饮食业受体制、原材料供应、销售价格、劳动报酬等制约影响，经营不善，发展缓慢。20 世纪 80 年代，随着经济发展，茶楼、酒家重新成为社交、洽谈商务、婚丧宴请及年节聚会之场所。饮茶之风更盛，茶客遍及各个年龄段人群，茶楼、酒家平日座无虚席，节假日更是供不应求。

三品楼，代表着佛山酒楼业的兴盛，是一个兴旺时期酒楼业的缩影。

参考文献

[1] [美] 爱德华·索亚:《关于后都市的六种话语》,载汪民安等主编《城市文化读本》,北京大学出版社 2008 年版。

[2] 波斯坦、里奇、米勒编:《剑桥欧洲经济史》第三卷,周荣国、张金秀译,经济科学出版社 2002 年版。

[3] [法] 布吕奈尔等:《形象与人民心理学》,张联奎译,载孟华主编《比较文学形象学》,北京大学出版社 2000 年版。

[4] 曹群勇:《论宗教观念的政治功能》,《重庆交通大学学报》(社会科学版) 2009 年第 6 期。

[5] 曹振宁:《从敦煌文书看唐代的岭南》,《广东社会科学》1988 年第 4 期。

[6] 陈碧:《近 30 年来中国学界东南亚华人民间宗教研究与展望》,《世界民族》2010 年第 3 期。

[7] 陈代光:《广州城市发展史》,暨南大学出版社 1996 年版。

[8] 陈宏宇、郭超:《广佛都市圈的形成与发展动因分析——对广州、佛山产业结构变动的实证分析》,《广东经济》2006 年第 1 期。

[9] 陈萍:《城市经济发展——理论与实践》,经济管理出版社 2009 年版。

[10] 陈学文:《明清时代佛山经济的初步研究》,《理论与实践》1959 年第 8 期。

[11] 陈学文:《明清时期湖州府市镇经济的发展》,《浙江学刊》1989 年第 4 期。

[12] (清) 陈炎宗:(乾隆)《佛山忠义乡志》,佛山市博物馆藏线装书,1831 年版。

[13] 陈运飘：《宗族与墟市关系的人类学研究》，《广西民族研究》2001 年第 1 期。

[14] 陈泽泓：《岭南建筑志》，广东人民出版社 1999 年版。

[15] 陈志杰：《佛山名镇历史文化资料汇编》，《佛山》2011 年第 94 期。

[16] 陈志杰：《佛山名镇历史文化资料汇编》，佛山市博物馆藏本。

[17] 陈智亮主编：《佛山市文物志》广东科技出版社 2001 年版。

[18]《辞海》，上海辞书出版社 1980 年版。

[19] 邓燕宁、邓光民：《琼花会馆新证》，《佛山科技学院学报》（社会科学版）2010 年第 5 期。

[20] 段玉明：《寺庙与城市关系论纲》，《西南民族大学学报》（人文社会科学版）2010 年第 2 期。

[21] 樊树志：《市镇与乡村的城市化》，《学术月刊》1987 年第 1 期。

[22] 范金民：《清代商人与经营地民众的纠纷》，《安徽大学学报》（哲学社会科学版）2005 年第 5 期。

[23]《佛山的五朵金花》，《佛山的五朵金花》编写组 1985 年版。

[24] 佛山市博物馆编：《佛山祖庙》（佛山历史文化丛书），文物出版社 2001 年版。

[25] 佛山市地方志编纂委员会办公室编：《佛山史话》，中山大学出版社 1990 年版。

[26] 佛山市革命委员会：《珠江三角洲农业志》（初稿）第 1 册，1976 年油印本。

[27] 佛山市轻工工业公司编：《佛山轻工业志》，广东人民出版社 1990 年版。

[28] 佛山市商业局编：《佛山市商业志》，广东科技出版社 1990 年版。

[29] 佛山市图书馆：《佛山市志（上）》，广东人民出版社 1994 年版。

[30] 佛山市委文史资料工作组：《佛山文史资料》，佛山市图书馆藏，1985 年版。

[31] 佛山市委宣传部编:《佛山》，人民美术出版社 1998 年版。
[32] 佛山市文化局:《佛山文史资料》第八辑，佛山市图书馆藏，1998 年版。
[33] 佛山市药业总公司编:《佛山市药业志》，广东人民出版社 1998 年版。
[34] 佛山市宗教事务所编:《佛山市宗教志》，广东人民出版社 2001 年版。
[35]《佛镇义仓总录》卷一《乾隆六十年奉宪建立义仓碑》，佛山市博物馆藏线装书。
[36] 傅宗文:《宋代草市镇研究》，福建人民出版社 1989 年版。
[37] 关振浩主编:《佛山市药业志》，佛山市博物馆藏本，1992 年版。
[38] 广东省博物馆、顺德县博物馆:《广东顺德陈村汉墓的清理》，《文物》1991 年第 12 期。
[39] 广东省社会科学院历史研究所、中国古代史研究室:《明清佛山碑刻文献经济资料》，广东人民出版社 1987 年版。
[40] 广州市地方志编纂委员会办公室编:《元大德南海志残本》卷十，广东人民出版社 1991 年版。
[41] 郭绪印:《老上海的同乡团体》，文汇出版社 2003 年版。
[42] G. T. 库里安:《世界知识手册》上册，中南财经大学出版社 1986 年版。
[43] 胡波:《岭南墟市文化论纲》，《学术研究》1998 年第 1 期。
[44] 胡振:《广东戏剧史略·红伶篇》第三卷，广东人民出版社 1987 年版。
[45] 胡正士:《佛山文化年鉴》，书目文献出版社 1996 年版。
[46] 华南理工大学:《佛山历史文化名城保护规划（禅城部分）修订》，禅城区规划局 2008 年版。
[47] [法] 化尼埃尔·亨利·巴柔:《形象》，孟华译，载孟华主编《比较文学形象学》，北京大学出版社 2000 年版。
[48] 黄君武:《八和会馆馆史》，《广州文史资料》1986 年第 35 辑。

[49] 黄绍敏：《佛山市宗教志》，佛山市宗教事务局，1990 年版。
[50] 黄伟：《琼花会馆创建年代考》，《岭南文史》2007 年第 9 期。
[51] 黄伟：《粤剧早期行业组织琼花会馆创建年代新证》，《四川戏剧》2008 年第 5 期。
[52] 黄苇：《城市与乡村间对立的形成、加深与消灭》，上海人民出版社 1958 年版。
[53] [英] 霍布斯鲍姆：《传统的发明》，顾杭、庞冠群译，译林出版社 2004 年版。
[54] 冀满红、吕霞：《略论明清时期广东地区的真武信仰》，《暨南学报》2008 年第 5 期。
[55] 江佐中、吴英姿：《佛山民俗文化》，广东人民出版社 2009 年版。
[56] 井上彻：《魏校的捣毁淫祠令研究——广东民间信仰与儒教》，《史林》2003 年第 2 期。
[57] 科大卫：《告别华南研究》，载《学步与超越》（华南研究会论文集），香港文化创造出版社 2004 年版。
[58] 李凡：《明清以来佛山城市文化景观演变研究》，中山大学出版社 2014 年版。
[59] 李凡：《清至民国时期基督教在佛山传播的空间分析》，《热带地理》2009 年第 5 期。
[60] 李景铭：《闽中会馆志》，福建人民出版社 1943 年版。
[61] 李龙潜：《清初迁海对广东社会经济的影响》，《暨南学报》1999 年第 4 期。
[62] 李平日等：《珠江三角洲一万年来环境演变》，海洋出版社 1991 年版，
[63] 李日星：《琼花会馆的建立不足以成为粤剧形成的标志》，《南国红豆》2011 年第 1 期。
[64] 李世源：《珠澳等地北帝庙探秘》，《东南文化》1998 年第 1 期。
[65] 李小艳：《明清佛山庙会及其功能的研究》，《岭南文史》2009

年第 1 期。

[66] 李映辉：《试论自然、区位条件与佛教地理分布——以唐代为例》,《甘肃社会科学》2004 年第 3 期。

[67] 李月：《城市起源问题新探——从刘易斯、芒福德的观点看》,《史林》2014 年第 6 期。

[68] 梁启超：《佛教研究十八篇》, 江苏文艺出版社 2008 年版。

[69] 梁勇：《清代重庆八省会馆初探》,《重庆社会科学》2006 年第 10 期。

[70] 林振勇、任流编、陈春陆：《佛山历史文化辞典》, 佛山市博物馆藏本, 1991 年版。

[71] 林志森：《基于社区结构的传统聚落形态研究》, 博士学位论文, 天津大学, 2009 年。

[72]《岭南冼氏宗潜》卷三之十八《分房谱》《白勘房》(白勘房在佛山真明铺线香街), 载罗一星《明清佛山的经济与社会变迁》, 广东人民出版社 1994 年版。

[73] 刘秉海、伊士文：《在皇后诞生的地方——访叶赫满族人民公社》,《中国民族》1980 年第 10 期。

[74] 刘大可：《田野中的地域与社会》, 民族出版社 2007 年版。

[75] 刘兴国：《八和会馆套回忆》,《戏剧研究资料》1998 年第 5 期。

[76] 刘志伟：《地域空间中的国家秩序——珠江三角洲“沙田—民田”格局的形成》,《清史研究》1999 年第 2 期。

[77] 刘志伟：《神明的正统性与地方化——关于珠江三角洲地区北帝崇拜的一个解释》,《历史研究》2003 年第 1 期。

[78] 柳洁琼：《清代佛山同知的设立与佛山镇的发展初探》,《知识经济》2008 年第 1 期。

[79] 罗寿龙：《农村宗教信仰的伦理考量》, 硕士学位论文, 华中师范大学, 2014 年。

[80] 罗一星：《明清佛山北帝崇拜的建构与发展》,《中国社会经济史研究》1992 年第 4 期。

[81] 罗一星：《明清佛山经济发展与社会变迁》，广东人民出版社1994年版。

[82] 马德山主编：《佛山市建筑业志》，佛山市建设委员会2008年版。

[83] 马梓能、江佐中：《佛山粤剧文化》，广东人民出版社2006年版。

[84] 麦田、甘凉生：《广东省佛山市地名志》，广东科技出版社1991年版。

[85] 麦啸霞：《广东戏剧史·红伶篇（二）》，广东省广州市戏曲改革委员会馆藏，1995年版。

[86] 麦啸霞：《广东戏剧史略》，广东人民出版社1955年版。

[87] 欧阳予倩：《欧阳予倩戏剧论文集》，上海文艺出版社1984年版。

[88] 帕克、伯吉斯、麦肯齐编：《城市社会学》，宋峻岭、吴建华、王登斌译，华夏出版社1987年版。

[89] 潘健等编：《佛山史话》，中山大学出版社1990年版。

[90]（清）潘尚楫：（道光）《南海县志》卷一六《江防略二》《南海县志》，岭南美术出版社2007年版。

[91] 彭和平、侯书森：《城市管理学》，高等教育出版社2001年版。

[92] 彭兆荣：《帝国边陲政治地理学对客家文化的影响——以福建宁化客家"祖地"建构为例》，《客家研究辑刊》2008年第2期。

[93] 朴基水：《清代佛山镇的城市发展、手工业和商业行会》，《中国社会历史评论》2005年第1期。

[94]《清实录广东史料》第二册，广东地图出版社1995年版。

[95] 屈大均：《广东新语》，中华书局1985年版。

[96] 屈大均：《广东新语》卷六《神语》，佛山博物馆藏，1925年版。

[97] 全汉升：《中国庙市之史的考察》，《食货》1934年第1期。

[98] 商学兵主编：《佛山读本》，广东人民出版社2010年版。

[99] 邵培仁、杨丽萍：《媒介地理学》，中国传媒大学出版社2010年版。

［100］ 申小红：《官祀的滥觞与民祀的在场——明清佛山祖庙北帝诞祭祀仪式探析》，《五邑大学学报》（社会科学版）2013 年第 2 期。

［101］ 申小红：《明清佛山庙会的酬神戏——以佛山祖庙北帝诞庙会为考察中心》，《五邑大学学报》（社会科学版）2012 年第 1 期。

［102］ 申小红：《明清佛山庙会的酬神戏》，《五邑大学学报》（社会科学版）2012 年第 1 期。

［103］ 申小红：《明清时期佛山的墟市》，《五邑大学学报》（社会科学版）2011 年第 3 期。

［104］ 司徒尚纪：《广东文化地理》，广东人民出版社 1993 年版。

［105］ 宋旭民：《开平泮村灯会特色探析》，《五邑大学学报》（社会科学版）2017 年第 1 期。

［106］ 宋旭明：《明清时期珠三角民间信仰在礼仪改革中的调适研究》，《云南社会科学》2017 年第 4 期。

［107］ 谭棣华：《明清时期佛山经济繁荣的原因》，《广东社会科学》1986 年第 3 期。

［108］ 谭棣华：《清代珠江三角洲的沙田》，广东人民出版社 1993 年版。

［109］ 唐美君：《台湾传统的社会结构》，载《台湾史迹源流》，中国台湾文献委员会 1981 年版。

［110］ 同治《公覆省垣三山长论清丈沙田书》（抄本），广州中山图书馆藏，载谭棣华《清代珠江三角洲的沙田》，广东人民出版社 1993 年版。

［111］ 万建中：《民俗文化与和谐社会》，《新视野》2005 年第 5 期。

［112］ 王宏钧、刘如仲：《广东佛山资本主义萌芽的几点探讨》，《中国历史博物馆馆刊》1980 年第 1 期。

［113］ 王命璿：（万历）《新会县志》，岭南美术出版社 2007 年版。

［114］ 王仁杰：《明清时期佛山的商业地位》，《探求》2003 年第 3 期。

[115] 王日根：《明清民间社会的秩序》，岳麓书社 2003 年版。
[116] 王日根：《明清时期社会管理中官民的“自域”与“共域”》，《文史哲》2006 年第 4 期。
[117] 王文骧：（道光）《开平县志》，开平市地方志办公室重印，2007 年版。
[118] 王熹、杨帆：《会馆》，北京出版社 2006 年版。
[119]（清）王永名修，黄士龙纂：（康熙）《花县志》卷四《艺文志·奏疏》，载《故宫珍本丛刊》第 166 册，海南出版社 2001 年版。
[120]（清）王植：《崇德堂集》卷八，崇文书局（清）同治八年（1869）。
[121] 王植：（乾隆）《新会县志》，岭南美术出版社 2007 年版。
[122]（唐）魏徵等：《隋书》卷二十四《食货志》，中华书局 1997 年版。
[123] 吴宝祥撰稿：《佛山历史人物辞典》，佛山大学佛山文史研究室，1992 年版。
[124] 吴嘉杰：《佛山东华里片区民居建筑研究》，博士学位论文，华南理工大学，2012 年。
[125] 吴炯坚：《琼花会馆拾零录》，《佛山文史资料》1988 年第 8 辑。
[126] 吴满强：《历史时期佛山土地利用状况探析》，硕士学位论文，华南理工大学，2014 年。
[127] 吴荣光：（道光）《佛山忠义乡志》，江苏古籍出版社 1992 年版。
[128] 吴晓林：《社会整合理论的起源与发展：国外研究的考察》，《国外理论动态》2013 年第 2 期。
[129]（清）吴震方《岭南杂记》上卷，商务印书馆 1936 年版。
[130] 冼宝干：（民国）《佛山忠义乡志》，岳麓书社 2017 年版。
[131] 向德平：《城市社会学》，高等教育出版社 2005 年版。
[132] 肖海明：《北帝（玄武）崇拜与佛山祖庙》，《佛山科学技术学

院学报》（社会科学版）2002 年第 3 期。
[133] 肖海明：《佛山祖庙》，文物出版社 2005 年版。
[134] 肖伶俐：《农村物流中圩市“现代节点”的构建研究》，硕士学位论文，广西师范大学，2008 年。
[135] 谢醒伯、李少卓口述，彭芳记录整理：《清末民初粤剧史话》，《粤剧研究》1987 年第 3 期。
[136] 《新建南海县桑园围石堤碑记》，载邓芬《论珠江三角洲的农业生产形式——桑基鱼塘》，《中国生物学史暨农学史学术讨论会论文集》，2003 年。
[137] 徐好好：《佛山城市街巷变迁的研究》，博士学位论文，华南理工大学，2006 年。
[138] 徐苔玲、王志弘：《地方记忆、想象与认同》，（台北）群学出版社 2006 年版。
[139] 闫宗淼：《试论地区经济发展与传统文化的关系》，《怀化学院学报》2010 年第 3 期。
[140] （清）杨懋建：《梦华琐簿》，载张次溪编撰《清代燕都梨园史料正续编上》，中国戏剧出版社 1988 年版。
[141] 杨奕、吴建平：《地方依恋：对象、影响因素与研究趋势》，《心理学进展》2013 年第 3 期。
[142] 叶显恩、周兆晴：《宋代以降珠江三角洲冲积平原开发》，《珠江经济》2007 年第 6 期。
[143] 怡文堂：《佛山街略》，禅山怡文堂印行道光十年（1830）刻本。
[144] 余达忠：《文化全球化与现代客家的文化认同——兼论宁化石壁客家祖地的建构及其意义》，《赣南师范学院学报》2012 年第 1 期。
[145] 余婉韶：《珠江三角洲广府民俗》，广东人民出版社 2011 年版。
[146] 余勇：《明清时期粤剧的起源、形成和发展》，博士学位论文，暨南大学，2005 年。
[147] （清）俞洵庆：《荷廊笔记》卷二《清代广东梨园》，光绪十一年（1885）刻本，国家图书馆藏本。

[148] 曾光：《佛山教育志》，广东教育出版社 1991 年版。

[149] 曾育荣、刘真武：《民间信仰与国家意识的耦合：武当真武崇拜在宋代的定型与独尊》，《武汉科技大学学报》（社会科学版）2011 年第 3 期。

[150] 曾昭璇、曾宪珊：《从族谱看宋元时期珠江三角洲开发》，《岭南文史》2000 年第 2 期。

[151] 粘国民：《台湾省粘氏寻根记》，《满族研究》1988 年第 4 期。

[152] 张为波：《宗族在乡村社会整合中的作用——基于江西省江南村的个案研究》，硕士学位论文，华中师范大学，2011 年。

[153] 赵力平：《城市文化建设》，中国社会科学出版社 2005 年版。

[154] 赵文林等：《中国人口史》，人民出版社 1988 年版。

[155] 赵运林：《城市概论》，天津大学出版社 2010 年版。

[156] 郑梦玉等：《南海县志》卷二十六，同治十一年（1885）刻本 1981 年版。

[157] 中国人民政治协商会议广东省佛山市委员会文史资料工作组编：《佛山文史资料》1986 年第 6 辑。

[158] 中国武当文化丛书编纂委员会：《武当山历代志书集注（一）》，湖北科学技术出版社 2003 年版。

[159] 《重修东头张真君庙记》，载（清）霍承恩纂修《佛山霍氏族谱》卷十，2010 年。

[160] 周霞：《佛山历史文化名城保护规划》，《城市规划》2005 年第 8 期。

[161] 周毅刚：《明清佛山的城市空间形态初探》，《华中建筑》2006 年第 8 期。

[162] 周毅刚：《明清时期珠江三角洲的城镇发展及其形态研究》，博士学位论文，华南理工大学，2004 年。

[163] 朱蓉：《城市与记忆：心理学视野中的城市历史延续与发展》，《南方建筑》2004 年第 4 期。

[164] 邹卫东：《明清珠江三角洲地区"北帝"崇拜与社会经济》，博士学位论文，暨南大学，2001 年。

后 记

本书是笔者及其研究团队长期、持续耕耘佛山城市文化及遗产管理的成果，也是研究团队所在佛山科学技术学院环境与化学工程学院与禅城区发展规划和统计局、佛山珠江传媒集团（佛山日报社）等单位围绕佛山历史文化名城保护、历史街区和建筑保护与活化长期、动态合作项目（三年滚动行动合作计划项目）的合作成果之一。由于研究对象的复杂性、研究计划的持续性、研究内容的多元性等原因，更由于笔者个人研究能力的局限，导致本书研究，难免挂一漏万，有关研究成果若能起到初步的抛砖引玉之效，已是万幸，如因笔者的原因导致著作各种问题，敬请方家批评、指正。

本书的写作过程中，得到了佛山科学技术学院各级领导，包括郝志峰校长、李先祥副校长、陈忻院长、刘小辉书记、魏兴琥院长、徐颂副院长等的大力支持和鼓励。也得到了禅城区发展规划和统计局名城办主任区迅敏同志，佛山珠江传媒集团石洪波同志、邓磊同志等的直接帮助。佛山文史专家杨河源先生、梁诗裕先生、余婉昭女士等的研究成果对本书写作也提供了一定的借鉴和启示。本研究成果的出版更离不开研究团队成员李凡教授、杨代友研究员、刘书安老师、黄维老师、李飞博士等的大力协助。本校旅游管理专业 14 级陈艺惠、郑清阳、黄敏琼、梁倩銮等多名同学参与了项目的具体调研和基础资料工作。在此一并表示感谢。同时，本书的写作，离不开家人的大力支持，对来自家人给予的关照、支持和鼓励，尤其是家母不辞辛劳地、持续地对家庭琐碎的付出和劳作，不能仅以感谢言之，唯有不断鞭策自我，努力前行，方能报之。

中国社会科学出版社经济与管理出版中心卢小生主任及其编辑团队对本书的出版付出了大量辛劳和工作，在此一并表示衷心感谢。

本书所附照片未有明确作者说明者，皆为笔者所摄。特此说明。

俭波　谨记

2018 年 11 月 5 日

戊戌孟冬于佛山清华园